Michail Scholochow – im Duell mit der Zeit

BREMER BEITRÄGE ZUR LITERATUR- UND IDEENGESCHICHTE

Herausgegeben von Thomas Metscher und Wolfgang Beutin.
Mitbegründet von Dieter Herms

Band 54

PETER LANG

Frankfurt am Main · Berlin · Bern · Bruxelles · New York · Oxford · Wien

Willi Beitz

Michail Scholochow – im Duell mit der Zeit

Beiträge zu Leben und Werk

PETER LANG
Internationaler Verlag der Wissenschaften

Bibliografische Information der Deutschen Nationalbibliothek
Die Deutsche Nationalbibliothek verzeichnet diese Publikation
in der Deutschen Nationalbibliografie; detaillierte bibliografische
Daten sind im Internet über <http://www.d-nb.de> abrufbar.

Gedruckt auf alterungsbeständigem,
säurefreiem Papier.

ISSN 0941-1488
ISBN 978-3-631-58886-4
© Peter Lang GmbH
Internationaler Verlag der Wissenschaften
Frankfurt am Main 2009
Alle Rechte vorbehalten.

Printed in Germany 1 2 3 4 5   7

www.peterlang.de

Inhalt

6

Vorbemerkung

Der Verfasser dieser Schrift hat sich seit vielen Jahren mit dem Werk Michail Scholochows beschäftigt. Er war 1965 als Referent, später in verantwortlicher Position an den periodisch (1975 und 1985) an der damaligen Leipziger Karl-Marx-Universität durchgeführten Internationalen Scholochow-Konferenzen beteiligt. Diese waren von hoher Wertschätzung des russischen Schriftstellers und Literatur-Nobelpreisträgers (der 1965 auch das Ehrendoktorat der genannten Universität erhielt) geprägt. Ihr Ertrag wurde jedoch durch bestimmte für die damalige Zeit charakteristische oberflächliche oder einseitige Sichtweisen beeinträchtigt.

Die Kapitel des vorliegenden Buches spiegeln die neuerliche Annäherung an Scholochows Gesamtwerk, vor allem seine Romane, wie sie nach den Umbrüchen in Osteuropa erforderlich und – nicht zuletzt dank zahlreicher Publikationen aus Russland – möglich wurde. Sie entsprechen zum Teil Beiträgen des Verfassers zu wissenschaftlichen Veranstaltungen, teils wurden sie für dieses Buch neu verfasst.

In chronologischer Reihenfolge:
1) Kapitel: „Der stille Don" – ein verkanntes Warnbuch? – Beitrag zur Tagung „Kriegserlebnis und Legendenbildung. Das Bild des ‚modernen' Krieges in Literatur, Theater, Photographie und Film" in Osnabrück, März 1998. In Band I der Konferenzbeiträge unter dem o.a. Titel, Osnabrück 1999, S. 423-430 publiziert.
2) Kapitel: Scholochow und das „Zeitalter des totalen Krieges". – Beitrag zu einem Leipziger Kolloquium, veröffentlicht in: Antonia Opitz/Roland Opitz (Hg.): Dichter in den Brüchen der Zeit. Leipzig 2005, S. 73-86.
3) Kapitel: Scholochow und Stalin: entspricht im wesentlichen dem Text einer Broschüre, die unter dem gleichen Titel in der Rosa-Luxemburg-Stiftung Sachsen, Leipzig 2007 erschien.
4) Kapitel: Reflexe der Moderne in der Don-Epopöe: entspricht einem unter dem Titel „Michail Šolochovs Realismus" in der „Zeitschrift für Slawistik", 2008, H.1, S. 3-23, erschienenen Aufsatz.
Das thesenartige Einführungskapitel sowie die beiden abschließenden Kapitel zu „Neuland unterm Pflug", erster Teil, sowie zum zweiten Teil dieses Romans und zum Romanfragment „Sie kämpften für die Heimat" wurden neu verfasst.
Der Verfasser dankt Thomas Metscher für die Aufnahme des Buches in die von ihm und Wolfgang Beutin hrsg. Reihe „Bremer Beiträge zur Literatur- und Ideengeschichte".

Markkleeberg, im Januar 2009   Willi Beitz

Abkürzungen

Ss Michail Šolochov: Sobranie sočinenij v devjati tomach. Moskau: TERRA
    – KNIŽNYJ KLUB 2001/2002
    Hinter dem jeweiligen Zitat bezeichnet die erste Ziffer den Band, die zweite
    die Seite

P   M. A. Šolochov: Pis'ma. Moskau: IMLI RAN 2003

SD Michail Scholochow: *Der stille Don.* Bd.1-4. Berlin: Volk und Welt. 9.Aufl.
    1975. Hinter dem jeweiligen Zitat bezeichnet die erste Ziffer den Band, die
    zweite die Seite

N1 Michail Scholochow: *Neuland unterm Pflug.* Erster Teil.
N2 „   „   „   „   „ Zweiter Teil
    Berlin: Verlag Kultur und Fortschritt 1961

Sk Michail Scholochow: *Sie kämpften für die Heimat.* Roman- *Schule des Has-*
    ses. Ein Menschenschicksal. Erzählungen. Berlin: Volk und Welt 1980

Zu Persönlichkeit, Werk und Rezeption Scholochows

1.

Michail Scholochow ist einer der am meisten verkannten Autoren des 20. Jahrhunderts. Das hat sowohl mit ihm selbst, mit seiner Stellung in den Kämpfen, großen Umbrüchen und Systemauseinandersetzungen in der Abfolge von „heißem" und Kaltem Krieg zu tun, mit Neid, Feindschaft und großen Missverständnissen, die sich um ihn und sein Werk rankten und bis heute, Jahrzehnte nach seinem Ableben und unter gänzlich anderen weltpolitischen und gesellschaftlichen Verhältnissen, nicht zur Ruhe gekommen sind.

Nicht nur die Urheber, Verfechter und Anhänger der These, Scholochow habe sich in seinem Hauptwerk, dem Romanepos *Der stille Don* (1925/40) als Plagiator der Manuskripte eines anderen bedient,[1] sind an den wahren Quellen und Intentionen seines Schaffens vorbeigegangen, Dies geschah vielmehr auch von Seiten vieler seiner Anhänger. Fast zu jeder Etappe seines Schaffensweges, zu jedem herausragenden Werk gab und gibt es bis heute eklatante Fehldeutungen und verfehlte sowie tendenziöse Wertungen. Die schärfsten und langwierigsten Kontroversen löste natürlich der *Stille Don* aus – vor allem durch das tragische Schicksal des zentralen Helden, Grigori Melechow, das den Erwartungen von Kritikern und Lesern zum Zeitpunkt des Erscheinens des letzten Romanteils (1940), die vorwiegend auf ein gutes, versöhnendes (d.h. mit den gesellschaftlichen Erwartungen konform gehendes) Ende gerichtet waren, widersprach. Die enttäuschte Erwartung wurde gewissermaßen damit „bestraft", dass man die Figur des Wahrheitsuchers mit dem Odium eines „Abtrünnigen" belastete – worauf sich eine Gegenpartei bildete, die selbiges entschieden in Frage stellte. Wenige Jahre davor hatte sich in der Öffentlichkeit – über die UdSSR hinaus – die Auffassung verbreitet, der Roman *Neuland unterm Pflug* (erster Teil) könne bei der Kollektivierung als Anleitung zum Handeln, wie ein „Lehrbuch" des Genossenschaftsbauern genutzt werden.[2] Diese vor-

---

1 Wir nennen hier nur die die ganze Kampagne auslösende Schrift von D* [= I. Medvedeva-Tomaševskaja]: Stremja *Tichogo Dona*. Paris 1974, die mit einem Vorwort von A.Solshenizyn eingeleitet wurde.

2 Vermutlich war es der deutsche Schriftsteller Franz Carl Weiskopf, der als Redner auf dem I. Schriftstellerkongreß der UdSSR 1934 als einer der ersten diese Ansicht vertrat. In seinem Kongressbeitrag heißt es: „Šolochovs *Neuland unterm Pflug* wurde für uns ein herrliches Lehrbuch über alle Fragen der Bauern in der Sowjetunion." In: Sozialistische Realismuskonzeptionen. Dokumente zum I. Allunionskongreß der Sowjetschriftsteller. Hg. v. Hans-Jürgen Schmitt u. Godehard Schramm. Frankfurt/M. 1974, S.97. Diese Auffassung wurde nach 1945 in Ländern des Realsozialismus, wie in der DDR, fortgeschrieben und mitunter sogar auf den „Stillen Don" ausgedehnt, wie eine Äußerung Walther Ulbrichts in einem Brief an Konstantin Prijma, den Verfasser des Buches *Tichij Don* sražaetsja" (2. Aufl. Moskau 1975) zeigt, wo es

dergründig-pragmatische Auffassung bzw.dadurch geschaffene Vorurteile stehen bis heute einer ästhetischen Erschließung des Romans im Wege. Später wurde besonders im Westen die Auffassung verbreitet, Scholochow sei nach dem Abschluss seines Don-Epos künstlerisch ausgebrannt, zumindest gebe es einen merklichen Niveauverlust in den Werken seiner letzten Schaffensjahrzehnte. Mochten diese auch künstlerische Schwächen aufweisen – maßgebend war die Tatsache, dass man mit ihrer veränderten Ästhetik, vor allem im zweiten Teil von „Neuland unterm Pflug" nichts anzufangen wusste. Auch das, was Scholochow in den abgeschlossenen Teilen seines Romanfragments *Sie kämpften für die Heimat*, vor allem bei der Schilderung der Kämpfe an einem Frontabschnitt nahe dem Don geleistet hatte, wurde unterschätzt. Allein die Erzählung *Ein Menschenschicksal* (1957) fand international weithin einhellige Anerkennung – nur aus Kreisen der politischen Opposition kam Fundamentalkritik: der Autor habe beim Schicksal des zentralen Helden, Andrej Sokolow, dasjenige ausgespart, was einen in Kriegsgefangenschaft geratenen sowjetischen Soldaten in der Regel erwartete: das Lager.

So kann man resümierend sagen, dass sich das vereinfachte Scholochow-Bild in doppelter Hinsicht negativ ausgewirkt hat. Es erschwerte nicht nur den unvoreingenommenen Zugang zu Scholochows Kunstwelt, sondern es spielte auch seinen Widersachern in die Hand, die seine politische Haltung als Dienerschaft bei den sowjetischen Machthabern und seine Kunst als Realisierung der Doktrin des sozialistischen Realismus hinzustellen suchten. Dies gipfelte dann in der von Alexander Solshenizyn inspirierten (neuerlichen) Behauptung, Scholochow habe beim *Stillen Don* plagiatorisch Texte eines anderen Kosakenautors genutzt. Und es waren nicht nur Schwächen der Argumentation in der betreffenden Schrift, die weitere Plagiatsbehauptungen (mit immer neuen Varianten des „wahren" Autors) heckten. Auch wenn längst nicht alle Behauptungen in dieser ganzen Kampagne von der Literaturwissenschaft auf Treu und Glauben hingenommen wurden, zeigt sich doch eine Langzeitwirkung – nämlich darin, dass auch die Verfasser seriöser Publikationen glauben, der Plagiatsthese ihre Reverenz erweisen zu müssen.[3] Dabei spielen dann die gegen Scholochow vorgebrachten Argumente gar keine Rolle mehr – es ist al-

---

unumwunden heißt: „Der *Stille Don*, vor allem aber *Neuland unterm Pflug* dienten uns im wahrsten Sinne des Wortes als politische Handbücher in der Periode der Kollektivierung der Landwirtschaft in der Deutschen Demokratischen Republik." (Ebd. S. 66). [Alle Zitate aus russischsprachigen Quellen wurden von mir übersetzt, W.B.]

3 Ein Beispiel ist die solide verfasste „Geschichte der russischen Literatur" (München 2000) von Reinhard Lauer. Obwohl der Verfasser ein eigenes begründetes Urteil über den *Stillen Don* abgibt, kann er sich dennoch nicht der Bemerkung enthalten, dass der „lange Atem [?] der erst 1934 [falsch: 1940!] abgeschlossenen Roman-Epopöe [...] Zweifel an der Autorschaft" aufkommen ließ (ebd. S.602). Hier wird in der Eile auch die Argumentation der Plagiatstheoretiker nicht adäquat wiedergegeben, in welcher der „lange Atem" des Romans keine Rolle spielte.

lein das Odium des Plagiators oder der dadurch genährte Zweifel, was man glaubt weiterreichen zu müssen!

Indessen hat die Scholochow-Forschung der letzten Jahre, vor allem in Russland selbst, auf vielfache Art, durch biographische, literaturgeschichtliche, stilistische, textologische Fakten und Zusammenhänge das Plagiatsgerede direkt und indirekt widerlegt. Vor allem zum 100. Geburtstag des Schriftstellers kamen Publikationen heraus, an denen die Literaturwissenschaft nicht vorbeigehen kann. Hervorzuheben sind besonders: die große Monographie von Felix Kusnezow: „'Tichij Don': sud'ba i pravda velikogo romana" (Moskau 2005), in der neben biographischen und die Künstlerpersönlichkeit Scholochows angehenden Argumenten besonders auch ein Stilvergleich mit der Prosa Fjodor Krjukows (des angeblich „wahren" Autors bestimmter Teile des *Stillen Don*) ins Gewicht fällt. Ferner: Swetlana Semjonowas Monographie „Mir prozy Michaila Šolochova. Ot poėtiki k miroponimaniju" (Moskau 2005), in der die eigenständige künstlerische Qualität von Scholochows Prosa in subtilen Analysen nachgewiesen wird; Valentin Ossipows viele biographische Fakten und Präzisierungen erbringende „dokumentarische Chronik": „Tajnaja žizn' Michaila Šolochova. Dokumental'naja chronika bez legend" (Moskau 1995); Natalija Kornienko: „'Skazano russkim jazykom...' Andrej Platonov i Michail Šolochov" (Moskau 2003) – eine Publikation der bedeutendsten russischen Platonow-Forscherin und erfahrenen Textologin, die hier ganz selbstverständlich von der Eigenständigkeit von Scholochows Romanepos und gewissen Parallelen zum Werk Platonows (!) ausgeht. Nicht zuletzt sind die erhellenden Kommentare von Wladimir Wassiljew zu der von ihm besorgten neunbändigen Werkausgabe Scholochows (Moskau: TERRA 2001) zu beachten, sowie die von Viktor Petelin herausgegebene zweibändige Dokumentation „Michail Šolochov v vospominanijach, dnevnikach, pis'mach i stat'jach sovremennikov" (Moskau 2005). Herman Ermolaev, der bedeutende US-amerikanische Scholochow-Forscher, dokumentierte mit seinem Buch „'Tichij Don' i političeskaja cenzura 1928-1991" (Moskau 2005) die Eingriffe der Zensur in Scholochows Romantext und widerlegte damit Legenden von der Anpassungsbereitschaft und freiwilligen textlichen Selbstverstümmelung des Autors. Neue Fakten zu Biographie und Werk erbrachte die Publikation der Briefe Scholochows (Moskau 2003), ferner die Sammelbände „Šolochov na izlome vremeni" (Moskau 1995) sowie „Novoe o Michaile Šolochove. Issledovanija i materialy" (Moskau 2003). Erarbeitet wurde auch ein von E. I. Dibrova herausgegebenes Scholochow-Wörterbuch: „Slovar' jazyka Michaila Šolochova" (Moskau 2005). In den letzten Jahren fanden am einstigen Wohnsitz des Schriftstellers in Wjoschenskaja regelmäßig wissenschaftliche Konferenzen statt, die dem Werk Scholochows, seiner Erforschung und Verbreitung in der Welt gewidmet waren. Dabei spielte auch eine in der Erarbeitung befindliche „Scholochow-Enzyklopädie" eine wichtige Rolle. Der Sohn des Schriftstellers, Michail Michajlowitsch Scholochow, hat der Nachwelt in seinem Buch „Ob otce. Očerki-vospominanija raznych let"

(Moskau 2004) aufschlussreiche Äußerungen des Schriftstellers über sein künstlerisches Selbstverständnis, seine Werke und aktuelle Zeitfragen übermittelt. Schließlich ist auf die erste umfassende (noch nicht vollständige) Bibliographie zu Scholochows Werk und zur einschlägigen Sekundärliteratur zu verweisen: "Michail Aleksandrovič Šolochov. Biobibliografičeskij ukazatel' proizvedenij pisatelja i literatury o žizni i tvorčestve" (Moskau 2005), die von Mitarbeitern der Russländischen Staatlichen Bibliothek und des Moskauer Gorki-Instituts für Weltliteratur erarbeitet wurde.

2.

Das Erscheinungsbild Michail Scholochows in seinen besten Jahren: ein Mann mit hoher Denkerstirn, großäugig, in militärisch straffer Haltung (Sch.trug oft eine Militärjacke, Koppel, Reithose); er erweckte (wie Zeitgenossen bezeugen),[4] wo er erschien, unmittelbar den Eindruck überströmender Energie, Tatbereitschaft.

Dem entsprechen zwei bestimmende Züge seiner Persönlichkeit (in ihrem Widerspruch): einerseits höchste Sensibilität, Wahrnehmungsfülle einer Künstlernatur, ungewöhnliche Gedächtnisleistung (Sch. brauchte nie ein Notizbuch) – andererseits herausragende Festigkeit der charakterlichen Haltung (was wiederum eine gewisse Festgelegtheit im Alter gefördert haben mag) und Couragiertheit im Handeln als Staatsbürger.

3.

Scholochow war ein umgänglicher Mensch und zugleich jemand, der sein Inneres „unter sieben Siegeln und mehr" (Lewitzkaja)[5] verschlossen hielt. Er pflegte die

---

4 Der Komponist Iwan Dsershinski (Schöpfer der Oper *Der stille Don* nach Scholochows gleichnamigem Roman) entwirft folgendes Porträt: „Freundlich und schlicht, ohne Förmlichkeiten empfing mich ein Mann von mittlerer Statur in halbmilitärischer Kleidung (Feldbluse, Reithose, weiche Stiefel) [...] Die hohe Stirn, kluge, spöttisch blickende Augen, die große bucklige Nase, die ruhige, selbstbewusste, mitunter absichtlich etwas vergröberte Sprechweise – alles dies zeugte von Willensstärke. In der Art, wie er sich bewegte und gestikulierte, äußerte sich viel Lebensfreude." Den zuerst in einer Musikzeitschrift 1955 veröffentlichten Beitrag entnahmen wir dem von Viktor Petelin hg. Band: Michail Šolochov v vospominanijach, dnevnikach, pis'mach i stat'jach sovremennikov. Kniga pervaja: 1905-1941. Moskau 2005, S. 530. In den Erinnerungen des einstigen Wjoschensker Rayonsekretärs der Partei, Pjotr Lugowoi, heißt es über den jungen Scholochow (Anfang der 1930er Jahre): „Scholochow war damals reaktionsschnell, beweglich, energisch, temperamentvoll." Ders.: S krov'ju i potom. Iz zapisok sekretarja rajkoma partii. In: ebd. S. 586.

5 E. G. Levickaja: Na Rodine *Tichogo Dona*. Zapiski. In: Petelin (2005), S. 279. Weiter heißt es dort, Scholochow provoziere seine Gesprächspartner gern zu bestimmten Äußerungen, hal-

autonome Welt seines Kunstschaffens und schirmte sie sorgsam vor der Öffentlichkeit ab. Sein Verhältnis zur Literaturkritik und zu Kritikern war eher kühldistanziert. In den Entstehungsprozess seiner Werke ließ er niemand hineinschauen, daher wurden Textentwürfe in aller Regel vernichtet. Obwohl er freundlichen Umgang mit Besuchern pflegte, erfuhren diese außer den zeitüblichen Statements oft nicht viel Neues – was wiederum dazu führte, dass das in der Öffentlichkeit gepflegte Bild des Schriftstellers oberflächlich, vereinfacht, zeitkonform, ja nichtssagend war. Ein genau beobachtender Autor wie Wassili Schukschin war regelrecht erschüttert, als er bei seiner ersten persönlichen Begegnung einen ganz anderen Scholochow erlebte als den von vielen seiner Kollegen geschilderten.[6] Daher stellt sich hier das Problem der Scholochow-Epigonen, die an der Verbreitung einer schlechten Kopie des wahren Scholochow wesentlichen Anteil hatten.[7] Und die Literaturwissenschaft wartete mitunter jahrelang mit Hochspannung auf ein einziges klärendes Wort (wie in der berühmten Melechow-Debatte)[8], und dieses genügte, um eine neue Deutungsrunde zu eröffnen.

---

te sich jedoch mit Urteilen, die seine eigene Person betreffen, sehr zurück. Nur manchmal entschlüpfe ihm ein Wort, und daher müsse man ständig auf der Hut sein, um es zu erhaschen und zu begreifen (ebd.)

6   Während der Dreharbeiten zum Film *Sie kämpften für die Heimat* (1974) nach dem gleichnamigen Roman Scholochows besuchten die daran beteiligten Künstler den Schriftsteller in seinem Heimatort. Wassili Schukschin, der im Film die Rolle des Panzerschützen Lopachin übernommen hatte, äußerte sich nach der Begegnung geradezu erschüttert über die „Entdeckung" des *wahren* Scholochow, die er bei dieser Gelegenheit gemacht habe: „Bis dahin hatte ich mir mein Bild von ihm nach den Erzählungen verschiedener Leute – in Klubs, Cliquen, Restaurants, Redaktionen – gemacht. Dadurch entstand bei mir eine vereinfachte, besser gesagt, eine unreale Vorstellung von ihm. Wie aber erlebte ich ihn bei der persönlichen Begegnung? Als einen Mann von großer geistiger Tiefe, weise und schlicht. Für mich ist Scholochow die Verkörperung eines Chronikschreibers... Mein Umgang mit mittelmäßigen Schriftstellern hatte mein Scholochow-Bild stark vereinfacht. Ich hatte mir mein Lebensideal nach dem Bilde dieser Schriftsteller zurechtgeschneidert. Scholochow bewirkte in mir einen tiefen Wandel." V. Šukšin: Voprosy samomu sebe. Moskau 1981, S. 235f.

7   Natalja Kornienko sieht in der ausgeprägten „Lachkultur" (im Sinne Bachtins) in Scholochows Prosa auch eine Antwort an seine diversen „Nachfolger", die in mehrbändigen Romanwerken mit ihm gleichzuziehen suchten. Auch sie resümiert: „Das Thema ‚Scholochow und seine Epigonen' harrt noch der Erforschung." N. V. Kornienko: „Skazano russkim jazykom..." Andrej Platonov i Michail Šolochov: vstreči v russkoj literature. Moskau 2003, S. 80.

8   In dieser Debatte ging es darum, ob man Melechow, der sich gegen Ende des Romans *Der stille Don* vorübergehend einer gegen die Sowjetmacht operierenden Bande anschließt, als „Abtrünnigen" („otščepenec") betrachten müsse (wie es L.Jakimenko getan hatte) oder nicht (wie es seine Opponenten, vor allem F. Birjukov, taten). Jahrzehntelang enthielt sich Scholochow jeder Äußerung zu dieser Frage, erst in einem Brief vom 22.Oktober 1976 schrieb er an Birjukow, die Zeit habe das „Fiasko" der „otščepenec"-Konzeption erbracht. Vgl. M.A Šolochov: Pis'ma. Moskau 2003, S. 427.

4.

Von entscheidender Bedeutung für das Bestehen Scholochows in der extremen Gefahrenzone des Massenterrors wie auch unter den geistigen Irritationen und Trugbildern der stalinistischen Ideologie (1930er Jahre) war seine durch die *Doppelbegabung*[9] als künstlerisch Schaffender und als Landwirtschaftspraktiker (auch auf kommunalem Gebiet) geprägte Arbeits- und Lebensweise.

Durch die Wahl eines festen Wohnsitzes in seiner Heimatregion sowie die aktive, kämpferische Beteiligung am Aufbau sozialistischer Landwirtschaftsbetriebe (im Bunde mit aufrichtigen und standfesten örtlichen Staats- und Parteifunktionären, die er gegen Willkür verteidigte und im schlimmsten Fall aus der Haft herausholte) besaß er eine enge, dauerhafte Verbindung zur „Basis" und starken Rückhalt in der Bevölkerung. Durch alles dies verschaffte er sich Überblick und *Durchblick* bei der Beurteilung komplizierter und vielfach verschleierter gesellschaftlicher Vorgänge: Durchblick vor Ort und bis hinauf zur höchsten Führungsspitze. Daher fiel er nicht auf zeittypische *Mythen*bildungen herein (was für ihn jedoch kein Grund war, sozialistische Idealvorstellungen aufzugeben).

Scholochow nutzte seine „Privilegien" als Abgeordneter des Obersten Sowjets (die ihm von seinen Gegnern vorgeworfen wurden) vor allem, um kommunal- politisch helfend einzugreifen. Im übrigen war er rigoros wie kein anderer Autor, wenn es darum ging, sich den notwendigen Freiraum für schöpferische Arbeit zu erkämpfen und sich von administrativen Verpflichtungen, z.B. als Mitglied einer Zeitschriftenredaktion, freizuhalten. Keiner hat wie er Sitzungen gemieden.[10] Das

---

9 N. Kornienko nennt unter den Gemeinsamkeiten, die Scholochow und Andrej Platonow verbanden, unter anderem: „Beide gaben bei der Wahl von Prioritäten offenkundig nichtliterarischen Ereignissen den Vorzug." Platonow habe dies durch seine Tätigkeit als Leiter eines großen Meliorationsprojekts und als Konstrukteur bewiesen. „Scholochow konnte sich, indem er die Arbeit am *Stillen Don* unterbrach, jahrelang mit den Schicksalen der Wjoschensker Bevölkerung befassen." Kornienko (2003), S. 20. Es ist von großem Gewicht, dass Kornienko, ihrer ganz eigenen, jedenfalls von üblichen Vorurteilen unabhängigen Betrachtungsweise folgend, der „nichtliterarischen" Komponente in Scholochows Schriftstellerdasein einen hohen Stellenwert beimißt.

10 Valentin Ossipow verweist darauf, dass Scholochow mehr als einmal der Vorsitz im Sowjetischen Schriftstellerverband angetragen wurde – stets ohne Erfolg. Und war es nicht eine Herausforderung des allermächtigsten Mannes im Staate, wenn der Schriftsteller den Sitzungen im Komitee, das über die Verleihung der *Stalin*preise zu befinden hatte, ständig fernblieb? Hingegen kann Ossipow bezeugen, dass derselbe Scholochow ohne Umstände bereit war, an die Spitze der Redaktion der ersten akademischen Werkausgabe Sergej Jessenins zu treten, und dass er sich mit den Mitarbeitern dieser Ausgabe (die damals noch nicht zustande kam) mehrmals traf. Vgl. Valentin Osipov: Tajnaja žizn' Michaila Šolochova. Dokumental'naja chronika bez legend. Moskau 1995, S. 255, 318.

brachte ihm viel Unmut und Neid von Seiten seiner Kollegen ein. Er hatte wegen alledem wenig Freunde im Schriftstellerverband, er war, trotz viel Trubels um seine Person, eigentlich einsam. Andererseits resultierten aus seiner Verweigerungshaltung und Abstinenz vom Moskauer Leben gelegentlich auch mangelnde Informiertheit und ungerechte Urteile.

5.

Scholochow beteiligte sich nicht an literarischen Debatten. Theoretisieren lag ihm nicht. Bezeichnend ist das Beispiel aus seiner Frühzeit, als er seinen Opponenten aus Kreisen des Proletkult, die im Gegensatz zu ihm einer pseudoromantischen Darstellungsweise den Vorzug gaben, mit einer polemischen Vorbemerkung zur Edition seiner Erzählungen (1927) antwortete, in der er sich überhaupt nicht auf die theoretische Ebene einließ, sondern seine Argumentation am konkreten Gegenstand entwickelte: Entgegen der Darstellung seiner Opponenten dufte das Steppengras überhaupt nicht, und der Tod im Bürgerkrieg habe nichts Romantisches: die Reste der Schützengräben aus jener Zeit könnten erzählen, „wie abscheulich einfach die Menschen in ihnen starben". (Ss 8, 339)

Man darf aus dem Gesagten jedoch nicht den falschen Schluss ziehen, dass Scholochow jegliche Theorie und jegliches Philosophieren fremd gewesen seien. Im Gegenteil: er war philosophisch belesen – von der Antike über Spinoza und Marx bis zu Nietzsche,[11] doch er philosophierte in seinem literarischen Werk vor allem mittels seiner Charaktere, in ihrer Denkweise und Sprache. In alledem sehen manche Literaturwissenschaftler den Beweis für eine vormoderne, ausschließlich an klassischen Mustern orientierte Position dieses Autors. Sie ignorieren dabei, dass der Schriftsteller seine Charaktere und die sie umgebende Welt mit jener gesteigerten Sensibilität und jenem Krisenbewusstsein entworfen hat, die zum Erbe der Moderne und zum 20. Jahrhundert gehören.

---

11 Ein Moskauer Buchhändler erinnert sich, dass Scholochow irgendwann in den 1930er Jahren bei ihm eine Sendung von mehr als 300 Titeln bedeutender Philosophen von der Antike bis zur Gegenwart bestellte. Vgl. B. Šiperovič: Pamjatnaja vstreča, in: Petelin (2005, Kniga vtoraja: 1941-1984), S. 564ff. Leider gibt es keine genaue Beschreibung der infolge des faschistischen Bombenangriffs im Kriege 1942 zerstörten Bibliothek des Schriftstellers. Doch es konnte ermittelt werden, dass zu dieser Bibliothek neben den Klassikern des Marxismus auch Hegel, Voltaire, Spinoza, Kant, Nietzsche, Schelling, Pascal, Plechanow und Tschernyschewski gehörten. Vgl. Poslednjaja volja pisatelja. Dokladnye zapiski K. I. Prijmy M.A. Šolochovu. In: Šolochov na izlome vremeni. Stat'i i issledovanija. Materialy k biografii pisatelja. Istoričeskie istočniki „Tichogo Dona". Pis'ma i telegrammy. Moskva 1995, S. 205.

6.

Scholochows Stärke und literarische Domäne war und blieb die Erschaffung starker, vitaler *Charaktere* – in ihren Widersprüchen. Seine Originalität bewies sich weniger im Erfinden von Sujets als darin, dass er Charaktere auf den Weg schickte, in Konfliktsituationen verwickelte, reden, philosophieren ließ. So hängt die bis zum Schluss anhaltende Spannung des Roman-Epos *Der stille Don* vor allem damit zusammen, dass der Autor eine Figur wie Grigori Melechow in die bewegte Zeit hinausschickte, den Weg bitterer Erkenntnis gehen, Lebensmöglichkeiten nach verschiedenen Richtungen austesten ließ.

7.

Persönlichkeit und Werk Scholochows wurden durch seine starke innere Bindung an das (vorwiegend bäuerliche) Kosakentum (am Don) geprägt, daraus bezog er seine Sujets, seine Charaktere, auch gewisse Grundzüge seiner Weltsicht. Daher stellen sich bei der Beurteilung seines Werks – ähnlich wie bei William Faulkner oder bei dem von ihm geschätzten Knut Hamsun – Fragen einer bewusst gelebten *Regionalität*. Dass diese niemals ins *Provinzielle* umschlug, erklärt sich aus der Tatsache, dass sein Augenmerk dem *Aufbrechen* von regionalen Lebensformen in den Jahrhundertvorgängen von Krieg, Revolution, Bürgerkrieg und sozialen Veränderungen gewidmet war.[12]

Scholochow hielt bis zu seinem Alterswerk an der regional verwurzelten (von daher ihre Originalität beziehenden) Persönlichkeit als Akteur auf geschichtlich neuer Stufe fest.

Er zeigt das Regionale in seinem historischen Wandel und wählt zunehmend auch Vertreter der Arbeiterklasse (Stockmann, Buntschuk im *Stillen Don*, Dawydow in *Neuland unterm Pflug*, Sokolow im *Menschenschicksal*) als Charaktere, die

---

12 Norbert Mecklenburg, der die ästhetischen Implikationen des Regionalismus gründlich abgehandelt hat, spricht von „Geschlossenheit" und „Offenheit" als zwei „oppositive(n)" Möglichkeiten des Umgangs mit erzählter Provinz. Der „Offenheit" gebühre auf jeden Fall der Vorzug, „denn sie besagt, dass das Erzählen über Provinz hinausgreift und sie dadurch auf ihr gesellschaftliches Jenseits hin öffnet, in ihren realen Verflechtungen mit der übrigen Welt zeigt." Im weiteren verweist er darauf, dass das „‚panoramatische' Prinzip des klassischen Realismus von Balzac, Zola, Dickens, Thackeray [...] der Geschlossenheit von Provinz und damit auch dem regionalen Roman als gesondertem Genre" widerstritt. In: ders.: Erzählte Provinz: Regionalismus und Moderne im Roman. Königstein/Ts. 1982, S. 48f. Die Offenheit des Scholochowschen Modells liegt nach dem oben Gesagten auf der Hand, und zwar nicht nur im Falle des *Stillen Don*, sondern auch beim Roman *Neuland unterm Pflug*, der ja gerade den vor Ort erfolgenden Veränderungen des ganzen dörflichen Daseins durch die Kollektivierung gewidmet ist.

in das bäuerliche Milieu integriert sind (oder werden), es zu verstehen suchen, in ihm auch als Arbeiter (Sokolow) ihre heimatliche Bindung gefunden haben.

Die (auch sprachlich!) persönlichkeitsprägende Kraft dieses Milieus bleibt für Scholochow ein Zentrum ästhetischer Faszination.

8.

In den literarischen Texten Scholochows treten wechselweise und in Verbindung miteinander zwei Komponenten seines Schreibtalents hervor: der *Epiker* und Chronist sowie der *Dramatiker*.[13]

Mit hochdramatischen Geschichten aus den Bürgerkriegskämpfen am Don hatte der junge Scholochow begonnen. Dann ließ er sich mit dem *Stillen Don* auf das Unternehmen einer großangelegten Roman-Epopöe ein, die ganz und gar den langen Atem des Epikers erforderte, jedoch ihren künstlerischen Rang auch der Tatsache verdankt, dass sich die darin agierenden Charaktere in dramatischer Konfrontation wie auch in konfliktreichen inneren Kämpfen groß in Szene setzen können. Darin liegt auch ein wesentlicher Vorzug dieser Epopöe gegenüber denen von Maxim Gorki (*Leben des Klim Samgin*) und Alexej Tolstoj (*Der Leidensweg*) begründet, mit denen sie oft verglichen und auf eine Stufe gestellt wurde[14]. Die Epen von Gorki und A.Tolstoj streben einem abschließenden Ergebnis zu, das Finale (das Scheitern, der elende Tod des zwischen allen Parteiungen agierenden Samgin bzw. die „Heimatfindung" von Tolstois Romanhelden) bestätigen eindeutig die neue Ordnung, während das Schicksal Melechows ungewiss bleibt und viele Fragen aufwirft. Unübersehbar ist der starke Anteil dramatischer Elemente (faktisch nach klassischer Dramaturgie) an der Modellierung des Romans *Neuland unterm Pflug*, erster Teil, mit den konfliktreichen Vorgängen der Kollektivierung. In den Werken der späteren Schaffensjahrzehnte (*Neuland unterm Pflug*, zweiter Teil sowie der unvollendete Roman *Sie kämpften für die Heimat*) ändern sich die poetologischen Dominanten. Episches ist nicht mehr so sehr vom großen Atem der Geschichte in-

---

13 Wie stark diese Komponente ausgeprägt war, zeigt nicht nur seine in jungen Jahren ausgeübte Tätigkeit als Verfasser von Stücken für die Laienbühne und zugleich als deren Regisseur und Hauptdarsteller. Vgl. A. Paškov: Molodoj Šolochov. In: Petelin (2005, Kniga pervaja), S. 99f.; Grigorij Ryčnev: Jasenovka. Iz knigi: „Rasskazy o Šolochove". In: ebd., S. 142f.; G. Sivolovov: Michail Šolochov. Stranicy biografii. Glavy iz knigi. In: ebd., S. 173ff. W Wassiljew bezeugt in seinem Kommentar zum zweiten Teil des Romans *Neuland unterm Pflug*, dass Scholochow in den 1930er Jahren auch an einem Stück über die neue Bauernschaft arbeitete (vgl. Ss 6, 351).

14 Die rühmende Behandlung der drei genannten Epopöen, denen epische Größe nicht zuletzt als Reflex der großen Epoche zugesprochen wurde, gehörte zum Kanon der DDR-Literaturwissenschaft. Vgl. Harri Jünger (u.a.) (Hg.): Geschichte der russischen Sowjetliteratur. Bd.1: 1917-1941. Berlin 1973, Kap. Epische Epochengestaltung (1925-1941), S.244ff.

spiriert, sondern ins novellistische Format gefügt, der Besonderheit des einzelnen *Menschenschicksals* dienend (wie denn auch der Titel einer weltbekannten Erzählung Scholochows aus dem Jahre 1957 lautet). Und die „Bühne" (im übertragenen Sinne) gehört (dank darin sich profilierender Charaktere) eher der Komödie, dem pointenreichen Volksstück. Dies ist möglich, weil die ins Bild gesetzten Antagonisten (ob als Verschwörer im Kolchosdorf oder als militärische Invasoren) von *außen* antreten, keine inneren Konflikte bei den Verteidigern der neuen Lebenswelt auslösen, vielmehr auf deren Bestätigung hinauslaufen.

9.

Nach Abschluss von *Neuland unterm Pflug*, Teil I, doch noch vor Vollendung des *Stillen Don* fasste Scholochow einen Entschluss, den er indirekt Stalin in seinem Brief vom 4.April 1933 kundtat. Nachdem er dem Diktator die Terrorisierung der Bevölkerung in den Dongebieten durch die sowjetische Staatsmacht ausführlich dargestellt hatte, gab er ihm zu bedenken, dass es wohl besser sei, wenn dies in einem Brief geschehe, als wenn er es im zweiten Teil seines Romans „Neuland unterm Pflug" schildern würde. Das war für ihn – wie sich in der Folgezeit zeigte – weniger eine versteckte Drohung als ein Vorsatz, eine schreibstrategische Entscheidung: das Thema stalinistischer Drangsalierungen wurde mehr oder weniger aus seinem Schaffen verbannt. Und wenn es dennoch auftauchte – wie in den Äußerungen des aus dem Lager entlassenen Alexander Strelzow im Roman *Sie kämpften für die Heimat* – dann als überstandene und *bewältigte* Vergangenheit, als Gesprächs- oder Debattenthema. (Nicht zuletzt dadurch wurde Scholochow zum Antipoden Solshenizyns). Ähnliches galt für den Umgang mit schlimmen Erfahrungen während der Kriegsgefangenschaft, wie bei Andrej Sokolow in der Erzählung *Ein Menschenschicksal*: diese werden nicht zufällig im Rückblick, als Teil einer biographischen Bilanz dargeboten. Man kann den Tatbestand daher allgemeiner formulieren: Scholochow hat versucht, *aktuell* begegnende Verhältnisse und Situationen, in denen der Mensch anonymen oder übermächtigen Mächten ausgeliefert ist, wo er einer Situation ohnmächtig und ausweglos gegenübersteht, aus seinen Werken herauszuhalten, bzw. eine Erzählperspektive zu wählen, die die Bewältigung zum Ausgangspunkt macht. Mit anderen Worten: es war für ihn ein Gebot seiner Ästhetik, den Tatbestand der *Entfremdung* zu meiden bzw. ihm Kontra zu bieten. Eben dies hatte er wohl im Sinn, als er im Gespräch mit dem Sohn äußerte, ihm komme es in seiner Prosa auf jene „Wahrheit" an, die den Menschen „erhebe", die ihm helfe, „sich aufzurichten, zu lächeln, tiefer durchzuatmen". Und er nehme sich das Recht heraus, in seinem Werk eben dieser Wahrheit zu dienen.[15] In solchen

---

[15] Michail Mich. Šolochov: Ob otce. Očerki-vospominanija raznych let. Moskau 2004, S. 150f.

Bekenntnissen äußert sich seine Verbundenheit mit klassischen Idealen der Ästhetik.

10.

Was hier aufgeführt wurde – der erstrittene „Durchblick", die tiefe regionale Bindung und die Fixierung auf Charaktere in ihren Widersprüchen –, verweist auf Quellen, aus denen Scholochow sein eigenständiges Realitätsverhältnis (und Realitätsverständnis!) sowie seine feste moralisch-politische Haltung bezog. Mit alledem konnte er dem Anpassungsdruck stalinistischer Verhältnisse, im besonderen der ihnen dienenden staatssozialistischen Ästhetik, widerstehen und seinen eigenen Begriff vom Leben und vom sozialistischen Zusammenleben künstlerisch realisieren. Sein Verhältnis zur Entfremdung bezeichnet vielleicht weniger eine innere Schwäche als eine Grenze seiner Ästhetik, die er nicht überschreiten wollte.

Der ganze von uns aufgelistete Fragenkomplex harrt weiterer vertiefender Bearbeitung. Der Verzicht auf rein ideologisierende Verfahren könnte den Blick und neue schöpferische Kräfte für die Lösung dieser Aufgabe freimachen.

Scholochow und Stalin

Die Kontakte Michail Scholochows mit Jossif Stalin waren zweifellos exzeptioneller Art – schon hinsichtlich der *Häufigkeit* der Begegnungen. Das Besucherbuch Stalins im Kreml verzeichnet von 1931 bis 1940 insgesamt 12 Termine, hinzu kommen noch einige an privaten Orten, wie bei Maxim Gorki. Zum Vergleich: Alexander Fadejew hatte 15 Audienzen, die sich aus seinen Spitzenfunktionen im Schriftstellerverband erklären, Konstantin Simonow hingegen nur drei. Der fast zehnjährigen Beziehung der beiden Männer wird man mit traditionellen Vorstellungen vom Verhältnis zwischen Geist und Macht nicht gerecht – und schon gar nicht mit antitotalitären Schemata. Stalin hat sich in jener Beziehung nicht primär als grausam-willkürlicher Diktator, sondern mehrmals sogar in helfender, ja lebensrettender Rolle gezeigt. Und Scholochow ist ihm nicht in unterwürfiger Haltung begegnet (eher fühlt man sich an das berühmte Schiller-Wort vom "Männerstolz vor Königsthronen" erinnert), sondern er hat ihm bedeutende Zugeständnisse abgerungen. Manchmal ist Stalin ohne Umschweife den Wünschen und Empfehlungen des Schriftstellers gefolgt, während er sich in anderen Fällen widerborstig oder unzugänglich zeigte. Das heißt, es wurde nicht schlechthin nach Maßgabe von Macht oder Abhängigkeit gehandelt, sondern im direkten Gegenüber kamen zweifellos auch individuelle Verbindlichkeiten, gegenseitiger Respekt ins Spiel. Und natürlich zeigte sich Stalin auch als erfahrener Taktiker. Der Moskauer Literaturwissenschaftler Felix Kusnezow formuliert: Scholochow habe mit Stalin „auf Augenhöhe" verhandelt.[16] Man wird dies kaum verstehen können, wenn man sich von abstrakten Ideenkonstrukten (wie sie gelegentlich auch in der linken Stalinismus-Debatte entstehen) statt von realer Wahrnehmung der Person Stalins leiten lässt. Dessen widerspruchsvoll agierende und reagierende Individualität kommt in der für meine Begriffe in dieser Hinsicht immer noch unübertroffenen Biographie Isaak Deutschers gut zur Geltung. Daher war dieses Buch auch für die Behandlung der hier in Rede stehenden Problematik hilfreich.

1. Erste Gespräche – Entscheidungen über den Druck literarischer Werke

Entgegen der neuerdings mitunter in den Medien verbreiteten Behauptung, der junge Scholochow sei schnell zum anerkannten Schriftsteller avanciert, hatte dieser in den ersten Jahren seiner literarischen Laufbahn fortgesetzt mit Widerständen zu kämpfen. Als er im Jahre 1922 nach Moskau kam, konnte er keine proletarische Herkunft[17] und daher auch keine Mitgliedschaft im Komsomol vorweisen, und dies

---

16 Feliks Kuznecov: *Tichij Don*: Sud'ba i pravda velikogo romana. Moskau 2005, S. 514.
17 Der Vater Scholochows entstammt einem alten Kaufmannsgeschlecht, das sich vor langer

zog wiederum nach sich, dass ihm die Aufnahme in die Arbeiter- und Bauernfakultät verweigert wurde. Nicht die großen Zeitschriften öffneten ihm ihre Tore für seine ersten Erzählungen, sondern Tageszeitungen, periphere Journale. Den lite- raturpolitischen Kurs bestimmten maßgeblich die proletarischen Schriftstellerorganisationen, vor allem die RAPP (Russische Assoziation proletarischer Schriftsteller) mit ultralinken Ideologen. Und als sich nach dem Erscheinen der ersten beiden Teile des Romans *Der stille Don* (1928) ein weithin wirkender Erfolg einstellte, wurde offenbar aus den Reihen jener RAPP heraus (genauer: aus der ihr angeschlossenen Gruppe „Kusniza") die Legende verbreitet, Scholochow habe in diesem Werk Texte eines anderen Kosakenautors, Fjodor Krjukow (1870-1920), verwendet, also „Plagiat" begangen. Wie wäre das Ganze ausgegangen, hätte Scholochow nicht in dem damaligen Nestor der Sowjetliteratur, Alexander Serafimowitsch (1863-1949), einen einflussreichen Freund und Bewunderer seines Talents gehabt, der dafür sorgte, dass von einer unter seinem Vorsitz stehenden Kommission eine Untersuchung eingeleitet und die Anschuldigung widerlegt wurde – ?!

Doch Gefahren dieser Art blieben virulent, denn noch im Jahre 1930 fand in Rostow am Don (einer der Hochburgen der RAPP) eine Konferenz über die bis dahin erschienenen Teile des *Stillen Don* statt, auf der es in bester vulgärsoziologischer Manier von geharnischten Anwürfen wie „Propagierung von Ideen, unter deren Banner die Konterrevolution der Kulaken antrat", „Ideologe des wohlhabenden Teils der Kosakenschaft", „Werk eines schwankenden Mitläufers" usw. nur so hagelte.[18] Gegen Ende des gleichen Jahres aber reichte Scholochow bei der Zeitschrift „Oktjabr" (die zuvor immerhin die ersten Teile des Romans publiziert hatte) die Kapitel XIII bis XXVIII des sechsten Romanteils ein, in denen die Anfänge des Aufstands der Donkosaken vom Frühjahr 1919 gegen die Sowjetmacht geschildert werden. Deren Abdruck wurde ihm resolut verweigert. Der Chefredakteur Alexander Fadejew schrieb dem Autor: Entweder er mache Grigori Melechow, den zentralen Helden des Romans, zum Bolschewiken, oder die Publikation habe sich erledigt (P, 54). Scholochow wandte sich in dieser Situation an Maxim Gorki, der bekanntlich vielen jungen Autoren mit kritischem Rat und praktischer Hilfe zur Seite gestanden hatte. Gorki las das Manuskript der genannten Kapitel, war durchaus beeindruckt, sprach sich in einem Brief (vom 3.Juni 1931) an Fadejew für den Druck aus, doch diese Empfehlung war zwiespältiger Art, denn im Vordergrund stand Gorkis negatives Verhältnis zur russischen Bauernschaft (umso mehr zur Kosakenschaft), die er aus seiner aufklärerischen Position heraus seit jeher als Hort gei-

---

Zeit in der Donregion niedergelassen hatte, er selber wechselte Tätigkeiten als Angestellter, Mühlenverwalter u.a. Die Mutter, Tochter eines Leibeigenen und teils kosakischer Herkunft, arbeitete vor der Heirat als Dienstmädchen bei einer verwitweten Gutsbesitzerin.

18 Vgl. Diskussija o *Tichom Done* v rostovskom žurnale „Na pod-eme". In: Novoe o Michaile Šolochove. Issledovanija i materialy. Moskau 2003, S. 394ff.

stiger Finsternis und politischer Reaktion betrachtet hatte.[19] Da Scholochow ihm dieser bäuerlichen Welt geistig allzu nahe zu stehen schien, wurde er ungeachtet der Wertschätzung seines Talents mit dem herabsetzenden Prädikat eines" Regionalschriftstellers" („oblastnoj pisatel"") bedacht, der noch einer gewissen" Umerziehung" bedürfe.[20] Ohne von diesem Brief Kenntnis zu haben,[21] wandte sich Scholochow am 6. Juni 1931 erneut brieflich an Gorki, um ihn vor allem über den Donaufstand aufzuklären und seine Position dazu zu begründen. Er, Scholochow, habe in seinem Roman nichts übertrieben, hieß es da, er habe sich vielmehr an die „raue Realität" gehalten und sei dabei gar nicht auf solche Tatsachen wie die Erschießung von 62 alten Männern in der Staniza Migulinskaja oder andere Erscheinungen des Massenterrors eingegangen, die innerhalb von 6 Tagen mehr als 400 Opfer gefordert hätten.[22] Vermutlich gab dieser Brief den Ausschlag, dass Gorki nunmehr das Manuskript der in Frage stehenden Romankapitel an Stalin schickte, um ihm die Entscheidung über deren Publikation anzutragen.

In dieser sich qualvoll hinziehenden Situation, die bei Scholochow – wie ein Brief von ihm an eine gute Freundin, die Alt-Bolschewikin Jewgenija Lewitzkaja (1880-1961) bezeugt – einen Wechsel von verzweifelten Stimmungslagen und trotzigem Widerstand auslöste,[23] fand Mitte Juni 1931 in der Datscha Maxim Gorkis die zweite Begegnung des Schriftstellers mit Jossif Stalin[24] statt. Gorki schwieg die ganze Zeit und überließ es Stalin, Fragen an den Autor des *Stillen Don* zu stellen. Bei Scholochows Auskünften über den Donaufstand und seine Ursachen wird es Stalin gefallen haben, dass die Rolle Trotzkis beim roten Terror in den Kosakendörfern angedeutet wurde (obwohl die entsprechende Direktive – natürlich mit Wissen Lenins – von Swerdlow erlassen worden war). Als Stalin, der ruhig zugehört hatte, schließlich das Wort nahm, wiederholte er einen Satz aus Gorkis Brief an Fadejew – der *Stille Don* werde der weißen Emigration viel Vergnügen bereiten, fügte aber hinzu, dass der Gang der Ereignisse im Roman „für uns, für die Revo-

---

19 Davon zeugte die einem Pamphlet ähnliche Schrift *Vom russischen Bauern*, die Gorki im Jahre 1922 im Berliner Ladyshnikow-Verlag veröffentlicht hatte.

20 Vgl. Pis'ma i telegrammy M. A. Šolochova. In: Šolochov na izlome vremeni., S. 221.

21 Scholochow erfuhr von dem Brief Gorkis erst im Jahre 1927, als ihm der Literaturwissenschaftler Fjodor Birjukow eine Kopie davon übergab. Er sagte nur: „Jetzt ist mir alles klar ..." (Anmerkungen zu: Pis'ma i telegrammy M. A. Šolochova. In: Šolochov na izlome vremeni, S. 222).

22 Šolochov: Pis'ma, S. 69.

23 Vgl. ebd. S. 54f. Scholochow widmete Lewitzkaja viele Jahre später seine Meistererzählung *Ein Menschenschicksal*.

24 Die erste Begegnung, über die es keinen Aktennachweis, sondern lediglich Äußerungen Scholochows sowie des Literaturkritikers I. Leshnew gibt, fand im Januar 1930 statt, und da ging es um Fragen der Landwirtschaftspolitik. Vgl. die Anmerkungen von Wladimir Wassiljew in Ss, 5, 294.

lution arbeitet!" Daher lautete seine abschließende Bilanz: „Wir werden den dritten Band des *Stillen Don* drucken!"[25]

In diesem Abwägen von Schaden/Nutzen bei der Verbreitung eines literarischen Werks tritt der Stalinsche Pragmatismus beim Umgang mit Kunst zutage. Er sollte sich wenig später auch in seiner Entscheidung über Scholochows Roman *Neuland unterm Pflug* (1.Teil) zeigen, wo sich (Ende 1931) wiederum eine Redaktion, diesmal die der Zeitschrift „Nowy mir", gegen die Veröffentlichung sperrte – vor allem wegen der Schilderung der Kulaken-Enteignung, der Scholochow mehrere Kapitel gewidmet hatte. Vielleicht wird besonders das 9. Kapitel Anstoß erregt haben, in dem rückblickend geschildert wird, wie den Enteignern aus dem Haus des Kulaken Gajew dessen elf Kinder schreiend und weinend entgegenstürzen. Als der Vorsitzende des Dorfsowjets Rasmjotnow dies am Abend seinen Genossen in der Parteizelle vorträgt, kommt es zum Eklat, denn er erklärt ihnen, er weigere sich, weiter mitzumachen, er könne doch nicht Krieg gegen Kinder führen... Erneut musste Scholochow also um die Intervention Stalins bitten. Er erinnert sich: Stalin habe den Roman in zwei Nächten gelesen und entschieden: „Wir hatten keine Angst, die Kulaken zu enteignen – weshalb sollten wir jetzt Angst haben, darüber zu schreiben! Der Roman muss gedruckt werden!"[26] Stalin scheint in der Tat in Kunstfragen weniger ängstlich gewesen zu sein als mancher nachfolgende Spitzenpolitiker des Realsozialismus. Und er ließ nicht andere lesen, sondern tat dies selbst und erreichte so mit den Jahren eine beachtliche Belesenheit, natürlich nicht nur in der Belletristik, sondern vor allem auch auf dem Gebiete der Historiographie.[27] Doch sein ästhetisches Urteil war unentwickelt und grob, eben von pragmatischem Zuschnitt. Man könnte hier eine Analogie zu einigen Zeilen in dem berühmten Stalin-Gedicht des russischen Lyrikers Ossip Mandelstam (1933) ziehen, wo Stalins Weisungen mit den wuchtigen Hammerschlägen eines Hufschmieds verglichen werden, die den einen „in den Leib, den anderen in die Stirn, den dritten ins Auge" treffen. Als sich am 26.Oktober 1932 eine große Schar von Schriftstellern in der Wohnung Gorkis einfand, entwickelte Stalin vor ihnen seine grob gestanzten Leitbegriffe: der Schriftsteller müsse „Ingenieur der menschlichen Seele" sein, und da sich das sowjetische Leben dem Sozialismus nähere, sei die wahrhaftige Darstellung dieses Lebens eben „sozialistischer Realismus"... Wie hat

---

25 Die Darstellung des Treffens folgt den Erinnerungen Scholochows, wie er sie viele Jahre später dem mit ihm befreundeten Literaturwissenschaftler Konstantin Prijma mitgeteilt hat. Hier zit. nach Ss, 5, 298.

26 Ebd. S. 303.

27 Simon Sebag Montefiore formuliert in seinem Buch „Stalin – Am Hof des Roten Zaren" (Taschenbuchausgabe, Frankfurt am Main 2006) in seiner feuilletonistischen Ausdrucksweise: „Stalins Lesewut war fast ebenso stark ausgeprägt wie sein Größenwahn und der Glaube an den Bolschewismus. Man könnte sie als die Hauptleidenschaften seines Lebens bezeichnen." Ebd. S. 115.

sich die Wissenschaft in der Folgezeit mit den Deutungen dieses Begriffs herumgeplagt! Dabei war es ganz simpel gemeint.[28]

Es stellt sich nun die Frage, weshalb ein fortdauernder Dialog Stalins mit Scholochow über Jahre hinweg möglich war, während er anderen Schriftstellern verweigert wurde, beispielsweise Michail Bulgakow oder Boris Pasternak. Stalin hatte bekanntlich in einem überraschenden Telefonat am 18. April 1930 auf den Brief Bulgakows an die Sowjetregierung vom 28.März gleichen Jahres reagiert, in dem dieser – nach dem Verbot seiner Werke – seine Notlage schilderte und um Abhilfe bat. Stalin stellte ihm nicht nur eine Tätigkeit am Moskauer Künstlertheater in Aussicht, sondern bot ihm auch ein weiteres Gespräch an. Doch Bulgakow, der sofort emphatisch zustimmte, wartete zeitlebens vergeblich. In der Bulgakow-Forschung wird darauf verwiesen, dass dieses ergebnislose Warten bei dem Schriftsteller traumatische Folgen hatte und schließlich zu einem Motiv im Roman *Der Meister und Margarita* gerann, allerdings mit einer bezeichnenden Umkehrung: Dort ist es der mächtige Mann, der Statthalter Pilatus, der endlos darunter zu leiden hat, dass er das Gespräch mit seinem Opfer Joshua nicht fortsetzen kann.[29] Ein zweites Beispiel ist Boris Pasternak. Auch er wurde von Stalin angerufen, wobei es um seine Meinung über den Dichter Mandelstam ging, der wegen des oben zitierten scharfen Anti-Stalin-Gedichts verhaftet worden war. Den Aufzeichnungen von Anna Achmatowa ist zu entnehmen, dass Pasternak am Ende des Telefonats den schon lange gehegten Wunsch äußerte, mit Stalin zu reden. Worüber? „Über das Leben und über den Tod."[30] Daraufhin habe Stalin den Hörer aufgelegt.

Die Erklärung für das Verhalten Stalins liefert indirekt Isaak Deutscher, indem er auf dessen plebejische Herkunft und seine im Vergleich zu Lenin, Trotzki, Bucharin und anderen russischen Parteiführern weitaus geringer ausgeprägte Intellek-

---

28 Eine Vorstufe dieser Begriffsschmiede gab es bereits im Jahre 1929, als Stalin in seinem Brief an den Dramatiker Wladimir Bill-Belozerkowski den Vorschlag machte, künftig nicht mehr von „Rechten" und „Linken" in der Literatur zu reden, sondern „klassenmäßige" Begriffe anzuwenden, nämlich: „sowjetisch" – „antisowjetisch", „revolutionär" – „gegenrevolutionär" usw. Nach diesem Muster wurde von ihm sogleich Michail Bulgakows Stück *Die Flucht* als „antisowjetische Erscheinung" klassifiziert. (J. W. Stalin: Werke. Bd. 11. Berlin 1954, S. 292f.). – Dazu passt, was Isaak Deutscher über Stalins Marxismus-Verständnis sagt: „Leute seines Schlages nahmen gewisse, grundlegende Thesen der marxistischen Philosophie so an, wie sie ihnen in einer populären Darstellung der Lehre verständlicht gemacht worden waren. Dies deckte ihren intellektuellen und politischen Bedarf. [...] Die Halbgebildeten [...] sahen im Marxismus eine Art arbeitssparende Denkmaschine, die leicht zu bedienen und fabelhaft wirksam war. Man brauchte nur auf einen Knopf zu drücken, um mit einer Idee fertig zu werden; tauchte eine andere Idee auf, so gab es dafür einen anderen Knopf." (Isaak Deutscher: Stalin. Eine politische Biographie. Augsburg 1997, S. 164).

29 Vgl. Mariètta Čudakova: Žizneopisanie Michaila Bulgakova. Moskau 1988, S. 406.

30 Jelena Bulgakowa: Margarita und der Meister. Tagebücher und Erinnerungen. München 2006, S. 518.

tualität[31] verweist. Zu dichterischen Persönlichkeiten wie Bulgakow und Pasternak hätte er kaum einen Gesprächsfaden gefunden, sie mussten ihm eher unheimlich erscheinen – und das von Pasternak begehrte Thema „Leben und Tod" wäre bei ihm schon gänzlich verfehlt gewesen. Ganz anders lagen die Dinge bei Michail Scholochow. Er konnte sich (wir verweisen auf das oben über seine Doppelbegabung Gesagte) Stalin als ein Mann mit praktischem Sinn, mit der Fähigkeit entschlossen zu handeln präsentieren – und dies wiederum kam Stalins Pragmatismus entgegen, war also eine gute Basis für weitere Gespräche.

An dieser Stelle muss jedoch darauf aufmerksam gemacht werden, dass die wirtschaftspraktische Begabung Scholochows auch ihre Schattenseite hatte – nämlich hinsichtlich des Bildes, das die Öffentlichkeit sich von ihm als Schriftsteller entwarf. Der Roman *Neuland unterm Pflug* wurde, wie gleichfalls oben ausgeführt, zu gewissen Zeiten gern als „Handbuch für den Kolchos-, bzw. den Genossenschaftsbauern" angepriesen. Leserstimmen aus den Jahren 1933/38 zeigen jedoch, dass diese „praktische" Sicht keinesfalls die zeitgenössische sowjetische Rezeption dieses Romans bestimmte; allein schon die Wahl unterschiedlicher Lieblingsfiguren (nicht selten fand man am komischen Großvater Schtschukar das größte Gefallen) widersprach einer vordergründig-soziologischen Deutungsweise.[32] Scholochow mischte sich in die Debatten der Literaturkritiker in der Regel nicht ein. Er vertraute auf die Wirkung seines künstlerischen Worts.

2. Der Kontakt zu Stalin ist lebensrettend

Im weiteren Verlauf der 1930er Jahre stellte sich heraus, dass der Kontakt Scholochows zu dem Mann an der Spitze des Sowjetstaates in lebensrettender Funktion für die Kolchosbauern des Wjoschensker Heimatrayons wie auch für den Schriftsteller persönlich genutzt werden konnte. Ohne diesen Kontakt hätte vieles einen tragischen Ausgang gehabt.

In seinem Roman *Neuland unterm Pflug* (I) schildert Scholochow einen Zeitabschnitt (beginnend mit dem Januar 1930), wo der hohe Druck in Richtung vollständiger Kollektivierung im Kosakendorf zeitweilig (dank Stalins Selbstkorrektur durch den „Prawda"-Artikel „Vor Erfolgen vom Schwindel befallen" am 2.März

---

31 Wörtlich heißt es über die genannten Bolschewiki: „Sie rebellierten gegen die Meinungen und Vorurteile der Umgebung, in der sie aufgewachsen waren, brachten aber trotzdem in das revolutionäre Milieu einige Werte und Qualitäten ihrer eigenen Welt mit, nicht nur Wissen, auch das Raffinement des Denkens, Sprechens und der gesellschaftlichen Umgangsformen [...] Das waren nun ausgerechnet die Eigenschaften, die das Leben für Dshugaschwili nicht bereitgehalten hatte." Isaak Deutscher: (1997), S. 49.

32 Die genannten Leserbriefe (insgesamt 110) werden im Anhang des Buches von N. V. Kornienko (2003), S. 432ff., dokumentiert und kommentiert.

1930) nachlässt, wodurch sich im Ganzen eine positive Perspektive eröffnet. Wenig später trat jedoch eine derart bedrohliche Verschlechterung der dörflichen Lebensverhältnisse ein, dass der Schriftsteller sich veranlasst sah, im Vertrauen auf den gewonnenen guten Kontakt am 4. April 1933 an Stalin einen viele Seiten umfassenden Brief (faktisch eine soziale Studie, eine alarmierende Denkschrift) zu schicken. Von diesem ungewöhnlichen Zeitdokument erfuhr die Öffentlichkeit erstmalig durch Zitate in einer Rede Chruschtschows im Jahre 1963, der vollständige Text wurde erst 1992 in der Zeitschrift „Rodina" abgedruckt. Ich zitiere daraus einige Auszüge in meiner Übersetzung.

Der Brief beginnt ohne Höflichkeitsfloskeln, mit der Anrede „Gen. Stalin!". Und schon mit den ersten Sätzen wird dem Machthaber die katastrophale Situation eröffnet: „Der Wjoschensker Rayon hat, wie viele andere Rayons des Nord-Kaukasus-Gebiets, weder den Plan des Getreideaufkommens erfüllt noch Saatgetreide aufgebracht. In diesem wie auch in anderen Rayons erleiden Kolchosbauern und Einzelbauern den Hungertod. Erwachsene und Kinder laufen mit geschwollenen Bäuchen herum und nähren sich von allem Möglichen, was eigentlich nicht zu menschlicher Nahrung gehört, von Kadavern bis zu Eichenrinde und den Wurzeln aller möglichen Sumpfpflanzen."

Es folgt eine genaue ökonomische Analyse, zu der Scholochow offenbar von örtlichen Funktionären, mit denen er in freundschaftlicher Verbindung stand, das nötige Material zugearbeitet wurde. Sodann benennt Scholochow regionale Partei- und Staatsfunktionäre mit ihrem falschen Kurs als die Schuldigen für das Desaster, liefert etliche Beispiele für deren intolerantes und selbstherrliches Gebaren. Im zweiten Teil des Briefes kommt er auf eine Reihe von Repressalien zu sprechen, die gegenüber den Bauernfamilien beim Eintreiben des Getreides und den mit Aussiedlung Bestraften angewandt wurden. Zunächst heißt es summarisch:

„Den Kolchosbauern wurde strengstens verboten, die Auszusiedelnden zum Übernachten oder zum Aufwärmen in ihre Häuser zu lassen. Sie mussten sich in Schuppen, Kellern, auf der Straße oder in Gärten aufhalten. Es wurde gedroht: Wer eine auszusiedelnde Familie einlässt, wird selbst mit Aussiedlung bestraft. Und diese Strafe wurde sogar dafür verhängt, dass ein Kolchosbauer, der sich der in der Kälte weinenden Kinder seines Nachbarn erbarmte, dessen Familie zum Aufwärmen in sein Haus einließ. 1090 Familien verbrachten bei Frost von minus 20 Grad den ganzen Tag auf der Straße. Tagsüber schlichen sie wie Schatten um ihre verriegelten Häuser, und des Nachts suchten sie vor der Kälte Unterschlupf in Schuppen oder Spreuhaufen. Doch nach der vom Gebietskomitee erlassenen Weisung hätten sie auch dort nicht bleiben dürfen! Die Vorsitzenden der Dorfsowjets und die Parteisekretäre schickten Patrouillen aus, die die Schuppen durchstöberten und die Familien der aus ihren Häusern vertriebenen Kolchosbauern auf die Straße jagten."

Danach folgt in Scholochows Brief eine Aufzählung von Repressalien, die beim Aufbringen von 593 Tonnen Getreide angewandt wurden. Hier nur einige Beispiele:

„1. Massenhafte Verprügelung von Kolchos- und Einzelbauern.
2. Festsetzen ,im Kalten' [...] Ein Kolchosbauer wurde bis auf die Unterwäsche entkleidet und barfüßig in den Speicher oder in die Scheune gesperrt. Und dies im Januar, Februar. Häufig wurden ganze Brigaden in die Speicher gesperrt.
3. Im Kolchos von Waschtschajewsk begoss man die Füße und Röcke der Kolchosbäuerinnen mit Wachs und zündete dieses an. Dann wurde gelöscht und gefragt: ,Wo ist das Getreide versteckt? Ich zünde gleich wieder an!' Im gleichen Kolchos legte man eine Verhörte in eine Grube, schüttete diese zur Hälfte zu und setzte das Verhör fort.
4. Im Napolowsker Kolchos zwang der Bevollmächtigte des Rayonkomitees [...] Plotkin den Verhörten, sich auf eine Heizplatte zu setzen. Dieser schrie, er halte es nicht aus, da begossen sie ihn mit Wasser, führten ihn zur ,Abkühlung' ins frostige Freie hinaus und sperrten ihn in den Speicher. Aus dem Speicher erneut auf die Platte..."

Und so weiter – insgesamt 16 Punkte! Scholochow beschließt diesen Abschnitt seines Briefes mit der Feststellung: „Das sind keine Einzelfälle von Überspitzungen, sondern es handelt sich um die im Rayonmaßstab legitimierte ,Methode' zum Aufbringen des Getreideaufkommens." Und an dieser Stelle erinnert Scholochow den Adressaten seines Briefes an einen Artikel des Schriftstellers Wladimir Korolenko (*Im ruhiggestellten Dorf*, 1911)[33] in dem der brutale Umgang mit einigen Bauern in zaristischer Zeit geschildert wird. Dem Diktator dürfte diese vergleichende Reminiszenz nicht sonderlich gefallen haben, zumal Scholochow hinzufügte, dass es sich nunmehr um Exzesse weit größeren Maßstabs handle, die mit weit „größerem Erfindungsreichtum bei der Anwendung von Techniken, mehr Raffinesse" betrieben würden. Dann kommt Scholochow zu Schlussfolgerungen. Man müsse zu den Verantwortlichen „Untersuchungen einleiten", er bittet darum, in den Rayon „wahre Kommunisten" zu entsenden, „die mutig genug sind, um ohne Ansehen der Person alle jene zu entlarven, durch deren Schuld die Kollektivwirtschaften des Rayons verheerenden Schaden genommen haben..."[34] Die Intervention Scholochows hatte Erfolg: Stalin reagierte sofort mit einem Telegramm, in dem er versprach, „alles Erforderliche zu tun", und um Mitteilung des nötigen Umfangs an Hilfeleistun-

---

33 Das ist eben jener Korolenko (1855-1921), dessen Erinnerungswerk *Geschichte meines Zeitgenossen* (1906/1922) einst Rosa Luxemburg ins Deutsche übersetzt hatte. Seit den 1890er Jahren hatte er sich in seinen Artikeln und Reportagen, auch vor Gericht, wiederholt für die Rechte der von Strafjustiz, Judenpogromen und anderen Drangsalierungen betroffenen Bevölkerung eingesetzt und sich nach der Oktoberrevolution – in seinen erstmals in der Zeitschrift „Nowy mir" (Moskau) 10/1989 veröffentlichten *Briefen an Lunatscharski* – auch kritisch zum Roten Terror geäußert.
34 Šolochov: Pis'ma, S. 105ff.

gen bat. Scholochow lieferte ihm in einem zweiten Brief konkrete Auskünfte, worauf Stalin ihn telegrafisch von den veranlassten Getreidelieferungen in Kenntnis setzte, ihn aber zugleich dafür rügte, dass er den langsameren Postweg eines Briefes gewählt habe und dass sein Brief eine gewisse „Einseitigkeit" der Sichtweise (zugunsten der Bauern) erkennen lasse.[35] Zur Untersuchung der Vorgänge wurde Matwej Schkirjatow, ein hoher Parteifunktionär, in den Rayon entsandt. Dessen Bericht bestätigte die Richtigkeit von Scholochows Informationen, es wurde vor allem betont, dass die Hauptverantwortung für die „Überspitzungen", vor allem für die beschriebenen Grausamkeiten in der Winterkälte, beim Gebietskomitee gelegen habe, daher wurden einige personelle Konsequenzen gezogen.[36]

Dies war jedoch nur der erste Akt eines Dramas, das in den Jahren des Großen Terrors seine Fortsetzung fand. Dabei geriet der Schriftsteller selber in höchste Gefahr.

Im April 1937 erreichten die Wellen der in dieser Zeit flächendeckend inszenierten Verdächtigungen, Denunziationen und der ihnen auf dem Fuße folgenden Verhaftungen unschuldiger Personen die Heimatregion Scholochows, und zu den Opfern gehörten bald auch seine Freunde in führenden Positionen des Wjoschensker Rayons, darunter der Rayonsekretär der Kommunistischen Partei Pjotr Lugowoi. Scholochow, der zunehmend selber zur Zielscheibe von Verleumdungen (als Urheber „konterrevolutionärer" Ideen und Pläne) wurde, ersuchte im Juni dieses Jahres bei einem Kurzaufenthalt in Moskau vergeblich um einen Termin bei Stalin. Die Schlinge zog sich immer enger um ihn zusammen, denn auch seine engere Verwandtschaft wurde ins Visier genommen (beispielsweise suchte man einem W. Scholochow, der in Jelanskaja als Schuldirektor tätig war, mittels freier Erfindung alle möglichen politischen Sünden einschließlich „trotzkistischer" Positionen zu unterschieben; am Ende wurde er trotz fehlender Beweise seines Postens enthoben, nur die Haft blieb ihm dank der Intervention Michail Scholochows erspart). Und nicht alle Verhafteten vermochten den Folterungen zu widerstehen. Lugowoi wurde nicht nur physisch gefoltert, sondern auch psychisch unter schwersten Druck gesetzt, indem man ihm erklärte, dass sich nicht nur Scholochow, sondern auch seine Ehefrau und sein Sohn von ihm losgesagt hätten.[37]

In dieser Situation begab sich Wladimir Stawski, damaliger Generalsekretär des Schriftstellerverbands, vermutlich im Auftrag von höchster Stelle zu Scholochow nach Wjoschenskaja. Sein Bericht an Stalin trägt selber denunziatorischen Charakter, doch er gibt in einmaliger Weise Aufschluss über die damalige äußere und innere Befindlichkeit des Schriftstellers. Nachfolgend der nur unwesentlich gekürzte Text (man beachte den hölzernen Stil):

---

35 Vgl. ebd. S. 133.
36 Vgl. ebd. S.132ff.
37 Vgl. Lugowois Erinnerungen in: Petelin (2005, kniga pervaja), S. 622.

„An das ZK der KPdSU (B). Vertraulich. Gen. Stalin J.W.

Im Zusammenhang mit beunruhigenden Nachrichten über das Verhalten von Michail Scholochow begab ich mich zu ihm in die Staniza Wjoschenskaja.

Scholochow ist nicht zum Internationalen Schriftstellerkongress[38] nach Spanien gereist. Er erklärt dies mit der ‚Kompliziertheit seiner politischen Situation im Wjoschensker Rayon.'

Scholochow hat bis heute weder den 4. Band des *Stillen Don* noch den 2. Teil von *Neuland unterm Pflug* zum Druck gegeben. Er sagt, dass die Lage und seine Lebensbe- dingungen im Wjoschensker Rayon ihm die Möglichkeit nähmen, zu schreiben.

Ich hatte Gelegenheit, 300 Seiten des maschinegeschriebenen Manuskripts des IV.Buches vom *Stillen Don* zu lesen. Einen bedrückenden Eindruck machen die Bilder der Zerstörung des Chutors Tatarskoje, der Tod von Darja und Natalja Melechowa, sowie der Grundton der Zerstörung und einer gewissen Hoffnungslosigkeit, die über den dreihundert Seiten liegt. In diesem düsteren Grundton verlieren sich auch Grigori Melechows Anwandlung von Patriotismus (gegen die Engländer) und seine Wut über die Generäle.

M. Scholochow erzählte mir, dass Grigori Melechow am Ende seine Waffe hinwirft und nicht mehr weiterkämpft. ‚Ich kann ihn auf keinen Fall zum Bolschewiken machen!'

Wie ist nun die Lage bei Scholochow in Wjoschenskaja? Vor drei Monaten wurde der Sekretär des Wjoschensker Rayonkomitees der KPdSU(B) Lugowoi – der engste politische und persönliche Freund Scholochows – verhaftet. Davor und danach verhaftete man eine Gruppe von Rayon-Funktionären [...] – sie alle werden der Zugehörigkeit zu einer konterrevolutionären trotzkistischen Organisation beschuldigt.

M. Scholochow erklärte mir geradeheraus: ‚Ich glaube nicht an die Schuld Lugowois, und wenn man ihn verurteilt, erklärt man auch mich für schuldig und wird mich ver- urteilen. Wir haben doch alles im Rayon gemeinsam gemacht.' [...]

Mit großer Erregung, an die Wut grenzte, äußerte Scholochow: ‚Ich kann noch nicht sagen, als was sich die heutigen Gebietsfunktionäre entpuppen werden.'

‚Da kam also der 2. Sekretär – Iwanow, Iwan Uljanytsch – angereist, blieb zwei Tage, trank mit uns Wodka, redete, und wie gut das klang! Ich dachte schon, er sei stärker als Jewdokimow, doch da erwies er sich als Volksfeind, ist jetzt in Haft!

Sieh dir doch an, was sich da abspielt! Da hat man uns bei der Aussaat, der Ernte unter Druck gesetzt, dabei lässt man das Getreide in Baski verrotten. Zehntausende Pud Getreide verfaulen unter freiem Himmel!'

Am nächsten Tag überprüfte ich diese Hinweise Scholochows. In der Tat, am Donufer bei Baski lagern (teilweise verfault) etwa 10 000 Tonnen Weizen. Erst in den letzten Tagen (nach Regenschauern) wurde eine Zeltplane beschafft. Die Schädlinge aus dem Unionsgetreidebetrieb wurden verhaftet.

Voller Zorn sprach M. Scholochow darüber, dass er von einem Mitarbeiter des NKWD aus dem Rayon beobachtet wird. Dieser sammle alle möglichen Gerüchte über ihn und seine Verwandten.

---

38 Am II. Internationalen Schriftstellerkongreß zur Verteidigung der Kultur, der im Juli 1937 in Valencia und Madrid tagte, nahmen aus der UdSSR u.a. Michail Kolzow, Alexej Tolstoj, Alexander Fadejew und Ilja Ehrenburg teil. Scholochow, der zur sowjetischen Delegation gehörte, konnte wegen der Terrorisierung seiner Umgebung und der eigenen Person weder in Spanien noch an der Fortsetzung des Kongresses in Paris teilnehmen.

In einer freimütigen Minute gestand mir M. Scholochow: ‚Mir kommen manchmal solche Gedanken, dass ich selber erschrecke.' Ich habe das als ein Geständnis von Selbstmordgedanken aufgefasst.

Ich fragte ihn geradeheraus: ‚Denkst du etwa, dass um dich herum im Rayon Feinde am Werk sind und dass es diesen gerade recht ist, wenn du nichts schreibst? Also hat der Feind, wenn du nichts schreibst, in gewissem Maße sein Ziel erreicht?' Scholochow erbleichte und druckste herum. Aus dem weiteren Gespräch geht völlig eindeutig hervor, dass er in letzter Zeit grobe politische Fehler begangen hat."

[An dieser Stelle listet Stawski die vermeintlichen „politischen Fehler" Scholochows auf: 1. Nichtweitergabe eines vertraulichen Briefes von Krasjukow, einem in die Verbannung geschickten Freund; 2. Vernachlässigung seiner gesellschaftlichen Pflichten; 3. Nichtteilnahme an für ihn obligatorischen Sitzungen in Rostow/Don].

„Im Gebiet hat man ein äußerst distanziertes Verhältnis zu Scholochow. Gen. Jewdokimow [Sekretär des Gebietskomitees der KPdSU] sagte zu mir: ‚Wir wollen Scholochow nicht den Feinden überlassen, wir wollen ihn von diesen trennen und ihn zu einem der Unseren machen!' Doch er fügte auch hinzu: ‚Wenn es sich nicht um einen Mann mit dem Namen Scholochows handelte, hätten wir ihn längst verhaftet.'

Gen. Jewdokimow, dem ich alles über mein Gespräch mit Scholochow berichtete, sagte, dass Lugowoi bis zur Stunde kein Geständnis abgelegt habe, trotz offenkundiger Beweise seiner Schädlingstätigkeit und zahlreicher Aussagen über ihn. [...]

Offenbar verstecken sich die im Rayon tätigen Feinde hinter dem Rücken Scholochows, sie spielen mit seinem Ehrgeiz (das Büro des Rayonkomitees hat des öfteren bei ihm zu Hause getagt), und sie versuchen ihn auch jetzt wieder als ihren Bittgänger und Verteidiger auszunutzen.

Es wäre das Beste für Scholochow (der auch gegenwärtig von der Verwandtschaft seiner Ehefrau beeinflusst wird – aus dieser Richtung riecht es förmlich nach Konterrevolution),[39] aus der Staniza in ein Industriezentrum umzusiedeln, doch er ist entschieden dagegen, und ich habe nicht die Macht, ihn zu überzeugen.

Scholochow erklärte mit kategorischer Entschiedenheit, dass es bei ihm keinerlei Differenzen zur Politik von Partei und Regierung gebe, doch die Strafsache Lugowoi erwecke bei ihm große Zweifel an der Handlungsweise der örtlichen Behörden.

Bei seiner Klage, dass er außerstande sei zu schreiben, hielt es M. Scholochow aus irgendeinem Grunde für angebracht, daran zu erinnern, dass er kürzlich Teile des IV.Buches [vom *Stillen Don*, W.B.] ins Ausland geschickt habe, doch dass diese in Moskau (vom Glawlit)[40] aufgehalten worden seien, so dass aus dem Ausland Anfragen kämen, wo sich das Manuskript befände. Ob damit nichts passiert sei.

Scholochow gab seine Fehler hinsichtlich des Briefes von Kraskujow und seiner gesellschaftspolitischen Arbeit zu. Er sagte, er sei nach dem Gespräch erleichtert.

Wir verabredeten, dass er öfter mal schreibt und in nächster Zeit nach Moskau kommt.

---

39 Vermutlich hat Stawski hier vor allem den Schwiegervater des Schriftstellers, Pjotr Gromoslawski, im Auge, der einst den Rang eines Atamans in der Staniza Bukanowskaja bekleidete. Dieser war jedoch ein Mensch von eher liberaler Denkungsart.

40 Glawlit = Abkürzung für Glavnoe upravlenie po delam literatury i izdatel'stv (Hauptverwaltung für Angelegenheiten der Literatur und der Verlage), die 1921 geschaffene zentrale Zensurbehörde.

Doch das Wichtigste ist: Seine Schwankungen, seine (selbstverschuldete) Isoliertheit und seine Zweifel erwecken ernste Sorge, und davon gebe ich Ihnen Kenntnis. Mit komm. Gruß – Wl. Stawski. 16. IX. 37."[41]

Wenn man weiß, dass Stawski, als Schriftsteller eher Mittelmaß und willfährig gegenüber den Machthabern, einst zu den Hardlinern aus der RAPP gehört hatte, die Scholochow die literarische Karriere verbauen wollten, wundert man sich nicht über die Tendenz seines Berichts, die darauf hinausläuft, Scholochow „Fehler" und Versäumnisse zu unterstellen, statt ihm in seiner bedrängten Lage beizuspringen. Der Bericht vermittelt jedenfalls eine konkrete Vorstellung von dem Ausmaß der von allen Seiten heranrückenden Bedrohung.

Offenbar hat dieser Bericht, der genügend beunruhigende Mitteilungen enthielt, Stalin dann doch veranlasst, Scholochow am 25. September (im Beisein Molotows und des Geheimdienstchefs Jeshow) zu empfangen. Es bedurfte allerdings noch eines weiteren Treffens im Kreml (am 4. November), diesmal als Gespräch unter vier Augen, und eines Politbüro-Beschlusses, ehe Lugowoi und Genossen freikamen. Dann gab es noch ein groteskes Zwischenspiel, das Lugowoi in seinen Erinnerungen schildert. Jeshow, der sich plötzlich als beglückter Befreier aufspielte, veranlasste, dass man den drei Entlassenen (Lugowoi, Logatschow und Krasjukow) Geld gab und ein Beauftragter mit ihnen durch Moskauer Geschäfte streifte, um sie neu einzukleiden. Ihnen wurden Hotelzimmer zugewiesen. Dann erklärte ihnen Jeshow, sie würden jetzt in Moskau, in seinem Apparat arbeiten, und man werde ihnen eine Wohnung zuweisen. Man zeigte ihnen Datschen von unlängst daraus vertriebenen Mietern, mit allem Mobiliar. Lugowois Vermutung lautete: „Indem Jeshow uns in Moskau Arbeit anwies, nahm er Scholochow die Möglichkeit, der Bevölkerung des Wjoschensker Rayons wie auch des Gebietes zu beweisen, dass wir keine Feinde waren."[42] Scholochow erreichte jedoch durch nochmalige Intervention bei Stalin, dass die drei Männer heimkehren und ihre frühere Tätigkeit wiederaufnehmen konnten. Die Ehefrau Scholochows, Maria Petrowna, hat später die bewegende Szene geschildert, wie die Heimkommenden von der ganzen Staniza begrüßt wurden, und wie man Scholochow dankte…[43]

Eigentlich wäre es nach solchen Erlebnissen normal gewesen, wenn sich Scholochow eine Zeitlang in seine Privatsphäre und seine literarische Tätigkeit zurückgezogen hätte. Nichts von alledem! Er hatte offenbar das Bedürfnis, reinen Tisch zu machen und den Schuldigen die Rechnung zu präsentieren. Das war aller Ehren wert, doch es verriet auch, dass er sich etwas vormachte, denn die Hydra der stalinistischen Machtorgane war durch einige wenige Mutige nicht bezwingbar. So erging am 16. Februar 1938 erneut ein langer Brief des Schriftstellers an Stalin,

---

41 Zit. nach V. Osipov (1995), S. 167ff.
42 Lugovoj: S krov'ju i potom. In: Petelin (2005, kniga pervaja), S. 629.
43 Vgl. Osipov (1995), S. 171.

wiederum mit reichhaltigem Tatsachenmaterial, das ihm seine Freunde aus leitenden Positionen des Rayon geliefert hatten. Scholochow listet darin die Vorgänge vom Vorjahr noch einmal auf und beleuchtet eingehend die Rolle einzelner Gebietsfunktionäre, besonders des Mannes an der Spitze des Gebietskomitees der Partei, Scheboldajew. Das Verhältnis zu diesem wird auf die Formel gebracht: „Wir hindern ihn daran, Schaden anzurichten, und er behinderte uns bei ehrlicher Arbeit."[44] In auffälliger Weise hatte der Mann Scholochow den gleichen Rat gegeben wie Stawski: Er müsse unbedingt die literarische Thematik wechseln und sich ins Lebensmilieu der Arbeiterklasse begeben, die bäuerliche Thematik sei passé. Die engsten Mitarbeiter Scheboldajews hätten derweil ganz offen davon geredet, „dass Scholochow ein Kulakenschriftsteller und ein Ideologe des konterrevolutionären Kosakentums sei."[45] Nach der Ablösung Scheboldajews durch Jewdokimow habe man auf diesen große Hoffnungen gesetzt, doch alles sei in alter Weise weitergegangen. Er hätte Lugowoi angebrüllt: „Ihr habt euch in Wjoschenskaja eine Bohème geschaffen. Scholochow ist für euch das Alpha und Omega! [...] Soll doch Scholochow seine Bücher schreiben, Politik werden wir ohne ihn machen!"[46] Im weiteren berichtet Scholochow mit vielen Einzelheiten über die sich qualvoll hinziehenden Verhöre und Folterungen der verhafteten Rayonfunktionäre. Hier sei nur aus dem Abschnitt zitiert, in dem geschildert wird, wie man mit Lugowoi verfuhr, weil dies auch das Ausmaß der Gefahr für Scholochow selbst verdeutlicht: Wäre Lugowoi unter der Folter zusammengebrochen, hätte man von ihm schwer belastende Aussagen über den Schriftsteller erpressen können.

„Lugowoi wurde gleich nach seiner Verhaftung in eine Einzelzelle gesperrt. Ihn verhörten die Untersuchungsrichter Kondratjew, Grigorjew und Markowitsch. Die Methode, den Häftling zu zermürben, war die gleiche wie bei anderen, doch mit einigen Abweichungen. Man verhörte auch ihn mehrere Tage hintereinander. Er musste sich auf eine hohe Bank setzen, von der die Füße nicht den Boden erreichten, und durfte 40 bis 60 Stunden lang nicht aufstehen. Dann erlaubten sie ihm eine Atempause von zwei-drei Stunden und verhörten ihn erneut. Lugowoi musste bis zu 16 Stunden vor dem Tisch des Untersuchungsrichters strammstehen. Zu den Variationen des Verhörs kann man auch zählen: Man spuckte ihm ins Gesicht und erlaubte ihm nicht, die Spucke abzuwischen, man bearbeitete ihn mit Fäusten und Füßen, warf ihm Zigarettenstummel ins Gesicht. Dann wurde zu einer verfeinerter Foltermethode übergegangen: Zuerst entfernte man die Matratze von seinem Bett und am nächsten Tag auch das Bettgestell aus der Einzelzelle. Um seine Lunge vor Erkältung zu schützen – da er nun auf nacktem Zementboden liegen musste (Lugowoi litt an Tuberkulose) – legte er sich einen Rutenbesen unter den Rücken. Da nahm man ihm auch den Besen weg. Danach brachte man in der gegenüberliegenden Zelle einen Mitarbeiter der Parteikontrollkommission, Grischin, unter, der im Gefängnis den Verstand

44 Šolochov: Pis'ma, S. 184.
45 Ebd. S. 185f.
46 Ebd. S. 191.

verloren hatte. Bei dessen unaufhörlichen Klagen und Schreien war auch in den kurzen Stunden zwischen den Verhören keine Ruhe möglich. Doch da auch das nichts brachte, wurde Lugowoi in den Karzer gesperrt, und zwar einen ganz besonderen: die Wanzenzelle. Auf der an der Wand angebrachten Bettstatt wimmelte es, wie Lugowoi sagt, von Millionen Wanzen. Es war jedoch strengstens verboten, sich auf den Fußboden zu legen. Man musste dazu das Bett benutzen. Und die Beleuchtung in der Kammer war so raffiniert angelegt (abgeschirmtes Licht), dass es absolut unmöglich war, sich der Wanzen zu erwehren. Nach einem Tag war der ganze Körper mit blutigem Schorf bedeckt, der ganze Mensch wurde zu einer einzigen Schorffläche. In der Wanzenzelle musste Lugowoi eine ganze Woche bleiben, dann kam er erneut in eine Einzelzelle. Das Erpressen lügnerischer Aussagen, ‚psychischer Druck' auf den Häftling wurde auch auf folgende Art erzeugt: In der Nacht kam der Untersuchungsrichter Grigorjew zu ihm in die Zelle und begann mit folgender Rede: ‚Du wirst schon noch dein Schweigen brechen! Wir bringen dich zum Reden! Du bist uns ausgeliefert. Hat das ZK deine Verhaftung sanktioniert? Ja. Das heißt, das ZK weiß, dass du ein Feind bist. Und mit Feinden machen wir keine Umstände. Wenn du nicht redest und deine Komplizen nicht verrätst, brechen wir dir die Arme. Wenn das verheilt ist, brechen wir die Beine. Sind die Beine verheilt, kommen die Rippen dran. Du wirst Blut urinieren und Blut scheißen! In deinem Blut wirst du zu meinen Füßen kriechen und um die Gnade des Todes bitten. Und dann werden wir dich töten! Wir werden in deine Akte schreiben, dass du verendet bist, und werden dich in eine Grube werfen.'"[47]

Scholochow beschließt diesen Abschnitt des Briefes mit der Forderung, dem „schändlichen Foltersystem" ein Ende zu machen. Er verweist auf die Verunsicherung der Bevölkerung durch den andauernden Terror: Von Bekannten habe er gehört, viele Kolchosbauern lebten „in einem Zustand ständiger ‚Mobilisierungsbereitschaft', sie haben stets einen Vorrat an Zwieback und sauberer Wäsche für den Fall ihrer Verhaftung bei sich. Wozu soll das gut sein, Gen. Stalin? Hat nicht dieser Zustand dazu geführt, dass die gute Ernte des vorigen Jahres kaum eingebracht wurde, dass sehr viel Getreide auf dem Feld verdarb, [...] die Winterfurche nicht abgeschlossen wurde?"[48] Erneut verlangt Scholochow, dass Stalin zur Untersuchung der Vorgänge Schkirjatow in den Rayon entsendet. Dann heißt es noch: „In fünf Jahren habe ich mit Mühe nur ein halbes Buch zustande gebracht. Bei der in Wjoschenskaja herrschenden Lage war es unmöglich, produktiv zu arbeiten, das Leben überhaupt war unendlich schwer."[49]

Stalin entsprach dem Wunsch Scholochows und beauftragte Schkirjatow und einen weiteren Mann, die Tatbestände vor Ort zu untersuchen. Erwartungsgemäß wurde ihr Bericht vom 23.Mai 1938 der Problemlage überhaupt nicht gerecht. Funktionäre, die längst ihre Unglaubwürdigkeit gezeigt hatten, wurden darin als Kronzeugen der Wahrheit zitiert, und alle von Scholochow angeführten Tatsachen entweder rundweg bestritten oder heruntergespielt: Es habe bei den Verhaftungen

---

47 Ebd. S. 199.
48 Ebd. S. 202.
49 Ebd. S. 202f.

nur „einzelne" Fehler gegeben, die inzwischen korrigiert worden seien; bei den Verhören sei keine Folter angewendet worden; seitens des NKWD habe es kein Kesseltreiben gegen Scholochow gegeben usw. Dementsprechend wurden nur vereinzelt personelle Konsequenzen gezogen.

Dafür folgte die Rache der regionalen Funktionärsclique auf dem Fuße – und daraus ergab sich ein weiterer Akt des Dramas im Kampf Scholochows mit den Mächtigen.

Im September 1938 beginnt die abenteuerliche Geschichte des ehemaligen Tschekisten Iwan Pogorelow, der vom Geheimdienst dazu ausersehen wurde, Scholochow endlich als „Konterrevolutionär" zu überführen, um ihn tot oder lebendig zur Strecke zu bringen.[50]

Pogorelow wurde in die Gebietsbehörde des Geheimdienstes nach Rostow am Don bestellt, wo der Chef Gretschuchin ihm eröffnete, man habe ihn für einen „sehr wichtigen Auftrag" ausersehen, der „von den Genossen Stalin und Jeshow" ausgehe und höchste Geheimhaltung verlange: „Sie kennen ja den Schriftsteller Scholochow [...] Wir wissen, dass Sie ein sehr gutes Verhältnis zu ihm haben, doch ich muss Ihnen mitteilen, dass unsere Ermittlungen eindeutig ergeben haben, dass Scholochow einen Aufstand der Kosaken am Don, Terek und Kuban gegen die Sowjetmacht vorbereitet." Lugowoi, Logatschow und Krasjukow, Scholochows Freunde, wurden natürlich erneut als Mitbeteiligte genannt. Es gehe jetzt darum, „unseren Mann zu Scholochow zu schicken, damit dieser sein Vertrauen erwirbt und alle ihre Verbindungen im In- und Ausland aufdeckt." Wenn Pogorelow nur die geringsten Zweifel habe, könne er den Auftrag nicht übernehmen. Dieser kam sofort zu dem Schluss, dass das Ganze „eine Provokation" sei, von örtlichen Funktionären ausgeheckt. Er überlegte daher fieberhaft, wie er aus der Affäre herauskommen könne, spielte zunächst auf Zeit und übernahm dann zum Schein den Auftrag – mit dem Vorsatz, Scholochow möglichst umgehend zu warnen. Dies gelang, da der Schriftsteller sich mit Lugowoi gerade in Rostow aufhielt. Man verabredete, dass Pogorelow möglichst sofort an das ZK der Partei schreiben müsse, und Scholochow wurde angeraten, Wjoschenskaja vorerst zu verlassen. Auf abenteuerlichen Wegen gelangte Pogorelow nach Moskau, wo er mit Scholochow zusammentraf. Fast drei Wochen vergingen, ehe man sie [Pogorelow zufolge am 4. November, nach dem Besucherbuch im Vorzimmer Stalins jedoch am 31. Oktober 1938] in den Kreml einlud. Dort traf man bei Stalin mit der ganzen Kamarilla aus Rostow zusammen, und auch Jeshow und das Politbüro fanden sich im Sitzungszimmer ein. Stalin machte von Anfang an, Pogorelow zufolge, einen Unterschied in

---

50 Die Erinnerungen Pogorelows sind unter der Überschrift „Wie Michail Scholochow als ‚Konterrevolutionär' überführt werden sollte" in meiner Übersetzung in der Zeitschrift „Kultursoziologie. Aspekte – Analysen – Argumente". Berlin 2006. 2, S. 63ff., erschienen. Hier werden sie nur auszugsweise wiedergegeben.

der Behandlung der beiden Seiten, er zeigte, dass er auf der Seite Scholochows stand, ließ sich von Pogorelow ausführlich berichten und stellte die Rostower Funktionäre als Lügner bloß. Zu Jeshow habe er unmutig geäußert: „„Wie oft habe ich gesagt und gewarnt, dass unsere besten Menschen misshandelt werden, doch Sie unternehmen nichts, um mit dieser Schweinerei Schluss zu machen!'" Beim Abschied habe er zu Pogorelow gesagt, es sei gut, dass er nicht den Mut verloren habe, „sonst hätten sie Sie verschwinden lassen und beseitigt.'"

Dies war natürlich, wenn man will, ein Höhepunkt Stalinschen Ränkespiels, der Doppelbödigkeit seiner Politik. War es eine glänzend gespielte Komödie (oder eher eine Farce, mit Jeshow als Mitspieler), oder sorgte das gegenseitige Respektsverhältnis mit Scholochow für die nötige Portion Aufrichtigkeit? Jedenfalls feierte die Undurchschaubarkeit des Mannes an der Spitze des Sowjetstaates hier einen ihrer Triumphe! Der Effekt des Ganzen war jedenfalls, dass sich tödliche Intrigen der beschriebenen Art im Leben Scholochows dann nicht wiederholten.

Es ist noch eine wichtige Begegnung zwischen Scholochow und Stalin zu ergänzen – die letzte in der Reihe derer, die die Besucherkladde Poskrebyschews im Vorzimmer des Kremlchefs verzeichnet: nämlich am 23. August 1940, zu nächtlicher Stunde, u.a. im Beisein des berüchtigten Berija als neuem Geheimdienstgewaltigen. Sie wird in einer neueren Publikation beschrieben: Scholochow „wollte Stalin über die Lage der Kosaken berichten. Nach Rücksprache Stalins mit dem Sekretär des Parteikomitees von Rostow wurde Scholochows Bitte entsprochen, die Verschuldung der Kolchosen zu streichen. Auf Grund der Dürre und des starken Schädlingsbefalls gingen die Saaten auf 8 400 von 31 000 ha ein. Am 19. November fassten das Politbüro des ZK der KPdSU(B) und der Rat der Volkskommissare den Beschluss, die Verschuldung der Kolchosen im Weschensker Gebiet aufzuheben und die Abgabenormen zu senken." Darüber hinaus habe sich Scholochow erneut „bei Stalin für zu Unrecht verhaftete Funktionäre eingesetzt. Damit aber war er zu weit gegangen." Im November des gleichen Jahres teilte Berija Stalin mit, Scholochow sei falsch informiert worden, die Verurteilten seien zu Recht exekutiert worden. Eine nochmalige Bitte Scholochows an Stalin, ihn zu empfangen, wurde von Stalin nach anderthalb Jahren Wartezeit durch seinen Sekretär abschlägig beantwortet.[51] In der zitierten Publikation wird auch der Fall des Sohnes von Andrej Platonow erwähnt, der als Sechzehnjähriger unter der Beschuldigung „Führer einer faschistischen Jugendorganisation" zu sein, am 4. Mai 1938 verhaftet wurde.[52] Hier ist zu ergänzen, dass es wiederum Scholochow war, dem es gelang, die Freilassung des jungen Mannes (die 1941 erfolgte) zu erwirken und damit dem ihm nahestehenden Schriftstellerkollegen einen echten Freundesdienst zu erweisen.

---

51 Wladislaw Hedeler/Nadja Rosenblum: 1940 – Stalins glückliches Jahr. Berlin 2001, S. 122f.
52 Vgl. ebd. S. 61.

(Allerdings verstarb der Sohn Platonows schon 1943 an Tuberkulose, die er sich während der Haft zugezogen hatte).[53]

3. Gab es „Gegenleistungen" Scholochows für Stalins Hilfe?

Scholochow hätte, so könnte man meinen, allen Grund gehabt, sich bei Stalin für dessen erwiesene Hilfe bei der Durchsetzung seiner literarischen Werke, sowie dessen rettendes Eingreifen im Interesse der hungernden Bevölkerung und der vom Terror heimgesuchten Funktionäre wie auch der eigenen Person nicht nur in Worten, sondern mit Taten zu bedanken. Dem Zeitgeist entsprechend hätte dies in Gestalt einer rühmenden Darstellung des Machthabers in einem literarischen Werk geschehen können. Ist dies der Fall? In *Neuland unterm Pflug* (I) gibt sich der Kolchos in Gremjatschi Log, dem Handlungsort des Romans, den Namen „J. W.Stalin" – eine Episode, die der Autor in den 1960er Jahren getilgt hat. Und in der Romanhandlung spielt der Artikel Stalins „Vor Erfolgen vom Schwindel befallen", der am 2.März 1930 in der „Prawda" erschien, eine wichtige Rolle, weil durch ihn bestimmte Überspitzungen bei der Kollektivierung korrigiert wurden. D. h., er bewirkt zunächst gewisse Turbulenzen im Kolchosdorf, gräbt aber auch Plänen der Konterrevolution das Wasser ab und ebnet (vorerst) den Weg zu einer ruhigeren Entwicklung. Dies kann man wohl kaum als huldigende Reverenz gegenüber dem Diktator deuten, denn es entspricht der zäsurschaffenden Rolle des Stalin-Artikels im historischen Gang der Ereignisse – und der historischen Wahrheit fühlte sich der Romancier Scholochow hier wie auch im *Stillen Don* verpflichtet. Wladimir Wassiljew, Herausgeber und Kommentator der jüngsten Edition der Gesammelten Werke Scholochows, spricht dem erwähnten Stalin-Artikel strategische Bedeutung zu: Er habe in einer sehr angespannten Situation, in der sich wegen des forcierten Kollektivierungskurses auf dem Lande viel Zündstoff angesammelt hatte und Aufstände drohten, deeskalierend gewirkt. Und von daher deutet er auch die Editionsgeschichte von Teilen des *Stillen Don* sowie des ersten Teils von *Neuland unterm Pflug* neu. Aus dem *Stillen Don* standen 1930 gerade jene Kapitel zum Druck an, in denen Ereignisse im Vorfeld des Donaufstands 1919 geschildert wurden – und im Kollektivierungsroman wurde gleichfalls die sich durch „Überspitzungen" anheizende Situation in den Kosakendörfern dargestellt. Wassiljew: „In den Ereignissen der Kollektivierung wiederholte sich gleichsam die Geschichte, und alles das, was Scholochow als junger Mann von vierzehn/sechzehn Jahren durchlebt hatte, bot sich den Augen des erfahrenen Künstlers nun erneut dar und mischte sich nachdrücklich in den womöglich schon feststehenden Plan für den dritten Band des *Stil-*

---

53 Vgl. Pia-Susan Berger-Bügel: Andrej Platonov. Der Roman *Sčastlivaja Moskva* im Kontext seines Schaffens und seiner Philosophie. München 1999, S. 33f.

llen Don ein..." (Ss 5, 294) Und umgekehrt: das Jahr 1919 warnte vor den Folgen von Zuspitzungen im Jahre 1930. Aus diesem wechselseitigen Zusammenhang erklärt sich, dass Scholochow nicht nur die *gleichzeitige* Publikation beider Werke in der Zeitschrift „Oktjabr" wünschte, sondern sogar den jeweiligen *Umfang* des Kapitel für Kapitel erfolgenden Abdrucks beider Werke vorgab. Es sollte deutlich werden, so Wassiljew, dass in beiden Werken das gleiche Kardinalproblem, nämlich das Verhältnis zur Bauernschaft, insbesondere zu den Mittelbauern, zur Sprache kam (vgl. Ss 5, 302).

Allein dies zeigt, dass es Scholochow im Roman *Neuland unterm Pflug* nicht vordergründig um eine Gefälligkeit gegenüber dem Machthaber, sondern um Dinge von weit größerem Gewicht ging. Das Konzept des Romans hatte durchaus mit der in den 1930er Jahren unter der Stalinschen Führung verfolgten Gesellschaftsstrategie zu tun, aber keinesfalls im Sinne einer opportunistischen Anpassung an aktuelle Losungen. Scholochow engagierte sich für den *„Sozialismus in einem Lande"* – aus guten Gründen: Mochte der Weg Sowjetrusslands noch so schwer sein – jetzt wurde nicht mehr auf andere gewartet, sondern mit Entschlossenheit das Ziel eines besseren Lebens im eigenen Land angesteuert. Diese Orientierung gab der Politik Stalins einen *vaterländischen* Akzent – und von daher gewann sie für Schriftsteller verschiedener Orientierungen akzeptable Züge. Ralf Schröder schreibt z.B. über Michail Bulgakow: „Einen Abgesang der russischen weltrevolutionären Träume durch die Utopie vom ‚Sozialismus in einem Land' hatte Bulgakow begrüßt. Er sah darin den möglichen Beginn eines eigenständigen evolutionären Prozesses nationaler Selbstfindung, für den er sich seit seiner Übersiedelung nach Moskau 1921 unbeirrt eingesetzt hatte."[54] Daher hielt es er es auch für möglich, ein „Lehrbuch der Geschichte der UdSSR" für sowjetische Grundschulen zu entwerfen, er arbeitete daran von März bis Juni 1936.[55]

Für die Verwirklichung des bezeichneten Kurses stritt Scholochow, wie oben ausgeführt, auch im realen Leben, als er wirtschaftlichem Unverstand und politischer Willkür durch seine mehrfache Intervention bei Stalin entgegentrat. Sein Roman *Neuland unterm Pflug* war nicht den Verdiensten einer einzelnen Person, sonden Kämpfen und Lebensmöglichkeiten auf einem neuen historischen Weg gewidmet; eher wurde der Herrscher durch die hoffnungsvolle Botschaft des Werkes in die Pflicht genommen.

Wenige Jahre später setzte der vom faschistischen Aggressor aufgezwungene Krieg neue Themen, neue Anliegen und Probleme auf die Tagesordnung. In Moskauer Literaturkreisen wurde erzählt, dass Stalin den Schriftsteller gedrängt habe,

---

54 Zit. nach Winfried Schröder (Hg.): Ralf Schröders Leben und Werk. Bd. 2: Vom Reifen der Alternativen in der Tiefe. Ralf Schröders Lesarten der russischen und sowjetischen Literatur. Dokumente und Texte. Leipzig 2003, S. 221.
55 Vgl. ebd. S. 222f.

einen großen Roman (dem *Stillen Don* vergleichbar) über den Großen Vaterländischen Krieg zu schreiben, und es lag nahe, daraus zu schlussfolgern, dass der
Mächtige seine Feldherrenrolle in diesem Roman gewürdigt sehen wollte. Doch
zunächst gab es eine Episode um eine Erzählung, für die Stalin dem Schriftsteller
selber den Stoff geliefert hatte. Scholochow gab die Geschichte, die im Bürgerkrieg, an der Front von Zarizyn spielt, eines Abends im befreundeten Litera-
tenkreis (vermutlich 1951) zum Besten. Hier ist sie – in der vom damaligen Sekretär Scholochows, Fjodor Schachmagonow, wiedergegebenen Fassung:

> „Bei Zarizyn besichtigte Stalin die von roten Kosaken verteidigten Stellungen. Unweit der
> vordersten Linie traf er einige Kosaken bei einer seltsamen Beschäftigung. Mehrere rote
> Kosaken standen um einen jungen weißgardistischen Kosaken herum, der bäuchlings auf
> der Erde lag und alle Viere von sich streckte. Er biss in die Erde und schluckte sie hinun-
> ter. Die roten Kosaken, alle bärtig, legten auf ihn an und fuchtelten mit den Peitschen her-
> um. Stalin wollte wissen, was da vorgeht. Damals kannte ihn kaum einer vom Aussehen.
> Man riet ihm, sich nicht in Kosakendinge einzumischen. Stalin stellte sich vor, doch man
> wollte nicht glauben, dass man es mit dem allerhöchsten Befehlshaber in Zarizyn zu tun
> hatte. Irgendjemand sprach sogar von einem ‚Jüdchen'. Inzwischen kamen Kommandeure
> der Kosaken hinzu, die Sachlage wurde geklärt. Stalin wurde aufgeklärt, dass seit altersher
> her diejenigen, die am Don Kosakenland in Besitz nehmen wollten, reichlich mit Erde ge-
> füttert wurden.
> Stalin sagte, dass man hier einen Kosaken mit Erde füttere, die auch ihm gehöre. Er
> veranlasste, dass der Kosak aufstehen und seiner Wege gehen konnte. Mochte er doch zu
> den Seinen zurückkehren. Es ist Kosakenland, sie werden selber ihre Schlüsse ziehen.
> Der Gefangene wollte nicht gleich glauben, dass man ihn freiließ. Er bat darum, ihm,
> wenn man ihn erschießen wolle, nicht in den Rücken zu schießen. Stalin versicherte ihm,
> dass niemand die Absicht habe, ihn zu erschießen. Der Mann wurde zum vordersten Gra-
> ben geführt und mit einem Stoß in den Rücken verabschiedet. Er ging, ohne sich umzu-
> blicken, etwa fünfzig Schritte, da riss er sich plötzlich die Mütze vom Kopf, zerstampfte
> sie mit den Füßen und kam zurückgelaufen.
> Stalin schloss seine Erzählung mit den Worten: ‚Er hat jetzt das Kommando über eine
> Armee, nicht als weißer Kosak, sondern als roter Armeekommandeur.'"[56]

Die Erinnerungen Fjodor Schachmagonows, eines Mannes mit literarischem Talent, geben an anderer Stelle mit seltener Anschaulichkeit die Atmosphäre der
Nachkriegsjahre in Moskauer Literatenkreisen wieder, wo alles rigoros durchkon-
trolliert war, Pseudoliteraten Stalinpreise einheimsten und kritische Äußerungen
über die literarischen „Generäle" an der Spitze des Schriftstellerverbandes entweder unterdrückt oder als politische Intrige verdächtigt wurden. Da überdies der
Stalin-Kult in höchster Blüte stand, erzeugte allein der mündliche Vortrag der geschilderten Stalin-Episode (Schachmagonow betont, dass dies natürlich mit unüber-

---

56 Fedor Šachmagonov: Bremja *Tichogo Dona*. (Glavy iz knigi). In: Petelin (2005, kniga vtoraja), S. 179f.

trefflicher Scholochowscher Erzählkunst geschehen sei) einen Wirbel von Vermutungen: Die Redaktion der „Prawda" und selbst der Geheimdienst (im Auftrag höherer Kreise) wollten wissen, ob Scholochow die Erzählung bereits geschrieben habe und zu veröffentlichen gedenke. Die einen wünschten, die anderen fürchteten dies, denn mit dem doppelten Gewicht eines brandaktuellen Werkes aus der Feder Scholochows und Stalin als Hauptfigur hätte die Erzählung in der damaligen ärmlichen Literaturlandschaft erhebliches Furore verursacht und damit – so deutete es Scholochow selber – die Machtbalance unter den führenden Leuten in der Literatur gefährdet. Denn es stand die Frage im Raum: Drängte es Scholochow auf der Woge eines neuen literarischen Erfolges an die Spitze des Schriftstellerverbands? Die Art, wie er andere Verbandsverpflichtungen (etwa als Redaktionsmitglied bei der Zeitschrift „Nowyj mir") wahrnahm, sprach dagegen, denn sein notorisches Fehlen bei Sitzungen wurde mehr als einmal gerügt. Und in der Tat: Scholochow (so übermittelt es Schachmagonow) winkte ab und äußerte, dass er die Erzählung zu seinem literarischen Ruhm ebenso wenig brauche wie einen Machtkampf in der Schriftstellerwelt. Es drängte ihn nicht zur Macht, daher blieb die Erzählung ungeschrieben.[57] Dabei hätte ihn, wie er gestand, der Stoff durchaus gelockt – nicht Stalins wegen, sondern weil ihn die Figur des kosakischen Überläufers reizte: „Der ist schon mächtig interessant! Ich sehe ihn direkt vor mir, wie er die Mütze mit den Füßen zertrampelt. Es hat ihn umgehauen, weil er nicht glauben konnte, dass man ihm nicht in den Rücken schießt. Da hat sich seine Seele verwirrt, und der ganze Mensch erfuhr einen Umbruch.'"[58] In diesem Detail haben wir den ganzen Scholochow: Nicht die Ikone der Macht interessierte ihn, sondern der Charakter eines Mannes aus dem Volke. Und Stalin selbst? Hatte er dem Schriftsteller die Episode in der Absicht erzählt, sich in einem Akt von menschlicher Großmut dargestellt zu sehen? Scholochow stritt dies entschieden ab und betonte im Gespräch mit seinem Sekretär: „„Stalin begreift man bei uns entweder überhaupt nicht, oder man hat von ihm ein entstelltes Bild. Doch so einfach ist er nicht! Angenommen, ich hätte die Erzählung geschrieben... Wie hätte ich dann vor ihm dagestanden? Er hätte wahrscheinlich gar nichts gesagt, sondern mich nur mit seinen Tigeraugen angesehen und in sich hineingelächelt: Nun hat sich auch Scholochow dem Chor der Schmeichler zugesellt! Kriechern versagt man den Respekt!'"[59]

Anders verhielt es sich offenbar mit dem Roman. Hierzu habe Scholochow selbst geäußert – so der Bericht seines Sekretärs: „Er [Stalin] erwartet von mir einen Roman über den Krieg. Jeder Mensch hat im Leben seine Sternstunde. Seine Sternstunde war der Sieg in einem Kriege, wie ihn die Geschichte bisher nicht kannte." Und auf die Rückfrage, ob es sich bei dem in Rede stehenden Werk um

---

57 Vgl. ebd. S. 185.
58 Ebd. S. 191.
59 Ebd.

Sie kämpften für die Heimat handle, habe Scholochow ihm erzählt, wie aus diesem Werk, das ursprünglich nur als größere Fronterzählung (russ. Powest) gedacht war, das Konzept eines Romans wurde. Bald nach Kriegsende sei in der Moskauer Zeitschrift „Snamja" der Artikel eines amerikanischen Literaturkritikers[60] erschienen, in dem dieser (bei einem Vergleich Hemingways, Dreisers und Remarques mit Scholochow) Überlegungen angestellt habe, ob eine große Epopöe über den Zweiten Weltkrieg möglich sei. Der Verfasser hielt Scholochow für den einzigen, der ein solches Werk schaffen könnte. Daraufhin habe Stalin den Schriftsteller zu sich bestellt, ihm im Beisein Malenkows (Politbüro-Mitglied) den Artikel zu lesen gegeben und ihm erklärt, dass er von ihm das in Rede stehende große Werk erwarte. Scholochow habe zu bedenken gegeben, dass er die genannte Powest noch nicht abgeschlossen habe, worauf Stalin erwidert habe, diese könne ja als Teil in den großen Roman eingehen.[61]

Obwohl diese Episode in anderen Quellen, zumindest was den Zeitpunkt angeht, nicht bestätigt wird,[62] kann man wohl von ihrer Authentizität ausgehen. Fraglich ist hingegen eine Textstelle in dem ansonsten auf gründlichen Recherchen basierenden Buch von Ossipow, wonach ein Außenredakteur – als man in den von Scholochow vorgelegten Romankapiteln die hohe Person vermisste – willkürlich eine entsprechende Episode in den Text eingefügt haben soll.[63] Auf jeden Fall bereitete man dem Schriftsteller – sowohl in den letzten Lebensjahren Stalins als auch unter seinen Nachfolgern – bei der Erarbeitung und Publikation einzelner Teile des Romans *Sie kämpften für die Heimat* unausgesetzt Schwierigkeiten. Das begann im Jahre 1950 damit, dass ihm der Zugang zum Archiv des Generalstabs verweigert wurde, wo er sich mit Materialien von der Schlacht um Stalingrad bekannt machen wollte (dieser Teil des Romans blieb daher ungeschrieben), und reicht bis in die Jahre 1968/69, wo ein von Scholochow eingereichter neuer Text lange Zeit ungelesen bei Leonid Breshnew lag und der Chefredakteur der „Prawda" sich über den Text entsetzt zeigte, weil darin Erinnerungen einer Romanfigur an Lagerhaft zu lesen waren. Die „Prawda" besaß dann die Unverschämtheit, den betreffenden Ro-

---

60 Die Bibliographie verzeichnet für die Moskauer Zeitschrift „Znamja" 9/1945 einen Artikel unter dem transkribierten Namen È. Ch. Stènli (Stanley?) mit dem Titel „Novaja *Vojna i mir*. (Razmyšlenie)". Vgl. Michail Aleksandrovič Šolochov. Biobibliografičeskij ukazatel' proizvedenij pisatelja i literatury o žizni i tvorčestve. Moskau 2005, S. 236.

61 Vgl. Šachmagonov in: Petelin (2005, kniga vtoraja), S. 192f.

62 Es ist vielmehr davon die Rede, dass Stalin den Schriftsteller nach dem Erscheinen seiner Erzählung *Schule des Hasses* (am 22. Juni 1942 in der „Prawda"), in der es (ähnlich wie später in der Erzählung *Ein Menschenschicksal*) um Erfahrungen eines zeitweilig in deutsche Kriegsgefangenschaft geratenen sowjetischen Leutnants ging, zu sich bestellt habe, um ihm die Notwendigkeit eines Romans über den noch andauernden Krieg klarzumachen. Vgl. Osipov (1995), S. 235f., ferner die von W. Wassiljew verfasste Chronik in: Ss 9, 364.

63 Vgl. Osipov (1995), S. 271.

manausschnitt, ohne den Autor zu fragen, mit erheblichen Kürzungen und anderen groben redaktionellen Eingriffen zu drucken, so dass Scholochow fortan lieber auf weitere Veröffentlichungen verzichtete.[64] Alles dies führte – neben Problemen, die wahrscheinlich auch mit dem ästhetischen Konzept des Romans zu tun hatten – dazu, dass der Roman unvollendet blieb und die veröffentlichten Teile sich nicht recht zu einem Ganzen zusammenfügen.

Jedenfalls – sollte Stalin erwartet haben, sich selbst in dem Roman über den Großen Vaterländischen Krieg gewürdigt zu sehen, so wurde er enttäuscht.[65] Scholochow rückte eine ganz andere herausragende Gestalt in den Vordergrund – den General Alexander Strelzow, Bruder eines jener einfachen Soldaten, die der Autor bei schweren Abwehrkämpfen gegen den faschistischen Agressor zeigt. Strelzow geht auf eine authentische Person aus der von Stalin gemaßregelten und größtenteils vernichteten sowjetischen Generalität zurück: Generalleutnant Michail Lukin (1892-1970), einst Spanienkämpfer, 1941 Befehlshaber der 19. Armee, geriet bei einer Einkesselung als Verwundeter in faschistische Gefangenschaft, wo er 4 Jahre verbringen musste, danach kam er in sowjetische Lagerhaft. Scholochow hatte sich für die vollständige Rehabilitierung Lukins eingesetzt, und den Gesprächen mit ihm entnahm er viel Stoff für seinen Roman. Doch was er von Lukin erfuhr und mit ihm diskutierte, gab gewissen Romankapiteln eben jene kritische Note, die hochgestellte Persönlichkeiten und Zensoren der Breshnew-Zeit für nicht publizierbar hielten.

Natürlich war von einer Erzählung wie *Ein Menschenschicksal*, die an der Jahreswende 1956/57, also direkt zur „Tauwetter"-Zeit, erschien, am allerwenigsten ein apologetisches Stalin-Bild zu erwarten. Im Gegenteil: die Gestalt Andrej Sokolows, deren Schicksal in aller Welt mit Bewegung aufgenommen wurde, konnte als Rehabilitierung all jener betrachtet werden, die unter Stalin allein wegen deutscher Gefangenschaft gemaßregelt wurden. Zwar wurde der Autor später von Landsleuten kritisiert, weil er seinem Helden den in der sowjetischen Realität so gut wie unvermeidlichen Weg in die Lagerhaft ersparte, doch er hatte mit Sokolow unzähligen anderen gleichsam die in der Nachkriegsöffentlichkeit beschädigte Würde zurückgegeben! (Im Ansatz war dies bereits in der am 22.Juni 1942 in der „Prawda" abgedruckten Erzählung „Schule des Hasses" geschehen, die auf dem authentischen Fall eines Offiziers fußt, dem die Flucht aus einem deutschen Gefangenenlager gelang). In Gesprächen mit dem Sohn Michail (die dieser neuerdings in einem

---

64 Vgl. Anmerkungen von W. Wassiljew in Ss 7, 348ff.

65 Allerdings war Scholochow auch weit davon entfernt, die herausragende Rolle Stalins im Krieg zu negieren. Wassiljew verweist auf ein Interview aus dem Jahre 1970, wo er sagte, dass er im Roman die Tätigkeit des Oberkommandos streifen müsse. Er sei in diesem Punkt ganz der Meinung Marschall Shukows: Man dürfe Stalins Rolle nicht herunterspielen (vgl. Ss 7, 352). – Scholochows Tochter Swetlana erinnert sich, dass die Memoiren Shukows gegen Ende seines Lebens Scholochows Lieblingslektüre waren Vgl. Svetlana M. Šolochova: K istorii nenapisannogo romana. In: Šolochov na izlome vremeni, S. 108.

Buch wiedergibt) beantwortete Scholochow den Vorwurf seiner Kritiker, er habe bestimmte *Wahrheiten* über das schlimme Los, die Erniedrigung der aus Gefangenschaft heimkehrenden sowjetischen Soldaten ignoriert, mit dem emphatischen Bekenntnis zu einer den Menschen „erhebenden" Wahrheit.[66] In der Tat: die Darstellung von Verhältnissen, in denen der Mensch ganz zum Spielball fremder Mächte wird, wo er erniedrigt und gepeinigt ist, war seine Sache nicht.

* * *

In diesem Abschnitt soll ergänzend der Frage nachgegangen werden, ob denn Scholochow, wie es bundesrepublikanische Stimmen wiederholt behauptet haben, in der Stalin-Ära schlechthin „Repräsentant" bzw. „Galionsfigur" der Sowjetliteratur gewesen ist.

Man nehme eine repräsentative sowjetische Literaturgeschichte, wie die vom Institut für Weltliteratur in den Jahren 1958/61 herausgebrachte, und zwar den 2.und 3.Band, die eine faktenreiche *„Chronik des literarischen Lebens"* für die Jahre 1930/57 enthalten. Die Zeit, in der die Chronik erarbeitet wurde, ist zwar vom „Tauwetter" beeinflusst, doch bei der Auswahl von Ereignissen (wie auch beim Weglassen bestimmter Fakten) gilt noch weitgehend der offizielle Standard der Stalin-Zeit, und gerade dies ist ja für die hier verfolgte Fragestellung ausschlaggebend. Schauen wir also nach, was die Chronik über die Beteiligung oder wenigstens die Präsenz Scholochows bei wichtigen Ereignissen aussagt.

1932:
Auflösung der RAPP und Bildung eines Organisationskomitees für die Gründung eines neuen Schriftstellerverbands: Scholochow ist *nicht* dabei! *26.Oktober:* Treffen Stalins mit einer großen Gruppe von Schriftstellern im Hause Gorkis: Scholochow ist anwesend, doch ein Redebeitrag von ihm ist *nicht* verzeichnet. *Ende Oktober:* Plenartagung des Orgkomitees – in der Liste der mehr als 30 Diskussionsredner *fehlt* Scholochows Name.

1933:
August: Tagung des Allunionskomitees zur Vorbereitung des Schriftstellerkongresses: Scholochow wird hinzugewählt, doch offenbar in *Abwesenheit*. Was die Chronik nicht verzeichnet, gleichfalls im *August*: Von Gorki angeregt – „Exkursion" (per Schiff) von etwa 120 Schriftstellern und Künstlern (darunter fast alle namhaften wie Alexej Tolstoj, Boris Pilnjak, Michail Soschtschenko, Valentin Katajew usw.) zur Baustelle des Weißmeer-Kanals, wo zahllose Häftlinge arbeiten

---

66 Vgl. Michail M. Šolochov: (2004), S. 150.

und „umerzogen" werden sollen. Scholochow ist *nicht* beteiligt, er hat in dieser Zeit bekanntlich mit den Nöten der Kolchosbauern zu tun.

1934:

Januar: Erscheinen des Sammelbandes über die „Erlebnisse" am Weißmeer-Kanal, mit Beiträgen von 36 Autoren, natürlich *ohne* Scholochow. *März:* Scholochow *beteiligt sich* mit einem Artikel an der von Gorki angestoßenen wichtigen Diskussion über die Handhabung von sprachlichen Mitteln (gegen Missbrauch von Dialektwörtern u.a.m.) in literarischen Werken. *August:* Gründungskongreß des Schriftstellerverbands der UdSSR: Scholochow gehört *nicht* zu den zahlreichen in- und ausländischen Rednern. (Er hat lediglich eine Resolution zu verlesen). Man wählt ihn in den Vorstand des Verbands.

1935:

Januar: Auslandsreise Scholochows nach Schweden, Dänemark, England, Frankreich. *Juni:* Internationaler Kongreß zur Verteidigung der Kultur in Paris. Die Chronik nennt 19 sowjetische Autoren als Teilnehmer. Scholochow nimmt *nicht* teil, wird aber neben fünf weiteren Sowjetschriftstellern ins Internationale Büro gewählt.

1936:

Formalismusdiskussion. *Keine* Beteiligung Scholochows. Die Chronik verzeichnet stattdessen im *Januar* seine Teilnahme an einer Leserkonferenz zum Roman *Neuland unterm Pflug* in Wjoschenskaja.

1937:

März: Protestschreiben sowjetischer Wissenschaftler und Künstler gegen das militärische Eingreifen Deutschlands und Italiens in den spanischen Bürgerkrieg. Scholochow gehört zu den *Unterzeichnern. Juli:* II. Internationaler Schriftstellerkongreß in Valencia/Madrid: Scholochow ist neben anderen sowjetischen Schriftstellern wie Alexej Tolstoj, Fadejew, Ehrenburg u.a. delegiert, nimmt aber wegen des Terrors in seiner Heimatregion *nicht* teil. Dennoch wird er ins internationale Büro gewählt. *Dezember:* Scholochow wird in den Obersten Sowjet gewählt.

1938:

In der „Prawda" wird ab *Januar* monatelang über die Arbeit des Schriftstellerverbands diskutiert. Scholochow beteiligt sich *nicht.* Er hat andere Sorgen, weil er in der anhaltenden Terrorwelle (siehe oben) aufs höchste gefährdet ist. *März:* Auszeichnung namhafter Schriftsteller und Künstler mit dem Lenin-Orden. Scholochow ist *nicht* dabei.

1939:

Januar: Die Schriftsteller Alexej Tolstoj und Scholochow werden in die Akademie der Wissenschaften gewählt. *Januar:* Auszeichnung von 172 Schriftstellern, auch Scholochows, mit dem Lenin-Orden. *März:* XVIII. Parteitag der KPdSU: Zu den Delegierten gehören auch die Schriftsteller Alexander Fadejew, Alexander Prokofjew und Scholochow. *Diskussionsrede* Scholochows.

1940:

Januar: Scholochow wird neben einer Reihe anderer Schriftsteller in das Komitee zur Vorbereitung des Lermontow-Jubiläums gewählt. *April:* Gründung des Stalinpreis-Komitees: Scholochow ist einer der Stellvertreter des Vorsitzenden, nimmt aber (was die Chronik verschweigt) an den Sitzungen *nicht* teil.

1941:

März: Verleihung der Stalinpreise für Kunst und Literatur: Den *Preis I.Klasse* erhalten Alexej Tolstoj (für den Roman *Peter I.*) sowie Michail Scholochow (für den *Stillen Don*).

Dann folgen die Kriegszeit und die Nachkriegsjahre, wo es an großen kulturpolitischen Ereignissen mangelt. Daher soll hier summarisch verfahren werden.

Natürlich engagiert sich Scholochow seit den ersten Tagen nach dem faschistischen Überfall, besonders im ersten Kriegsjahr, mit publizistischen Werken und seiner Erzählung *Schule des Hasses* (1942) für die Verteidigung seines Vaterlandes und die Vertreibung des Aggressors, wenn er auch längst nicht so häufig in der Presse präsent ist wie Ilja Ehrenburg, nicht so dauerhaft bei der kämpfenden Truppe wie Konstantin Simonow. Wenig bekannt ist jedoch (und in der „Chronik" nicht verzeichnet), dass Scholochow persönlich von den Kriegshandlungen der deutschen Seite betroffen war. Am 8. Juli 1942 flogen mehrere deutsche Flugzeuge einen Bombenangriff auf Wjoschenskaja, bei dem die Mutter des Schriftstellers ums Leben kam. Scholochow selber erlebte dies als Augenzeuge, er hatte sich zudem (nach monatelangem Krankenhausaufenthalt) noch nicht von den Folgen einer Flugzeughavarie erholt, die sich ein halbes Jahr zuvor bei Kujbyschew ereignet hatte. Durch die starke Beschädigung seines Hauses gingen seine umfangreiche Bibliothek und sein Archiv verloren. Der Wiederaufbau des Hauses nach dem Kriege, den er fast zur Hälfte selber finanzierte (den anderen Teil übernahm die Akademie der Wissenschaften), brachte ihm über Jahre hinweg eine Schuldenlast ein.

Nach dem Kriege beteiligte sich Scholochow an den sowjetischen Aktivitäten innerhalb der Weltfriedensbewegung, doch auch hier war nicht er, sondern eher Ilja Ehrenburg (neben Alexander Fadejew und Nikolai Tichonow) der Repräsentant der UdSSR.

In der Chronik der Nachkriegsjahre wird vor allem deutlich, dass sich Scholochow dem politbürokratischen Getriebe und bestimmten ideologischen Kampagnen des Schriftstellerverbands entzog. Dies gilt z.B. für die Aktivitäten, die sich aus den ZK-Beschlüssen während der verheerenden Shdanowschen Kulturpolitik (1946/48) ergaben. Auch bei *keiner* der thematischen Tagungen des Vorstands (etwa zu den Aufgaben der Literaturkritik, zum Thema der Arbeit und des Alltags, zum Konflikt in der Gegenwartsliteratur oder zum Stand der Dramatik) wird sein Name genannt, und schon gar nicht beteiligt er sich an den Lobpreisungen über die „genialen" Arbeiten Stalins in dessen letzten Lebensjahren, wie dem Artikel über die Sprachwissenschaft. Am XIX.Parteitag der KPdSU nimmt er zwar als Delegierter teil, doch als Redner treten andere auf, nämlich Fadejew und der ukrainische Dramatiker Kornejtschuk. Es gab hier sogar einen (von der „Chronik" natürlich nicht verzeichneten) Eklat: Scholochow blieb unerlaubt einigen Sitzungen fern, womöglich versäumte er sogar die Rede Stalins – eine Tatsache, die dem Politbüromitglied Malenkow umgehend gemeldet wurde...[67]

Was ist also den hier genannten Fakten zu entnehmen? An großen öffentlichen („repräsentativen") Aktivitäten sowjetischer Schriftsteller innerhalb der UdSSR wie auch im Ausland war Michail Scholochow in dem *gesamten* hier dokumentierten Zeitraum nur sehr mäßig beteiligt! Die dubiose „Exkursion" zum Leidensort vieler Opfer des Stalin-Regimes, dem Weißmeerkanal, hat er nicht mitgemacht. Selbst beim I. Sowjetischen Schriftstellerkongreß im August 1934, wo in zahlreichen Reden von Literaten wie auch von Werktätigen aus dem ganzen Land die neue Qualität der Sowjetkultur weltweit demonstriert und gepriesen wurde und viele ans Rednerpult drängten, spielte er nur eine Statistenrolle. Und weshalb er nicht nach Valencia und Madrid reiste, war dem oben zitierten Brief Wladimir Stawskis zu entnehmen. Aber nicht nur wegen äußerer Zwänge, wie in den Terrorjahren 1937/38, blieb er gewissen Verpflichtungen und Tätigkeiten fern – er tat es auch aus seiner lebenslang praktizierten Überzeugung, dass sein Platz als Schriftsteller und als streitbarer Verbündeter seiner engeren Landsleute in Wjoschenskaja sei. Daher musste er sich an keiner der „Schriftsteller-Brigaden", die zu "Schwerpunkten" des sozialistischen Aufbaus reisten, um sich „vor Ort" kundig zu machen und darüber zu berichten, beteiligen. Nur in *einer* Hinsicht ist er in weltweit beachteter Weise, wenn man will „repräsentativ", hervorgetreten, nämlich durch seine *Werke*. Wenn von den Rednern (aus der UdSSR wie auch aus dem Ausland) auf dem Schriftstellerkongress 1934 Namen von besonders viel gelesenen sowjetischen Schriftstellern genannt werden, ist derjenige Scholochows so gut wie immer dabei. F. C. Weiskopf hebt besonders *Neuland unterm Pflug* hervor; Willi Bredel hält die Darstellung der Helden des Bürgerkriegs bei Serafimowitsch, Babel, Scholochow für wichtig; der Ungar Béla Illés nennt als beliebteste Autoren (in dieser Reihenfolge)

---

67 Vgl. Osipov (1995), S. 281f.

Gorki, Scholochow, Panfjorow, Fadejew , Gladkow, Ehrenburg. Auch in der etwas überraschenden Aufzählung von Lieblingsbüchern deutscher Matrosen und Arbeiter bei Ernst Toller kommt Scholochow neben Ehrenburg, Pasternak, Tretjakow, Fedin und Tichonow vor. Der Scholochow-Forscher Konstantin Prijma hat in seinem faktenreichen Buch „Der ‚Stille Don' kämpft" (1972) eindrucksvoll den Welterfolg des Romans dokumentiert.[68] Wer also von ihm als Repräsentanten der Sowjetliteratur spricht und sich damit auf seine weithin ausstrahlende literarische Wirkung bezieht, dürfte dies nicht als Tadel gemeint haben, wer ihn aber als Akteur politischer Propaganda treffen will, muss an einer optischen Täuschung leiden – oder die Fakten nicht sehen *wollen*!

Ohne Zweifel erlangte Scholochow durch die Wahl in den Obersten Sowjet gewisse Privilegien. Es fragt sich nur, wofür er sie verwendete. Alles deutet darauf hin, dass er die gewachsenen Möglichkeiten an Einflussnahme und Beweglichkeit vor allem dem tätigen Wirken für seine Landsleute zugute kommen ließ. Und worüber spricht er in seiner Parteitagsrede 1939? 1. Er entschuldigt sich, dass er noch immer Autor von zwei *unvollendeten* Romanen sei (*Der Stille Don* sowie *Neuland unterm Pflug* mit dem versprochenen 2.Teil). 2. Er verweist kritisch auf das immer noch „ärmliche" Angebot an guten Büchern. 3. Als Errungenschaft des sowjetischen Buchwesens nennt er den Zugang zu Autoren vieler Nationalitäten, z.B. zu den Dichtern Georgiens. 4. Er hebt hervor, dass ein neues Verhältnis zum Leser entstanden sei. 5. Er moniert den Mangel an Papier für den Druck literarischer Werke, auch russischer Klassiker wie Puschkin. 6. Er betont – angesichts heraufziehender Kriegsgefahr – die Bereitschaft der Schriftsteller, gegebenenfalls statt der Feder die Waffe in die Hand zu nehmen.

Also keine Ruhmesrede für Stalin. Dazu gab es allerdings noch eine weitere Gelegenheit: einen „Prawda"-Artikel zum 60. Geburtstag des Diktators im Dezember 1939. Der Kult um dessen Person hatte inzwischen ungeahnte Ausmaße angenommen. Auch Scholochow konnte sich nicht ganz dem zeittypischen Vokabular verweigern und nannte Stalin an einer Stelle seines Beitrags einen *„ großen"* Menschen (*„velikogo čeloveka"*) (Ss 8, 218). Doch die Überschrift des Artikels lautete: *Über das einfache Wort* (*O prostom slove*). Und wovon handelte dieser? Scholochow kam auf seine Intervention bei Stalin für die hungernde Bevölkerung im Jahre 1933 zurück (er sprach bescheiden von einer „Gruppe von Parteifunktionären" als deren Initiatoren), und er schilderte, welche Dankbarkeit das Eintreffen der von Stalin bewirkten Getreidelieferung bei den Kolchosbauern ausgelöst hatte. Dies wurde am Beispiel einer Dorfversammlung veranschaulicht, zu der manche vom Hunger erschöpfte Menschen sich auf Fuhrwerken heranfahren lassen mussten. Nach vielen Reden habe der junge Kolchosvorsitzende vorgeschlagen, ein wortreiches Dankschreiben an den Genossen Stalin zu senden. Da habe der 58-jährige

---

68 K. Prijma: *Tichij Don* sražaetsja. Rostow/Don 1972.

Schmied ums Wort gebeten und gesagt: „Das ist alles nicht nötig! [...] Man muss Stalin nur ein einziges Wort schreiben: Danke!..." Abschließender Kom- mentar Scholochows: Manche Leute, die mit geübter Hand Texte verfassten, ver- gäßen mitunter, dass man Stalins Tätigkeit auch ohne viele Worte und „ohne mit Epitheta Missbrauch zu treiben", würdigen könne (ebenda). Was damals kaum jemand wusste: Scholochow hatte das Kult-Thema bei einer seiner Begegnungen mit dem Machthaber direkt angesprochen. In den Altersgesprächen mit dem Sohn erzählte er, dass er Stalin gefragt habe, weshalb er es dulde, dass man ihn „so über alle Ma-ßen lobpreise: Ruhmesreden, Porträts, Denkmäler ohne Zahl..." Da habe ihn Stalin listig angeblickt und mit georgischem Akzent (so dass er ihn zunächst missver-stand) gesagt: „Die Leute brauchen einen Gott."[69] Es habe so geklungen, als sei dies Stalins Überzeugung gewesen, und er, Scholochow, habe ihm auch ge-glaubt...

Wie auch immer: der Schriftsteller hat den „Personenkult" in dessen Hoch-Zeit kritisch reflektiert und diesem nur, soweit taktisches Kalkül es zu erfordern schien, einen gewissen Tribut gezollt. An seiner grundsätzlichen Haltung änderte dies nichts.

4. Kriegs- und Nachkriegszeiten – abreißender Kontakt

Nach dem oben erwähnten Termin Scholochows bei Stalin am 23. August 1940 und vielleicht der einen oder anderen Begegnung während des Krieges riss der Kontakt ab, und das eintretende Schweigen des Diktators dauerte bis zu dessen Tod. Dies mag auch darin seinen Grund gehabt haben, dass sich Stalin in seinen letzten Lebensjahren generell rar machte und in der Öffentlichkeit kaum noch prä-sent war.[70] Doch es könnte auch an einer Verstimmung darüber gelegen haben, dass Scholochow seinen Erwartungen nicht entgegenkam. In dieses Bild passt durchaus jener Vorgang, der sich seit dem Herbst 1949 entspann. Zu diesem Zeitpunkt kam der 12. Band von Stalins Werken heraus, der auch einen Brief des Machthabers an Felix Kon vom 9. Juli 1929 enthielt. In diesem machte der Verfasser nebenbei (oh-ne nähere Begründung) auch die Bemerkung, Scholochow habe im Stillen Don bei der Darstellung bekannter kommunistischer Akteure im Dongebiet (Podtjolkow, Kriwoschlykow u.a.) „eine Reihe grober Fehler"[71] begangen und den Leser direkt

---

69 Michail M. Šolochov (2004), S. 135.

70 Isaak Deutscher schreibt: „Sein Wille war gleichsam allgegenwärtig, und er selbst fast un-sichtbar [...] Etwa fünf Jahre lang war von Stalin keine einzige Verlautbarung zu hören..." Deutscher (1997), S. 772.

71 J. W. Stalin: Werke. Bd. 12. Berlin 1954, S. 100.- Im russischen Original ist nicht von „gro-ben", sondern von „gröbsten" Fehlern [„rjad grubejšich ošibok"] die Rede. Vgl. Osipov (1995), S. 269.

desinformiert. Wenn man in Betracht zieht, dass Stalin bei weitem nicht alle seine Briefe in die Werkausgabe aufnehmen ließ, erkennt man eine berechnende Absicht. Die Kritik in dem bis dahin unbekannten Brief muss Scholochow schockiert haben, und sie bewirkte einen wahren Wirbel in der sowjetischen Öffentlichkeit, der nicht nur zahlreiche Anfragen an den Autor, sondern auch verwirrte Reaktionen bei Verlagen und Zeitschriften zur Folge hatte. Es war bezeichnend, dass sich der Schriftsteller diesmal nicht telefonisch an Stalin wandte, sondern in einem kurzen Brief (am 3. Januar 1950) um Auskunft bat. Diese wurde ihm verweigert. Und was den kritisierten Roman anging, so glaubte Scholochow eine gute Lösung zu treffen, indem er einen guten Bekannten aus Kriegstagen, Kirill Potapow, mit dessen Redigierung beauftragte. Die Delegierung eines solchen Auftrags an eine andere Person[72] hatte es in seiner literarischen Laufbahn bis dahin nicht gegeben – diesmal stand er unter dem Druck der Stalinschen Äußerung, die allgemein als dessen Verfügung aufgenommen wurde. Mit Potapow hatte er jedoch den Bock zum Gärtner gemacht: Dieser nahm sich im *Stillen Don* nicht nur die direkt angesprochenen Textstellen vor, sondern bewirkte faktisch eine Verstümmelung des ganzen Werkes (parallel dazu auch des Romans *Neuland unterm Pflug*). In einem Brief an die Verantwortlichen im Staatsverlag für Literatur vom 6.September 1951 machte Scholochow seiner Enttäuschung Luft und schrieb, Potapow sei „als Redakteur völlig untauglich. Er hat keinen künstlerischen Geschmack, in jeder seiner Korrekturen erkennt man den absolut mittelmäßigen Zeitungsschreiber – und das ist das Unglück!"[73] Doch erst nach dem Tode Stalins wurde es möglich, den beschädigten Text wiederherzustellen. Diese Aufgabe vertraute Scholochow seinem Mitstreiter aus früheren Tagen Juri Lukin an, ihm wurde die Gesamtredaktion der ersten Ausgabe Gesammelter Werke des Schriftstellers 1956/59 übertragen.

In den Beziehungen Scholochow – Stalin gab es aber noch einen letzten aufschlussreichen Vorgang. Ein reichliches Jahr nach seiner unbeantworteten Anfrage ließ sich der Schriftsteller – aus welchen Gründen auch immer – doch noch einen Termin bei Stalin geben. Doch er war –wie der Zeitzeuge Schachmagonow wiederum berichtet – diesmal von starker Unruhe erfüllt, zumal ihm Poskrebyschew bedeutet hatte, dass er sich auf ein „ernstes" und „langes" Gespräch, überdies bei einem nicht sonderlich gut gelaunten Stalin, gefasst machen müsse.[74] Und als man die Fahrt zum Kreml antrat, ließ Scholochow unerwartet beim damaligen Grand-Hotel halten und lud zu einem Kognak ein. Zum Entsetzen des Hotelchefs erschien

---

72 Im Gegensatz zur hierzulande verbreiteten Behauptung, Scholochow sei wiederholt bereitwillig den Korrekturforderungen von Zensoren und Redakteuren gefolgt, weist German Ermolaev in seinem neuen Buch „*Tichij Don* i političeskaja cenzura. 1928-1991" (Moskau 2005) nach, wie willkürlich diese mit den Texten des Autors umgegangen sind und seinen Willen missachtet haben.
73 Šolochov: Pis'ma, S. 285.
74 Vgl. Petelin (2005, Kniga vtoraja.) , S. 186.

dort plötzlich Poskrebyschew und forderte Scholochow auf, sofort aufzubrechen, Stalin werde nicht warten. Darauf sprach Scholochow einen unglaublichen Satz: „Ich habe ein ganzes Jahr gewartet..." – ein Satz, der verriet, dass beide Männer trotz ungleich verteilter Macht miteinander auf Augenhöhe verkehrten! Poskrebyschew fuhr davon, er wird, wie Scholochow seinem bestürzten Sekretär erklärte, Stalin irgendetwas vorgeflunkert haben. Die Frage ist: Was hat Scholochow dazu gedrängt, in letzter Minute seinen Entschluss zu ändern? Zu Schachmagonow äußerte er, ihm sei klar geworden, dass Stalin sich seiner Mithilfe bei einer größeren politischen Sache, vermutlich einer neuen „Spirale" seiner Geschichtsdeutung vergewissern wollte. Nicht zufällig habe ihm ein ehemaliger Tschekist kürzlich den Wortlaut jener Direktive (Scholochow kannte diese bis dahin nur vom Hörensagen) zugespielt, die einst die verhängnisvolle „Entkosakisierung" eingeleitet und zum Donaufstand 1919 geführt hatte. Die Direktive ging von Swerdlow aus, und mit diesem habe Stalin die Rolle jüdischer Bolschewiken in der Revolution diskreditieren wollen. Dafür wolle er, Scholochow, sich nicht hergeben.[75] Die Vermutung Scholochows hat einiges für sich, wenn man bedenkt, dass Stalin in seinen letzten Lebensjahren zu einer Welle der Judenverfolgung ansetzte. Jedenfalls hat sich Scholochow auch dieses Mal nicht nach Lakaienart verhalten!

5. War Scholochow im Alter Stalinist?

Kehren wir noch einmal zu der eingangs angeschnittenen Frage zurück, wie es mit den harschen Äußerungen Scholochows über russische Dissidenten steht, die man vor allem in Reden und Artikeln aus den 1960er Jahren bei ihm findet: Hatte ihn die langjährige Nähe zum Stalin-Regime letztlich doch zum stalinistischen Eiferer gemacht?

Auch für Scholochow gilt: Jeder Autor ist ein Kind seiner Epoche, in seiner Lebensstrategie und seinem Erkenntnishorizont durch die Zeit geprägt. Scholochow hatte in jungen Jahren die Geburt der Sowjetmacht in opferreichen Kämpfen erlebt und sich für die neue Ordnung engagiert. Er erwartete später deren allmähliche Demokratisierung auf evolutionärem Wege. Selbst terroristische Herrschaftspraktiken wie in den Jahren 1937/38, die ihn selber gefährdeten, konnten ihn nicht davon abbringen, bis zum Ende seines Lebens zu seiner Grundentscheidung zu stehen. Offenbar entsprachen die nach Stalins Ableben einsetzenden Veränderungen genau seinen Erwartungen. Daraus erklärt sich sein vehementer Auftritt im Plenum des II. Sowjetischen Schriftstellerkongresses im Dezember 1954 – vielleicht die radikalste Rede im Geiste des (damals gerade sich anbahnenden) "Tauwetters", die je ein sowjetischer Schriftsteller gehalten hat. Ohne Ansehen der Person (gerade

---

75 Vgl. ebd. S. 196f.

die Spitzenfunktionäre im Verband: Fadejew, Simonow, wurden aufs Korn genommen) geißelte Scholochow die Auswüchse von Bürokratismus, Cliquenbildung und Intrigantentum im Verband, er prangerte das Unwesen von Stalinpreisen und Ordensverleihungen an und richtete den Blick vor allem auf die alarmierende Tatsache, dass die Literatur zu einem „trüb-grauen Strom"[76] von langweiligem Mittelmaß verkommen war. Es klang geradezu revolutionär, wenn er, die alte Losung aus der Zeit des Bürgerkriegs abwandelnd, ausrief: „Die Sowjetliteratur ist in unserer Hand!" Das bedeute, hohe Anforderungen an die Qualität von Literatur wie Literaturkritik zu stellen, mit ängstlicher Rückversicherei Schluss zu machen.[77] Dies war für manche schon zuviel des Guten. Daher wurde der greise Fjodor Gladkow (einst ein Widersacher des jungen Scholochow in Tagen der RAPP) vorgeschickt, um den respektlosen Redner des „nicht parteigemäßen" Auftretens zu bezichtigen.[78] Dabei hatte Scholochow sich und anderen am Schluss seines Beitrages selber ein „parteiliches" Achtungszeichen gesetzt. Er hielt der im Westen verbreiteten Behauptung, die Sowjetschriftsteller schrieben auf Weisung der Partei, entgegen, die Sache verhalte sich „ein wenig anders": „Jeder von uns schreibt nach Weisung unseres Herzens, doch unsere Herzen gehören der Partei und unserem Volk, denen wir mit unserer Kunst dienen."[79] Das war eine griffige Formel, an der sich fortan Freund und Feind abarbeiten konnten – die einen, um ihn als rühmenswertes Beispiel eines besonders parteiverbundenen Autors hinzustellen, die anderen, um ihn als „Lakaien" zu schmähen. Damit offenbart sich in der Kongressrede der Widerspruch in Scholochows damaliger Position: Einerseits hatte er sich als einer der schärfsten Kritiker stalinistischer Gebräuche und bürokratischer Verkrustungen erwiesen, weshalb er mit den Erneuerungsbestrebungen während des „Tauwetters" voll und ganz identifiziert werden konnte. Doch zugleich zeigte er sich in gewisser Hinsicht als konservativer Denker, der an die Grundfesten der Gesellschaft nicht rühren lassen wollte – und in dieser Beziehung markierte das „Tauwetter" für ihn eine Grenze. Zwar hatte er selber aus den tragenden Säulen und Grundwerten der Sowjetgesellschaft nie einen Götzen gemacht, dem man blindlings zu dienen hatte. Im Gegenteil: sein mutiges Eintreten für die Lebensinteressen der Kolchosbauern in den Jahren 1933 und 1937/38, wie es oben dokumentiert wurde, verriet vielmehr, dass er bei den verantwortlichen Politikern ein volksverbundenes Handeln einforderte, wie es einst die revolutionäre Losung „Alle Macht den Sowjets!" ge-

---

76 Vtoroj Vsesojuznyj s-ezd sovetskich pisatelej. 15-26 dekabrja 1954 goda. Stenografičeskij otčet. Moskau 1956, S. 374.
77 Vgl. ebd. S. 375.
78 Vgl. ebd. S. 401.
79 Michail Scholochow: Erzählungen und Publizistik. Berlin 1967, S. 286. – Jahre danach, in seiner Rede auf dem XXII.Parteitag der KPdSU (1962), gab es von Scholochow einen zweiten Ausspruch, der gleichfalls Stoff für ideologische Kontroversen lieferte: er sei, wie alle Delegierten, „in erster Linie Kommunist und dann erst Schriftsteller" (ebd. S. 337).

meint hatte. Dennoch entsprang seiner Grundhaltung – wie bei Konservativen ganz anderer Couleur – eine deutliche Portion Intoleranz, vor allem gegenüber gesellschaftlicher Fundamentalkritik, wie sie von sowjetischen „Dissidenten" praktiziert wurde. In der Polemik gegen diese konnte Scholochow sich mitunter, wie im Falle der 1965 zu Haftstrafen verurteilten Autoren Andrej Sinjawski und Juli Daniel, zu ungewöhnlich scharfen Äußerungen hinreißen lassen (in seiner Rede auf dem XXIII. Parteitag, 1966, hieß es sinngemäß, die beiden sollten froh sein, dass sie so glimpflich davongekommen seien, in den zwanziger Jahren wäre man mit ihnen ganz anders umgesprungen) (vgl. Ss 9, 270). Und dies wiederum rief im In- und Ausland empörte Reaktionen hervor.[80] Es bringt nichts, wie es im heutigen Russland gelegentlich geschieht, das Gewicht solcher Äußerungen herunterzuspielen,[81] sie stehen im Raum und haben Langzeitwirkungen gehabt, vor allem im westlichen Ausland. Man sah seitdem Scholochow dadurch grundsätzlich diskreditiert und entwarf nun von ihm ein Bild, das pauschal unter den Vorwurf politischer Anpassung und Liebedienerei gestellt wurde.

Hinter Scholochows Unmut über das Verhalten der Dissidenten stand seine tiefe Sorge um den Bestand der Gesellschaft, mit der er sich und sein Lebenswerk verband. Diese Sorge begreift man erst wirklich, wenn man seine Äußerungen im privaten Gespräch mit dem Sohn Michail und der Tochter Swetlana liest. Sie zeigen uns einen anderen, der Öffentlichkeit unbekannten Scholochow. Während er sich in öffentlicher Rhetorik den offiziellen Denkschemata und dem einschlägigen Sprachgebrauch annäherte und mit großer Selbstgewissheit sprach und schrieb, vernimmt man hier ganz andere Töne. Über gesellschaftliche Vorgänge wird auf ähnlich „volkstümliche" Art philosophiert, wie es Scholochows einfach denkende Romanfiguren tun. Das bedeutet: Nicht die generalisierende Sicht des Historikers wird eingenommen, sondern die Blickwarte des Einzelnen, der die Ereignisse, wie sie kommen, über sich ergehen lassen, mit ihren Auswirkungen leben muss. Und das angesprochene Personal wird nicht ideologisch verklärt, sondern es erscheint so, wie es im realen Leben aus Volkes Breiten und Niederungen daherkommt. Das

---

80 Im vorliegenden Falle schrieb die Schriftstellerin Lidija Tschukowskaja am 22.Mai 1966 einen *Offenen Brief*, in dem sie anmahnte, dass die Aufgabe eines Schriftstellers in anderem bestünde als im Einfordern von Strafen. Vgl. dazu die Anmerkung von W. Wassiljew in Ss 9, 269ff.

81 Wladimir Wassiljew verwickelt sich in Widersprüche, wenn er einerseits den Sinn von Scholochows Polemik abzuschwächen sucht, andererseits deren Brisanz jedoch indirekt zugibt, indem er die betreffende Textstelle in der Parteitagsrede Scholochow nur in seinen Anmerkungen bringt (vgl. Ss, S. 267ff.). – Die einschlägige DDR-Edition reicht nur bis zur Parteitagsrede 1962, und es nicht auszumachen, ob die Rede auf dem XXIII. Parteitag der KPdSU 1966 wegen der o. a. Polemik oder aus anderen Gründen nicht mehr aufgenommen wurde (vgl. Michail Scholochow: Erzählungen und Publizistik. Berlin 1967).

hat etwas ungemein Ernüchterndes. Hören wir, was Scholochow dem Sohn über die Verhältnisse am Ende des Bürgerkriegs zu sagen hat:

„Der Bürgerkrieg, mein Lieber, ist unter anderem deshalb so widerwärtig, weil es in ihm weder einen Sieg noch einen Sieger gibt... Da kommen also die Überlebenden zu ihren zerstörten Häusern und zerrütteten Familien heim. Sieger wie Besiegte. Iwan hatte dem Pjotr die Hütte in Brand gesteckt, seine ganze Verwandtschaft verprügelt oder erschossen. Pjotr ist dem Iwan auch nichts schuldig geblieben, hat es ihm, mit Zugabe, heimgezahlt [...] Wie gesagt, die Krieger sind heimgekehrt. Sie wohnen Tor an Tor, holen Wasser aus demselben Brunnen, und wie oft am Tag müssen sie sich dabei in die Augen schauen... Na, wie findest du das? Reicht deine Phantasie dafür aus? Hier braucht es nicht viel, um eine Gänsehaut zu bekommen. Aber weiter... Sie haben also ihre Sowjetmacht im Chutor gewählt. Natürlich nicht die Einwohner. Die Obrigkeit in der Staniza hat das getan. Und diese ist wiederum von der im Gebiet gewählt worden. ‚Und so weiter', wie die Kosaken sagen. Und nun sitzt die neugewählte Macht im Verwaltungsgebäude des Atamans, oder besser: im Hause irgendeines enteigneten ‚Reichen' oder Popen. Aber draußen vorm Fenster ist es ungemütlich, ja unheimlich. Man hat ihn ja nicht, wie im Kino, mit Brot und Salz begrüßt. Es kommt vor, dass jemand durchs Fenster schießt. Würdest du warten, bis dir jemand eine Kugel in den Kopf jagt? Oder an der richtigen Stelle mit der Heugabel auf dich einsticht? Kein richtiger Mann wird darauf warten. Also legt er die Pistole an, so dass alle es sehen können, und geht auf die Suche nach Feinden. Wie aber willst du den Feind erkennen, wenn dich jeder Zweite im Chutor wie der Teufel anblickt? [...] Von Stunde zu Stunde wächst in dir der Verdacht, und auch die Angst wird immer größer. Und wenn die Angst groß genug ist, wird der Verdacht bereits zur Gewissheit. Nun muss der todsichere Verdacht nur noch zu einer ‚Strafsache' gemacht werden, die dir deine ‚revolutionäre Wachsamkeit' eingegeben hat [...] Und das Ganze geht seinen Gang... Und so in jedem Chutor. In Städten und Dörfern. Im ganzen Land... Bis auf den heutigen Tag können wir uns von diesen Verdächtigungen nicht befreien.
Und diejenigen, die nicht an der Macht waren, glaubst du, die hätten stillschweigend dagesessen? Wie die Hammel gewartet, bis man sie zur Schlachtbank führt? Nein, mein Lieber, die haben sich auch nach Kräften gewehrt, gestoßen und gebrüllt und geblökt, jeder so gut er konnte. Und nun suche mal herauszufinden, wer da an allem schuld war. Kann man hier etwa alle Schuld auf einen einzelnen abwälzen, womöglich auf Stalin? Und was ist mit der Kollektivierung? Und dem Jahr 1933? Und der Zeit danach? Was sagen deine Lehrbücher über das Ende des Bürgerkriegs? 1920? Nein, mein Lieber, der dauert bis heute an! Nur mit anderen Mitteln. Und glaube nur nicht, dass er so bald enden wird..."[82]

Lesen wir weiter Scholochows Äußerungen zum Thema Macht und Machthaber. Er bedient sich hier zur Illustration seiner Gedanken bestimmter Figuren aus dem Roman *Neuland unterm Pflug* – bei deren Namen weiß man gleich, welche soziale Position, welche Geisteshaltung gemeint sind (ich füge in Klammern jeweils eine kurze Erläuterung zur Figur ein).

---

82 Michail M. Šolochov (2004), S. 140ff.

„Warum halte ich die Frage des Personenkults für naiv? Überleg' mal, ob es denn bei uns nach der Revolution anders kommen konnte. Ich gebe dir ein konkretes Beispiel: ‚Alle Macht den Sowjets!' Doch wer soll da hineingehen? Wer soll konkret über wen die Macht ausüben? Mit welchem Ziel? Glaubst du, jemand hätte die Antwort gewusst? ‚Sowjets der Arbeiter-, Bauern- und Soldatendeputierten' – so heißt es, und basta. Doch das macht sich, mein Lieber, nur auf Plakaten gut. Aber geh damit mal in den Chutor, zu lebendigen Leuten. Arbeiter gab es dort natürlich nicht. Bauern? Bauern soviel du willst, alle sind Bauern. Welcher von ihnen aber wird Deputierter? Frag sie selbst. Natürlich kommt ein Großvater Schtschukar [komische Figur eines geschwätzigen Alten] nicht in Frage. Auch kein Makar [Nagulnow, Sekretär der Parteizelle im Kolchosdorf, mit linksradikalen Tendenzen] und kein Rasmjotnow [Vorsitzender des Dorfsowjets], die nicht einmal eine eigene Familie gründen konnten, und in deren Hütten keine Ordnung herrscht. Sie haben auch keine Ahnung vom Wirtschaften, weil sie nie eine Wirtschaft besaßen [...] Und die Jakow Lukitschs [gemeint ist der Mittelbauer Ostrownow, der politisch ein Doppelspiel betreibt] und die Titkows [Kulak] muss man ausschließen, weil die Sowjets geschaffen wurden, um sie als Klasse... Also erwiesen sich die ‚Soldaten-Deputierten' als die am ehesten geeigneten. Wer mit der Waffe die Macht errungen hatte, der sollte sie nun auch ausüben. Doch was sie betrifft... Große Reden führen und mit dem Säbel herumfuchteln – das konnten sie. Sie waren in der Regel keine schlechten Agitatoren und Nahkämpfer. Überhaupt waren sie wohl ‚gute Kerle', wie es in der Oper von Dsershinski [gemeint ist wohl die Oper *Der stille Don* nach Scholochows gleichnamigem Roman] heißt. Doch um das Leben auf neue Art einzurichten, genügt es nicht, ein guter Kerl zu sein. Etwas aufbauen, eine Wirtschaft einrichten – das ist nicht dasselbe wie ‚reinen Tisch zu machen mit den Bedrängern'... Nun nahmen diese Helden der Revolution also in den Sesseln der Führung Platz. Sogleich hatte jeder nur eine Frage im Kopf: Was ist jetzt zu tun? [...] Kenntnisse hatten sie faktisch keine. Sie hatten im Kriege nur eines gelernt: Befehle zu empfangen und auszuführen. Also eilte diese frischgebackene Macht im Chutor sogleich zu der in der Staniza, um einen Befehl entgegenzunehmen. Und der dortige Befehlshaber, von der gleichen Sorte, eilt in die Gebietshauptstadt. Und dieser – wohin wohl?

Auf diese Weise musste auf der höchsten Ebene, ob du es willst oder nicht, eine Führerperson erscheinen. [...] Ein Oberkommandierender. Ein Mensch, der kühn genug ist, endgültige oberste Entscheidungen zu treffen. [...] Und was auch immer Nikita Sergejewitsch [Chruschtschow, W. B.] über ihn gesagt haben mag, selbst der Dümmste begreift: das musste ein Mensch von ungewöhnlichem Mut, teuflischer Willenskraft, unerschütterlicher Überzeugung sein, einer der zu allem entschlossen ist... [...] Dieser Mann musste unvermeidlich beschränkt sein. Und damit auch von sinnloser Grausamkeit. Ich fürchte, Stalin war nicht einmal die schlimmste Variante dessen, was uns blühte."[83]

Solche Gedanken, mögen sie auch – in didaktischer Absicht – durch starke Vereinfachungen geprägt sein, lassen an politischem Realismus nichts zu wünschen übrig. Dieser Scholochow sah sein Land im Grunde ohne Illusionen. Beim Lesen solcher privaten Äußerungen des Schriftstellers bekommt man eine Ahnung von

---

83 Ebd. S. 138f.

den Spannungen, die sich für ihn zwischen der darin artikulierten alltäglich-banalen Volkserfahrung (mit der er sich weitgehend identifizierte) und dem öffentlichen Diskurs aufgebaut haben müssen. Es waren Spannungen, Diskrepanzen, die aus der ungenügenden Demokratisierung (also Öffnung) dieses Diskurses resultierten. Der „andere" Scholochow stand in manchen seiner Ansichten, wie etwa der vom fortdauernden „Bürgerkrieg" im Lande, denen der „Dissidenten" (die eher vom Krieg des Regimes gegen das eigene Volk gesprochen hätten) gar nicht so fern. Doch er wollte an den allgemeinen Konsens im öffentlichen Diskurs nicht rühren – weil er sich, aus der erwähnten Sorge heraus, von dem Grundsatz „Ne navredi!" – „Richte keinen Schaden an!"[84] leiten ließ. Eine drohende Eskalation innergesellschaftlicher Zusammenstöße verglich er mit der Kollision zweier aufeinander zu rasender Züge.[85] Man muss bei alledem auch bedenken: drei dramatische Erfahrungszonen haben seine Persönlichkeit geprägt: Bürgerkrieg – Jahre des Massenterrors (1937/38) – Großer Vaterländischer Krieg. Es waren allesamt Zeiten schärfster Freund-Feind-Konfrontationen. Und eben dies war der von viel Tragik erfüllte biographische Raum von Scholochows Generation. Daher spricht Felix Kusnezow von Scholochow selbst als einer „zutiefst tragischen Gestalt".[86] In seinen letzten Lebensjahren hatten seine Appelle an versteinerte Instanzen und Personen des Systems mitunter auch etwas von Donquichotterie. Etwa, wenn er Leonid Breshnew in einem ziemlich groben Brief (am 30. Oktober 1968) aufforderte, ein seit längerer Zeit bei ihm liegendes Kapitel des Romans *Sie kämpften für die Heimat* endlich für den Abdruck in der „Prawda" freizugeben (wobei herauskam, dass das Kapitel zwar gedruckt wurde, doch mit den oben erwähnten entstellenden Kürzungen).

Man sieht, dass sich Scholochow mit alledem in Widersprüche verwickelt hatte, die er nicht mehr zu lösen vermochte. Es waren vor allem der Widerspruch zwischen seiner (nur privat geäußerten) Erkenntnis historisch bedingter Demokratie-Defizite der sowjetischen Gesellschaft und seinen ungeteilt affirmativen Statements auf Parteitagen und Schriftstellerkongressen, sowie der Widerspruch zwischen seinem Engagement für die Aufbruchsbewegung nach dem Ende der Stalin-Ära und seiner Rolle als Bewahrer von Bestehendem ausgerechnet in den Stagnationsjahren unter Breshnew. Alles dies hat seinen Gegnern reichlich Stoff zur Polemik geliefert. Indes muss jeder ernsthaften Beschäftigung mit Leben und Werk dieses Schriftstellers daran gelegen sein, ihn aus seinen Widersprüchen heraus zu verstehen. Hier ist auch Kritik angebracht. Doch man sollte einen Scholochow nicht mit kleinlichem Maß messen und über einzelnen Episoden aus seiner Altersperiode nicht das Ganze seiner Daseinsweise aus den Augen verlieren. Und da gehört zum

---

84 Vgl. S. M. Šolochova: K istorii nenapisannogo romana. In: Šolochov na izlome vremeni., S.109. – Michail M. Šolochov (2004), S. 155ff.
85 Vgl. ebd. S. 133f.
86 Kuznecov (2005), S. 513.

Bleibenden: Scholochow hat sich in das Zentrum der Macht gewagt und dieser einen großen Kampf geliefert, wie kein anderer. Er hat dem Mächtigen und seiner Umgebung Zugeständnisse und rettende Eingriffe abgetrotzt, wie niemand sonst, und er hat dafür viel Kraft und Lebenszeit drangegeben, die letztlich seinem Werk fehlten, an seiner Schaffenskraft zehrten. Darin liegt die verborgene Tragik dieses Schriftstellerlebens, das unseren Respekt verdient.

Der stille Don – ein verkanntes Warnbuch?

1. Scholochow kontra Remarque?

Michail Scholochow gehört zu den umstrittensten Autoren seines Jahrhunderts. Nicht zuletzt deshalb, weil seine Biographie ebenso wie sein literarisches Werk und seine Rolle in der sowjetischen Öffentlichkeit der Forschung noch immer Rätsel aufgeben. Manches wird sich vielleicht – weil wertvolle Manuskripte verloren gegangen sind – wohl nie ganz klären lassen. Und was sein literarisches Hauptwerk, die Romanepopöe *Der stille Don* – entstanden zwischen 1925 und 1937 – angeht, so ist ihm, wie allen großen Werken der Weltliteratur, jene gewisse Ambivalenz eigen, die die Literaturwissenschaft zu immer neuen Deutungsansätzen reizt. Jedenfalls war es unserer „östlichen" Scholochow-Forschung in den Ländern des Realsozialismus nicht gelungen, den Roman widerspruchsfrei für den sozialistischen Realismus zu vereinnahmen. Und ebenso wenig gelang es Alexander Solshenizyn und der von ihm zu einer neuen Textanalyse angestifteten Irina Tomaschewskaja 1974, den Nachweis zu erbringen, dass Scholochow bei einem anderen, völlig unbekannten Kosakenautor Plagiat begangen und den Romantext als quasi mit ideologischem Maß schreibender „Koautor" nur verschlechtert habe.[87] Die für den Autor und das Romankonzept gewählte ideelle Passform erwies sich in dem einen wie dem anderen Falle als zu eng. Scholochow muss man als großen Realisten mit anderem Maß messen: Als Sympathisant und junger Akteur der Revolution hat er zugleich an ihren Widersprüchen und ihren Folgen gelitten. Das ist eine weitläufige Problematik, die wir hier nicht behandeln können. Wir entnehmen ihr für das Thema dieses Beitrags nur eine, allerdings zentrale, Komponente. Das ist die Tatsache, dass den Schriftsteller – wie erst vor kurzem dokumentierte Gespräche mit dem Sohn Michail und Äußerungen der Tochter Swetlana bezeugen – bis in seine letzten Lebensjahre die unheilvolle Rolle von Krieg und Gewalt in der ganzen Geschichte der Sowjetgesellschaft beschäftigt hat – und zwar mit solcher Intensität, dass die einlenkende Gegensteuerung zu einem Teil seiner künstlerischen Strategie wurde.[88]

---

87 Zum Stand der Debatte: Ljubov' Aksionova, Evgenij Vertel': Zur Autorschaft des *Stillen Don*. In: Zeitschrift für Slawistik 37 (1992). 4. S.552-572; Gejr Ch'etso [Geir Kjetsaa]: Plagiator li Šolochov? Otvet opponentam. In: Scando-Slavica 41 (1995). S.168-182; am besten aufgearbeitet in: Kuznecov (2005).

88 Swetlana Scholochowa betont, ihr Vater habe alles dafür gegeben, um mit seinen literarischen Werken nicht "Feindschaft, Unverständnis" zu säen und "die Menschen nicht erneut in das Chaos eines Bürgerkrieges und neuer Erschütterungen zu stoßen". Šolochova: A.a.O., S. 109.

Doch blicken wir zurück auf ein Stück Wirkungsgeschichte des *Stillen Don*. Der deutschen Übersetzung des ersten Bandes im Verlag für Literatur und Politik 1929 – es war weltweit die erste Übersetzung überhaupt – wurde der Untertitel *Vom Frieden zum Krieg* beigegeben, dem zweiten Band 1930: *Krieg und Revolution*. Die beiden folgenden Bände hätten unter dem Beititel *Von der Revolution zum Bürgerkrieg* stehen können. Krieg, Krieg und wieder Krieg – die Zeit, in die Scholochow seine Romanhelden versetzte, stand unter keinem guten Stern. Und die dem ersten Band vorangestellten Epigraphe deuten darauf hin, dass der Autor die epische Romanzeit von vornherein als eine tragische behandeln wollte, denn dort heißt es, dem Text eines alten Kosakenliedes folgend:

„Nicht mit Pflügen
ist unser Mütterchen Erde gepflügt.
Unser Mütterchen Erde
ist mit den Hufen gepflügt.
Mit Kosakenköpfen
ist unser Mütterchen Erde besät.
Unser Väterchen Don
ist mit Waisenkindern bekränzt.
Und die Tränen der Mütter
füllen das Väterchen Don." (SD 1, 5)

Wenn man heute nachliest, wie die ersten Teile des Romans von der Kritik in Deutschland aufgenommen wurden, fällt einem auf, dass diese ideelle Grundtendenz des Romans zunächst kaum wahrgenommen wurde. Die linke Presse hob die klassenkämpferischen Aspekte hervor, ein gewisses Unbehagen erzeugte die Objektivität des Autors bei der Darstellung aller an den sozialen und militärischen Kämpfen beteiligten Kräfte, und von hier aus wurde dem Roman denn auch eine „pazifistische Note"[89] angekreidet. Demgegenüber hielt die verdienstvolle Übersetzerin des *Stillen Don*, Olga Halpern, noch im Jahre 1965 im Gespräch mit einem sowjetischen Scholochow-Forscher an dem Standpunkt fest, Scholochow habe zu einem Zeitpunkt, als viele deutsche Leser noch ganz im Banne von Remarques Buch *Im Westen nichts Neues* gestanden hätten, mit seinem Roman einen starken, gegen den Pazifismus gerichteten Akzent gesetzt.[90] Also Scholochow kontra Remarque – was bleibt von dieser Antithese?

89   Johannes Wertheim: Scholochow: *Der stille Don*. In: Internationale Presse-Korrespondenz. 1931. 18, S.487.
90   Vgl. Prijma (1975), S.25.

2. Irritationen veränderter Kriegswirklichkeit

Versuchen wir zunächst, uns in großen Zügen den Gang der Romanhandlung zu vergegenwärtigen. Der *Stille Don* beginnt ja eigentlich als eine Schilderung des Lebens im Kosakendorf. Doch bald bildet sich ein eigenartiger Rhythmus heraus. Breit ausgemalten Bildern von den Verhältnissen und Vorgängen im Chutor Tatarsk folgen bald andere von der Front des ersten Weltkriegs, wieder abgelöst von Szenen „daheim", dann Revolutionsereignisse hier und da in Russland – und ihre Aufnahme in Tatarsk, schließlich der Bürgerkrieg am Don bis hinunter nach Rostow und Nowotscherkassk – und immer wieder nahebei, im Umkreis von Wjoschenskaja. Der rhythmische Wechsel ist immer weniger der zwischen Front und Hinterland, Kampfzone und friedlicher Zuflucht: Der Krieg wird allgegenwärtig, er kommt in die Höfe und Häuser, hinterlässt seine brandige Spur – es gibt am Ende keine Zuflucht mehr, die Kampfeslust kriegerischer Kosaken ist schließlich allgemeiner Kriegsmüdigkeit gewichen – und immer noch ist die Gefahr, mit Strafe und Vergeltung rechnen zu müssen, noch lange nicht vorbei... In den (im Kapitel „Scholochow und Stalin" ausführlich zitierten) Gesprächen mit dem Sohn hat der Schriftsteller später eine Art Epilog zum *Stillen Don* gesprochen, indem er ihm die Stunde des Kriegsendes als einen einzigen Albtraum ausmalte.

Doch wenden wir uns nun den Figuren des Romans zu. Immer schon haben sich Kritik und Leser einhellig in Lob und Bewunderung über die markanten Charaktere des Romanepos geäußert – Georg Lukács sprach 1949 von der „Wucht, Plastizität und Tiefe der Menschendarstellung".[91] In der Tat hat Scholochow mit Grigori Melechow und seiner Geliebten Axinja und vielen anderen aus ihrem familiären und dörflichen Umkreis stolze, selbstbewusste, herrlich unangepasste Charaktere geschaffen – Menschen mit großem Lebensanspruch. Der Autor hat sie in ihrer kosakischen Eigenart weder als exotische Wesen behandelt noch idealisiert – er hat vielmehr ihre starke menschliche Potenz im Lieben und Hassen, auch in der Grausamkeit, auch im Töten und Sterben voll zur Geltung gebracht. Und dies vor allem in Szenen konfliktvoller Begegnungen, die sich im epischen Gefüge des Romans wie kleine Dramen ausnehmen – und aneinandergereiht eine fast eigenständige Handlung bilden könnten. (Darin zeigt sich ein deutlicher Unterschied zum Prinzip der „fließenden Charakterdarstellung" in L.Tolstois *Krieg und Frieden*,[92] womit der *Stille Don* gern verglichen wird).

Ein Beispiel: Mitten im Krieg, im Jahre sechzehn, irgendwo in Ostpreußen, kommt es während eines Ausbruchs der Kosakenreiter aus deutscher Umzingelung

---

91 Georg Lukács: Der russische Realismus in der Weltliteratur. Berlin 1952, S. 391.
92 Gerhard Dudek: Lew Tolstoi – künstlerische Entdeckung und ästhetische Herausforderung In: Sitzungsberichte der Sächsischen Akademie der Wissenschaften zu Leipzig. Philologisch-historische Klasse. Bd. 122 (1981). H. 2, S. 2, 9.

zu einer Begegnung zwischen Grigori und dem Ehemann seiner Geliebten, Stepan Astachow, seinem unversöhnlichen Feind. Stepan wird verwundet – und Grigori, „von einem plötzlichen freudigen Entschluss übermannt" (man beachte dieses paradoxe psychologische Detail!), bringt ihn aus der Gefahrenzone und rettet ihm damit das Leben. Und in diesem Moment sagt Stepan: „Grischka... als wir heute angriffen... hörst du, Grigori? [...] Als wir angriffen, habe ich wohl dreimal von hinten auf dich geschossen..." (SD 2, 51). Als würde sie die Zeit, das Töten ringsum in einem solchen Moment nichts angehen – so treten sie sich gegenüber, ganz hingegeben ihrer Rivalität. Ist es überzogen zu sagen, dass etwas Shakespearisches in dieser Charaktergestaltung liegt? Wie die großen Figuren des englischen Dramatikers – und nur auf diesen Vergleich wollen wir hinaus – ragen auch diejenigen Scholochows gleichsam über die Zeit hinaus – und sind doch auf andere, fundamentale Art in ihr verwurzelt. Bei aller sozial-konkreten Determinierung (wie sie für Scholochows Realismus charakteristisch ist) – seine Romanhelden unterliegen nicht den Zwängen ihres Milieus: Sie treten an, um sich *handelnd* mit den Realitäten auseinanderzusetzen und um *in* ihnen, oder, wenn nötig, *gegen* sie ihren Lebensanspruch zu behaupten. Aber das bedeutet auch, auf unser Kriegsthema bezogen: Die Figuren werden weniger an ihrer *Leidensfähigkeit* als an der Qualität und Sinnhaftigkeit ihres *Handelns* gemessen.

Im Grunde gerät der Ehrenkodex der kosakischen Protagonisten des Romans mit dem Charakter des modernen Krieges in Konflikt. „Das ist kein Krieg für mich", äußert ein älterer Offizier an der Weltkriegfront seine Enttäuschung: „Ich bin vier Jahrhunderte zu spät auf die Welt gekommen [...] ich halt es nicht aus, wenn ich den Feind nicht sehe [...] Sie schießen auf dich aus einer Entfernung von mehreren Werst, und du hockst auf deinem Gaul wie eine Trappe im Visier des Jägers." (SD 1, 367f.). Scholochow liefert uns zwar auch eindrucksvolle Bilder von der Ödnis und dem Grauen des Stellungskrieges, doch das ist nicht der Ort, wo er einen Melechow sich zeigen lässt. Anders in den dem Bürgerkrieg gewidmeten Kapiteln: Der mehr lokale Charakter der Kämpfe am Don (ihrer Ideologie folgend, weigern sich die aufständischen Kosaken ja auch, die Grenzen ihres Territoriums zu verlassen) und die Tatsache, dass die im Weltkrieg I entwickelte große Vernichtungsmaschinerie hier nicht zum Einsatz kommt, vielmehr traditionelle Reiterattacken und der Kampf Mann gegen Mann noch an der Tagesordnung sind – alles dies belebt zeitweilig noch einmal alte Kampfmuster und romantisch-heroische Illusionen.

Die Frage ist nur: Lassen sich in diesem Bürgerkrieg am Don Vorstellungen von noblem Kämpfertum für das Gute und Gerechte verwirklichen? Er mag zwar in seinen äußeren Maßstäben gut überschaubar sein, stellt aber gerade im Kosakenmilieu eine schwierige ideelle Gemengelage von sozialen und politischen Interessen, von verschiedenen Kriegszielen zwischen Roten und Weißen und Anhängern der Kosakenautonomie dar, in deren Irritationen sich viele, auch Grigori Melechow, verfangen. Während die Kosaken daher anfangs etwas verächtlich von einem „Kinderspiel" (SD 3, 99) sprechen, überkommt sie im Laufe der Zeit immer mehr das ungute Gefühl, einem seltsamen Krieg mit „Formen [...], die es nie zuvor gegeben hatte" (SD 3, 252), einem Krieg, der mehr und mehr aus den Fugen gerät, ausgeliefert zu sein, so dass es nicht verwundert, wenn ein zum Philosophieren neigender Artillerieoffizier in seinem Verdruss meint, die Herren Lenin und General Krasnow mögen doch „wie David und Goliath miteinander kämpfen" und den Krieg auf einfache Art entscheiden, damit das Volk endlich seine Ruhe hat (SD 3, 105).

Scholochow registriert also für seine Figuren nach dem Schock des ersten Weltkrieges gewissermaßen eine zweite irritierende Verschiebung der Realität, und er misst sie am traditionellen bäuerlich-kosakischen Erwartungshorizont mit seinen kulturellen Mustern, die vom Reckenkampf der Byline bis zu Gogols *Taras Bulba* reichen.

In diesem veränderten Kontext lässt der Autor seinen wichtigsten Romanhelden seine Attacken reiten. „Die Klinge zu führen, ist etwas anderes, als hinter dem Pflug herzugehen. Weit hatte er es in der Technik des Tötens gebracht" (SD 3, 250) – so lautet ein zwischendurch abgegebener Erzählerkommentar. Einige der Szenen, wo wir den attackierenden Melechow gleichsam in Zeitlupe und die in ihm ablaufenden psychischen Vorgänge in Großaufnahme erleben, besonders jene, wo er mit dem rasch dahingleitenden Wolkenschatten um die Wette und dem fest ins Auge gefassten Feind entgegen reitet, gehören zu den faszinierendsten Erzählleistungen in diesem Roman. Doch gerade in diesen höchsten, kathartischen Augenblicken des Kriegerdaseins macht sich der unbestechlich-analytische Blick des Autor-Erzählers bemerkbar: Die menschentötende Säbel-Aktion führt, je tiefer die Frage nach dem *Sinn* in Grigori bohrt, desto mehr zu katastrophalen Nachwirkungen. Todesverachtung geht in Todessuche über, Selbstbestätigung wird vom verzweifelten Gefühl der moralischen Selbstvernichtung abgelöst. In dieser Deutung zeigt sich Scholochow, der Knut Hamsun verehrte und Nietzsche gelesen hatte, weniger der revolutionären Romantik als der Lebensphilosophie der Moderne verpflichtet.

3. Wert des Lebens und Wüten des Todes

Der *Stille Don* verweigert sich insgesamt der mythenbildenden Annahme, der Krieg sei eine Angelegenheit anonymer Mächte und Massen, die individuelle Schuld und Verantwortung wesenlos erscheinen lässt. Grigori Melechow mit seinem gerade durch eigene Schuld geschärften Gewissen und seinem Abscheu gegen sinnlose Gewalt und Grausamkeit – etwa gegenüber wehrlosen Gefangenen – bildet für dieses gedankliche Konzept das sensible Medium. Mancher Leser mag sich genervt fühlen, wenn in etlichen Kapiteln, wo von Kriegstoten oder von Listen zum Tode Verurteilter die Rede ist, viele, für die Romanhandlung sonst belanglose Namen erscheinen. Dies ist nur eines von vielen Zeichen, dass dem Autor der Wert des Lebens über allem steht und ihm folglich jedes einzelne Menschenleben der Erwähnung wert erscheint. Da wird auch die Hierarchie der Romanfiguren außer Kraft gesetzt. Daraus spricht eine andere Philosophie als die in den Revolutionstagen von Agitatoren verkündete, wo vom Ausrotten der Gegner „mit Feuer und Schwert" (SD 2, 12) die Rede ist. Wo Feuer und Schwert herrschen oder ihre traurige Hinterlassenschaft zu schildern ist, steigert sich die Darstellung zu Bildern des Schreckens und Grauens mit vielen quälenden Details. Etwa beim Anblick der langen Reihe Leichen (*siebenundvierzig* russische Offiziere), die auf einer Waldwiese liegen – Opfer eines deutschen Gasangriffs. Oder an anderer Stelle, wo wir hinsehen müssen, wenn *vierzig* weißgardistische Offiziere niedergemetzelt werden, und die Qual des Sterbens immer noch einmal und in immer anderer Gestalt vorgeführt bekommen – vielleicht die schonungsloseste Art, uns die Einmaligkeit jedes Menschenlebens einzuprägen. Und sehr oft verweilt der Blick sinnend bei dem einen oder anderen Totengesicht – als wolle man das Bild des Lebenden zurückrufen.

Die unlösbare innere Verbindung von Leben und Tod, die bewirkt, dass der Tod wie ein Schmarotzer Gestalt und Farbe aus dem Lebendigen bezieht und dass beide – gerade in Kriegszeiten – miteinander konkurrieren und einander zu übertrumpfen suchen – dies gehört zum Kern von Scholochows poetischem Weltbild und daher auch zu den strukturbildenden Kräften seiner Kriegsbilder.

Das Leben in Scholochowscher Prosa ist sinnlich prall und farbenfreudig (symbolhaft verdichtet in seinen berühmten Naturbildern) – und dementsprechend ist der Tod keine Schattengestalt, sondern eher ein Fleischer, der Hackfleisch macht: unappetitlich, roh und bizarr. Die Kosakensäbel sind seine Handlanger. Und wenn aus der grauenhaften, mit Leichen übersäten Landschaft an der Weltkriegsfront einzelne Figuren herausgehoben werden, wie der an einer Kiefer lehnende Gastote mit zerstörten Augen (SD 2, 37), erinnert dies an die grellen, makaber-sinnenfrohen Schützengrabenbilder von Otto Dix.

4. Verabschiedung von Machogehabe und triumphaler Geschichtsdeutung

Scholochow-Forscher haben schon vor längerer Zeit darauf hingewiesen, dass Revolution und Bürgerkrieg die traditionelle Werteordnung im Kosakendorf ins Wanken bringen. Dabei wurde gern auf jene Szene im letzten Romanteil verwiesen, wo der alte Pantelej, einst der gefürchtete Patriarch im Hause Melechow, nur Spott und Gelächter erntet, als er seinem Wort Befehlsgewalt verleihen will.[93] Doch der darin steckende emanzipatorische Vorgang ist keine Frage des Generationswechsels, er hat vielmehr noch eine andere Seite. Im Krieg erleiden letztlich männlicher Taten-

---

93 Vgl. Lev Jakimenko: Tvorčestvo M. A. Šolochova. Moskau 1977, S.316f.

drang und Machogehabe ein Fiasko. In gleichem Maße nämlich, wie Pantelej zur komischen (mitunter auch tragikomischen) Figur schrumpft, wächst die Iljinitschna, einst eine stumm Dienende an seiner Seite, über sich selbst hinaus. Sie wird in allen heiklen Situationen zur tonangebenden, ja ethisch maßstabsetzenden Person: Sie weist den Mordlustigen die Tür und unternimmt es, eigene Vorurteile überwindend, die Gräben des Hasses zu überbrücken. Zwar erlebt Iljinitschna nicht das Ende des Krieges, ihren Part aber übernimmt episodisch in einem der letzten Romankapitel jene Kriegerwitwe, die sich dem Bandenanführer Fomin, als er in ihrem Chutor die Männer anwerben will, entschlossen entgegenstellt, wobei sie ihn obendrein verhöhnt: „Heut hoch zu Ross ein Recke, morgen schon liegst du im Drecke!" (SD 4, 436)

Mit alledem vollzieht sich etwas aufs Romanganze gesehen ziemlich Bedeutsames: An die Stelle starker Frauen wie Axinja oder Grigori Melechows Schwägerin Darja, die beide auf unterschiedliche Weise die Schrankenlosigkeit unsteten Kriegsdaseins akzeptiert hatten und darin umgekommen waren (Axinja auf der Flucht von einer Kugel getroffen, Darja, von der Syphilis befallen, durch Freitod), sind am Ende andere, nicht minder charakterstarke getreten, die zu Friedfertigkeit, Versöhnung – und zur Rückkehr in die Normalität bäuerlichen Lebens aufrufen. Aber kann nicht andererseits die Art, wie wir von Grigori am Romanende als von einem gebrochenen und zur Hinnahme beliebiger Konsequenzen bereiten Mann scheiden, als Verabschiedung eines gewissen militanten Stolzes und individuellen Unabhängigkeitsdrangs aufgefasst werden – mit all der Ambivalenz, die darin steckt? Ist mit dem Kriegsende auch das Ende eines bestimmten Menschentyps gekommen, weil für ihn unter den neuen Zwängen des Friedens kein Platz mehr ist? Wir müssen auch diese Seite des Finales in Betracht ziehen, zumal kriegerisch-stolze Charaktere fortan bei Scholochow (wir meinen beide Teile des Romans *Neuland unterm Pflug*) nur noch karikiert beim „Klassenfeind" oder – wie Nagulnow – tragikomisch erscheinen...

Was ergibt sich also als Bilanz? Der *Stille Don* ist kein warnendes „Lehrstück" im platten Sinne. Doch mit jedem der vier Bände, den Scholochow zwischen 1928 und 1940 nach harten Kämpfen und nicht ohne die Inanspruchnahme von Stalins persönlicher Intervention veröffentlichen konnte, wurde deutlicher sichtbar, dass der Roman dem, was sich unter dem diktatorischen Regime Stalins im Lande herausbildete, konträr entgegenstand. Er widerlegte die triumphale Deutung jüngster Geschichte, wie sie in der unter Stalins Oberaufsicht geschriebenen *Geschichte des Bürgerkriegs* geschah (Scholochow war zwar als Mitautor vorgeschlagen, aber nicht zugelassen worden). Und der Roman desavouierte den Stalinschen Kurs der dreißiger Jahre, der auf zunehmende Militarisierung, Repression, Terror und Unversöhnlichkeit gerichtet war. Die Publikation der abschließenden Teile des *Stillen Don* war das Ergebnis eines erbitterten Kampfes, in dem Scholochow alles auf eine Karte gesetzt und letztlich gewonnen hatte, weil der Diktator (dieser Zusammenhang hat in der großen Scholochow-Monographie von H. Ermolaev eine unverändert gültige Darstellung gefunden!)[94] den international anerkannten Autor respektieren und sich mit dem beschwichtigenden Satz, dass ja im Roman immerhin die Niederlage der Weißen gezeigt werde, zufrieden geben musste. Doch in der sowjetischen Öffentlichkeit musste nun „nachgebessert" werden – in andauernden Debatten, die die Aussage des Romans umzudeuten oder abzuschwächen suchten, und ebenso durch wiederholte Eingriffe der Zensur. Und im Getöse der Industrialisierungs- und Kollektivierungsschlachten und dann schon neuer gewaltiger militärischer Schlachten und der sie begleitenden Propaganda gab es wenig Chancen, die subtile Botschaft des Romans aufzunehmen. Erst während des "Tauwetters" schärften sich die Sinne, und hier geschah es auch, dass ein Dichter mit wachem Gewissen, nämlich Alexander Twardowski, in einem Gespräch äußerte, der *Stille Don* sei doch wohl „ein tragischer Roman", und sein Sinn bestehe vermutlich in der Frage: „um welchen P r e i s wurde die Revolution erkauft, ist der Preis nicht zu hoch?"[95] (Hervorhebung von mir, W.B.) Twardowski meinte, er verstehe Scholochows Antwort so, dass „der Preis wohl hoch, doch auch das Ereignis ein großes" sei. Er hatte damit die Aussage des Romans etwa in jener Ambivalenz erfasst, auf die das Zusammenspiel der verschiedenen Romankomponenten hinausläuft.

Heute können wir den *Stillen Don* mehr denn je als literarischen Ausdruck einer für unser Jahrhundert typischen Erfahrung sehen: Nämlich, wie in der dichten Aufeinanderfolge von Krieg und wieder Krieg und Gewalt jedweder Art das Humane zutiefst gefährdet ist. Und wir gehen sicher nicht fehl, wenn wir in einem alten russischen Grabspruch, den der Erzähler festhält, auch die mahnende Stimme des Autors hören. Er lautet im russischen Originaltext: „V godinu smuty i razvrata / Ne osudite, brat'ja, brata." (Ss 2, 320) Die deutsche Fassung (Nachdichtung: Heinz Kahlau) gibt dies zwar nicht ganz vollständig wieder, aber sie trifft doch den versöhnenden Klang der zwei Verszeilen: „In wirren Zeiten gehe nicht / streng mit dem Bruder ins Gericht." (SD 2, 414)

---

94 Vgl. Herman Ermolaev: Mikhail Sholokhov and His Art. New Jersey: Princeton, N.Y. 1982, S. 42-45.

95 Vladimir Lakšin: "Novyj mir" vo vremena Chruščeva. In: Znamja 1990. 7, S. 129.

Scholochow und das „Zeitalter des totalen Krieges"

1. Langzeitprägungen durch Kriegszeiten

Spätestens beim jüngsten geschichtlichen Umbruch, den wir alle erlebten, haben wir uns von veralteten Vorstellungen vom Charakter der Epoche und vom Verlauf der Weltgeschichte trennen müssen. Zwar war „die Welt, die Ende der achtziger Jahre in Stücke brach, [...] eine Welt, die von den Auswirkungen der Russischen Revolution 1917 geprägt worden war"[96], wie Eric Hobsbawm feststellt – doch das „Kurze 20.Jahrhundert", das mit dem 14.August 1914 begann, war eines der Extreme und Katastrophen, es brachte in mehreren eskalierenden Wellen das „Monster des totalen Krieges"[97] hervor, unter dem die ganze Bevölkerung zu leiden hatte. Und die Kriegsgreuel wiederum führten zu einer Brutalisierung der Politik: „Wenn Krieg geführt werden konnte, ohne die menschlichen und anderen Kosten aufzurechnen, weshalb dann nicht auch die Politik?"[98] Leider gilt dies auch in vollem Maße für das Land, von dem die Hoffnung auf gerechte und menschenwürdige Lebensverhältnisse ausgegangen war. Die Revolution 1917 war „ein Kriegskind",[99] und sie ging, kaum dass sie zur Beendigung des Blutvergießens an der Weltkriegsfront geführt hatte, in neue innere blutige Auseinandersetzungen über. Und wenn Hobsbawm sagt, dass der Ausdruck „im Frieden" soviel wie „vor 1914" bedeutete[100] – wer wollte, ohne zynisch zu werden, die Zeiten, die in der UdSSR dem Bürgerkrieg und der Intervention folgten, als friedliche bezeichnen? Die Zeiten der Zwangskollektivierung und der damit verbundenen Abstrafungen von vielen Tausend aus der ländlichen Bevölkerung, der schrecklichen Hungersnöte, der Entstehung des GULAG, des Massenterrors...?! Bis dann mit dem faschistischen Überfall ein neuer Krieg im ursprünglichen Sinne über das Land hereinbrach. Es waren diese Zeiten, die Michail Scholochows Werk, ja seine ganze Person, tief und unauslöschlich geprägt haben. Nahezu sein gesamtes Werk – von den *Donerzählungen* bis zum *Menschenschicksal* handelt von unfriedlichen Zeiten, und es ist auch als ein Beitrag zu verstehen, Krieg und Machtanmaßung und Gewalt zu überwinden und damit den Weg zur Humanisierung der Gesellschaft freizumachen. Dabei müssen wir auch in Betracht ziehen, was in den 1995 veröffentlichten Erinnerungen von Scholochows Tochter Swetlana zur Sprache kommt: Scholochows Umgang mit dem öffentlich geäußerten Wort, dem er, wie sie sagt, „große aufbauende wie auch

---

96 Eric Hobsbawm: Das Zeitalter der Extreme. Weltgeschichte des 20. Jahrhunderts. Darmstadt 1997, S.18.
97 Ebd. S. 66.
98 Ebd. S. 43.
99 Ebd. S. 78.
100 Vgl. ebd. S. 38.

zerstörende Kraft" beimaß. „Das Prinzip ,richte keinen Schaden an!' wirkte bei ihm wie ein Verbot, es zwang ihn, [...] vieles nur in Andeutungen zu sagen oder zu schweigen: der kluge Leser werde schon begreifen und sich das Seine denken." Scholochow habe unerschütterlich an den Kommunismus geglaubt, „nicht im gelehrten, im philosophischen Sinne, sondern als ,konsequente Uneigennützigkeit des Handelns', als Glaube an eine Gesellschaft, in der jeder bereit ist, [...] alles zu opfern, selbst schöpferische Interessen, wenn diese dem allgemeinen Volksinteresse zuwiderlaufen [...] So hat er alles geopfert, um nicht Unglauben, Feindschaft, Unverständnis zu säen und die Menschen nicht erneut in das Chaos eines Bürgerkriegs und neuer Erschütterungen zu stürzen."[101] Ist es übertrieben zu sagen, dass es bei Scholochow, besonders im Alter, eine fast traumatisch geprägte Überreaktion gab, die ihn bewog, die eigene Person den zerstörenden Kräften entgegenzustellen –? Jedenfalls können wir heute mehr denn je gewiss sein, dass Scholochow die Erschütterungen und Brüche, die das 20.Jahrhundert brachte, mit der Sensibilität eines großen Künstlers aufgenommen hat. Und dieses Wissen versetzt uns in die Lage, die großen und bewegenden Fragen in seinem Werk, die mit dem Schicksal des Humanum in der Welt zu tun haben, schärfer ins Auge zu fassen. Im Rahmen dieses Beitrages wollen wir uns auf ein paar exemplarische Fälle, die zugleich Bezüge zum öffentlichen Scholochow-Diskurs ermöglichen, konzentrieren.

Als Alexander Solshenizyn im Jahre 1974 mit dem in Paris erschienenen Buch „Stremja ,Tichogo Dona'" eine neue Welle von Plagiatsvorwürfen an den Autor des *Stillen Don* initiierte, da hieß es auch, der gewaltige Niveauunterschied zwischen den *Don-Erzählungen* und dem Roman mache die Identität des Autors unwahrscheinlich. Mir scheint indes, dass *beide* Seiten, Freunde wie „Gegner" Scholochows, die starken inneren Zusammenhänge zwischen beiden Teilen seines Werks vernachlässigt haben. Schon in den Erzählungen meldet sich ein Autor zu Wort, der den Ursprüngen und den tiefen Spuren menschenvernichtender Gewalt nachgeht – und dies bei Figuren in sehr jungem, ja kindlichem Alter. Ähnlich wie sein Zeitgenosse Andrej Platonow spürt man bei Scholochow ein (aus eigener früher Erfahrung gespeistes) tiefes Mitgefühl mit denen ganz unten auf der sozialen Stufenleiter; doch im Unterschied zu jenem drängt das erlittene Unrecht eher zur befreienden Tat, und es ist nur natürlich, dass die Streiter für die Sowjetmacht als Verbündete von Gedemütigten und Misshandelten erscheinen.

---

101 S.M.Šolochova: A.a.O. S. 109.

2. Don-Erzählungen und Don-Epos

Scholochow erweist sich frühzeitig als Schöpfer starker Charaktere. Das auf den *Stillen Don* gemünzte Wort von Georg Lukács von der „Wucht, Plastizität und Tiefe" seiner Menschendarstellung[102] kann hier durchaus schon angewendet werden. Doch wir machen auf folgendes aufmerksam: Da wir es mit dem Milieu und den Mentalitäten des Kosakendorfes zu tun haben, wird im Streit schneller als anderswo zur gerade verfügbaren Waffe (ob Säbel, Forke oder Axt) gegriffen, und dann geht es um Leben und Tod, und nicht immer kann dies reinlich unter „Klassenkampf" abgebucht werden. Scholochow schildert Fälle, wo ein Mann aus einer Kränkung heraus (als abgewiesener Brautwerber oder als Bestohlener) ausrastet und etwas Nichtwiedergutzumachendes tut. *Obida* (dt. *Die Schmach*) heißt auch eine dieser Erzählungen, und da die Zensur damit offenbar ihre Schwierigkeiten hatte, durfte sie erst 1962 (!) erscheinen. – Im Jahre 1975 wurde in Bochum eine Dissertation angenommen, deren Verfasser – sichtlich beeindruckt von Solshenizyns erwähntem Pamphlet – im Ergebnis einer extrem formalisierten Analyse zu dem Schluss kommt, Scholochows Don-Erzählungen seien ein "Lehrbuch kommunistischen Heldentums" und eine „äußerst parteiliche Darstellung von Revolution und Bürgerkrieg"[103], das „Weltbild" sei ein ganz anderes als im *Stillen Don*.[104] Was die Parteilichkeit anbelangt, konnte er sich allerdings auf Äußerungen diesseits des „Eisernen Vorhangs" berufen. So verkam ein Begriff im Ost-West-Geplänkel zu billiger Münze, und beide Seiten trafen sich dann im Zurechtschneidern von Scholochows Werk.

Die Erzählungen heben sich natürlich dadurch vom Roman ab, dass hier im Rahmen überschaubarer Vorgänge zwischen Recht und Unrecht, zwischen der Tat und ihrem Reflex eine einfache Rechnung aufgemacht wird, wobei das Licht vor allem auf die sich Erhebenden fällt – wie es das gute Recht des jungen Autors war. Nach dem Übergang zum großräumig angelegten Romanepos hieß es nicht mehr nur Mann gegen Mann, obwohl das Potential starker Charaktere, das Scholochow von seinen Anfängen her einbrachte, die Darstellung immer wieder in großen individuellen Begegnungen und Konfrontationen gipfeln ließ. Doch jetzt mussten Handeln und Moral durch die (ver)formenden Kräfte der großen Massenbewegungen und der allgemeinen Verhältnisse gehen – und dies waren zum überwiegenden Teil die Verhältnisse von Krieg und Bürgerkrieg.

---

102 Lukács (1952), S. 391.
103 Hans Wefers: Erzählerische Strukturen und Weltbild in Šolochovs Dongeschichten. Mit einem Vergleich zwischen dem Weltbild im *Tichij Don* und in den Dongeschichten (unter besonderer Berücksichtigung des Problems der Autorschaft des *Tichij Don*). Bochum (1975), S. 257.
104 Ebd. S. 253.

3. Der umstrittene zweite Teil des „Stillen Don"

In der Literaturwissenschaft galt als ausgemacht, dass Scholochow als großer Charakterdarsteller im zweiten Buch des Stillen Don (mit den Teilen 4 und 5) gegenüber dem „Historiker", der sich in ausladenden Schilderungen von der Weltkriegsfront und von den Kampfhandlungen des beginnenden Bürgerkrieges erging, zurückgetreten und erst in den abschließenden Romanteilen wieder voll zur Geltung gekommen sei.[105] Dieses Urteil muss präzisiert, wenn nicht korrigiert werden. Betrachten wir Teil 5 des Romans.

Der Autor widmet sich hier jenem schmalen Zeitabschnitt zwischen der Heimkehr vieler Frontsoldaten in die Kosakendörfer im Spätherbst 1917 und den ersten militärischen Auseinandersetzungen am Don zu Beginn des Jahres 1918. Das heißt, der Bürgerkrieg, der zu diesem Zeitpunkt für spätere Historiker noch gar keiner war,[106] wird von seinen Wurzeln her verfolgt. Scholochow protokolliert die verfahrene Situation vom Januar 1918, als keiner der beiden Kontrahenten, weder das Revolutionäre Militärkomitee noch die Donregierung Kaledins, zu einem Kompromiss bereit war. In der Romanausgabe bei Volk und Welt, Berlin 1975, die sich noch auf die sowjetische von 1957 stützt, fehlen jene drei Absätze, in denen mitgeteilt wird, dass die revolutionären Frontsoldaten eine Abordnung zu Lenin nach Petrograd schickten, und dass der III. Sowjetkongress sie mit dem Aufruf anfeuerte: „Tilgt vom Antlitz der Erde die Feindes des Volkes, vertreibt Kaledin aus Nowotscherkassk..." (Ss 2, 191; Übersetzung von mir, W.B.)

Der Krieg nimmt also seinen Lauf, und gerade in den hier in Rede stehenden Kapiteln begegnen uns bereits einige seiner schlimmsten Auswüchse: die Exekution der vierzig gefangenen Offiziere (Kap. XII) sowie die nahezu täglichen Erschießungen durch das Revolutionstribunal (Kap. XX). Im ersten Falle rückt Scholochow die Szenerie voll ins Rampenlicht; es ist, als würde er hier dem gleichen inneren Zwang folgen wie eine seiner Figuren, die junge jüdische Rotgardistin Anna Pogudko, als sie aufopferungsvoll ihren typhuskranken Geliebten und Kampfgefährten Ilja Buntschuk gesundpflegt. Dieser schwere Dienst, heißt es, habe sie gezwungen, „ganz nah und [...] nackt" (SD 2, 310) auf den hilflos Leidenden zu schauen. Mit dem gleichen unverstellten Blick lässt uns Scholochow hinsehen, wie getötet und wie gestorben wird. Und dieser Blick richtet sich natürlich auch auf die Akteure. Im genannten Fall ist dies Podtjolkow, Vorsitzender des Revolutionskomitees (eine historische Figur!) – ein bärenstarker, machtbewusster Mann, der spä-

---

105 Vgl. Geschichte der russischen Sowjetliteratur. Bd. I., S. 364.
106 Vgl. Geschichte der UdSSR. Von einem Autorenkollektiv unter Leitung von Günther Rosenfeld. Berlin 1977. Dort heißt es: „Erst im Sommer 1918 begann die Periode des Bürgerkrieges, als die militärischen Ereignisse alle Bereiche der Sowjetgesellschaft beeinflussten." (S. 260)

ter auch bei seiner eigenen Hinrichtung keine Schwäche zeigen wird. Doch beim Niedermetzeln wehrloser Gefangener handelt er wie im Rausch – sonst scheint sich in ihm nichts zu regen. Anders Buntschuk im Revolutionstribunal. Die Erzählung konzentriert sich ganz auf den inneren Reflex der Exekutionen: sie übersteigen Buntschuks Kraft, so dass er sich versetzen lässt. Von großem Gewicht ist sein Gespräch mit Anna. Zwei der Sätze in Buntschuks langer Erklärung lauten: „... glaub nur nicht, dass es Menschen aus Eisen gibt. Wir sind alle aus dem gleichen Material." Darin steckt offenbar eine Polemik gegen die Poetisierer „eiserner" Bolschewiken in der frühen Sowjetliteratur. Noch wichtiger ist der nächste Satz. Die Übersetzung in der zitierten Edition gibt ihn leider ungenau wieder, sie lautet: „Im Leben gibt es keine Menschen, die sich im Krieg nicht fürchten, oder solche, die sich nicht *seelisch verwundet fühlen*, wenn sie Menschen töten." (SD 2, 331) Nach dem Originaltext („net takich, kto by, ubivaja ljudej...*ne byl nravstvenno iscarapannym*") (Ss 2, 256) (Kursiv W.B.) muß es jedoch heißen: „Es gibt keine Menschen, die keine moralischen Schrammen davontragen, wenn sie Menschen töten", das ist etwas anderes, als sich nur „verwundet fühlen", es bedeutet: die menschliche Integrität nimmt Schaden durch das Töten.

Kehren wir noch einmal zum Massaker an den vierzig Offizieren zurück. Dieser Szene liegt ein authentischer Vorfall zugrunde, doch die Berichte in den zeitgenössischen Quellen weichen von Scholochows Darstellung ab. Die verschiedenen Varianten laufen darauf hinaus, dass Podtjolkow erst dann den Säbel gezogen habe, als sein Widersacher, der Rittmeister Tschernezow, auf ihn schießen wollte oder gar seinen Offizieren das Signal zur Flucht gab. Der US-Amerikaner Herman Ermolaev, der alle diese Quellen sorgfältig geprüft hat, räumt fairerweise ein, dass es noch eine weitere, ihm unbekannte Quelle geben könne, auf die sich Scholochow bei seiner verschärften Version – Massaker ohne zwingende Not – gestützt haben könnte. Er unterstreicht jedoch, dass gerade dieser Verlauf der Dinge wesentlich dazu beitrug, dass Grigori Melechow sich erstmalig von den Roten abwandte.[107] Wie auch immer – Ermolaev resümiert: „... die Tötung Tschernezows und seiner Leute gleicht im *Stillen Don* eher einem Mord als in den Quellen der Weißen."[108] Verständlich, dass die Zensur an solchen Textstellen Anstoß nahm, und als alle Attacken der 30er Jahre überstanden waren, gab es für Scholochow nochmals einen Nackenschlag: der verheerende Eingriff eines Redakteurs in den Romantext im Jahre 1953, von dem oben bereits die Rede war. Erst im „Tauwetter"-Jahr 1956 konnte der Autor die ursprüngliche Textfassung erneut herausbringen.

Wenn man so die Text- und Editionsgeschichte des *Stillen Don* verfolgt, drängt sich einem das Bild auf, dass der Autor jeden einzelnen Band des Romanepos wie ein Schiff durch stürmische See und durch feindlichen Beschuss bringen und im-

---

107 Ermolaev (1982), S.233f.
108 Ebd. S.234.

mer wieder empfindliche Treffer hinnehmen, Schäden ausbessern musste. Andere Sowjetschriftsteller haben nach solchen Erfahrungen den Kampf aufgegeben und selber „weiche" Fassungen ihrer Werke hergestellt. Scholochow hat stets weitergekämpft.

Reflexe der Moderne in der Don-Epopöe

1. Das Problemfeld

In Swetlana Semjonowas bereits zitiertem Buch über die „Welt der Prosa Michail Scholochows" werden in akribischer, einfühlsamer Analyse der Poetik und der darin enthaltenen Weltsicht Grundzüge eines neuen Scholochow-Bildes entworfen. Die Verfasserin setzt vor allem auf das *natürliche* Einssein von Scholochows Ästhetik mit russischer Kulturtradition, ja mit dem Denken und Fühlen des russischen *Volkes*. Dabei versagt sie sich allerdings den Blick auf Einflüsse und Impulse, die der vielseitig belesene Autor aus anderen Kulturwelten, beispielsweise aus der europäischen Moderne, empfangen hat.[109] Diesem Ansatz soll hier am Beispiel von Scholochows Hauptwerk, der Romanepopöe *Der stille Don*, ein Stück weit nachgegangen werden, jedoch im Dienste der allgemeineren Zielsetzung, die historisch-ästhetische Qualität von Scholochows Realismus als *Realismus des 20.Jahrhunderts* – an einigen herausragenden Merkmalen – herauszuarbeiten. Es soll deutlich werden, dass von einem bloßen („naiven") Fortschreiben einer (vor allem mit dem Namen Lew Tolstois verbundenen) literarischen Tradition nicht die Rede sein kann, wenngleich die ästhetische Verbundenheit Scholochows mit dieser Tradition nicht zu leugnen ist. Man muss vielmehr von geschärfter Aufmerksamkeit des Autors für die gesellschaftlichen und existentiellen Gegebenheiten des neuen „katastrophalen" Jahrhunderts (Hobsbawm) und zeitentsprechenden poetologischen Begriffen vom Menschen, vom Leben und vom Tod ausgehen.

In jüngerer Zeit wird der künstlerische Rang Scholochows von manchem bestritten, der, vom Umgang mit der Moderne bzw. Avantgarde ausgehend, das *Reflektorische* (und damit das „Moderne") in seiner Prosa vermisst. Doch man sollte sich von der scheinbar reinen Naturwüchsigkeit dieses phantasiebegabten Erzählers nicht täuschen lassen. Nicht nur die stilistische Brillanz und meisterhafte Architektonik seiner Werke und der darin eingebundene volkssprachliche Reichtum der Figurenwelt, sondern auch die über die Charaktere sehr wohl reflektierte Zeit-, Realitäts- und Lebensproblematik, auch solche der sprachlichen Kommunikation, zeugen davon, mit welcher ästhetischen Bewusstheit und welchem Maßgefühl dieser Autor am Werke war. Übrigens: Scholochowsche Prosa ist mitunter schwer übersetzbar, und sie hat nur zu einem Teil deutsche Übersetzer gefunden, die deren künstlerischem Niveau entsprechen konnten.

Eine vorurteilsfreie Beurteilung der Quellen und der Qualität von Scholochows Realismus, wird, wie schon angedeutet, von konträren Positionen aus behindert.

---

109 Ungeachtet der erwähnten Differenz gelangt Semjonowa in wichtigen Punkten zu Auffassungen, die das von mir verfolgte Konzept stützen.

Zum einen geschieht dies von Seiten jener (vor allem im heutigen Russland), die (in guter Absicht) das Werk des Schriftstellers nach wie vor als „klassischen Realismus" auf die L.Tolstoische „Tradition" reduzieren.[110] Andere machen gerade deshalb um Scholochow einen Bogen: offenbar traut man ihm eine bestimmte Öffnung seines Kunstkonzepts (vor allem zur Moderne hin) nicht zu. Symptomatisch dafür erscheint mir der von Bernice Glatzer Rosenthal herausgebene informative Sammelband über Nietzsche in der Sowjetkultur,[111] wie auch ihr nachfolgendes, der gleichen Thematik gewidmetes Buch,[112] in denen Scholochow nur unter dem Aspekt der Anpassung[113] vorkommt. Von einer ähnlichen Einstufung ist vermut-

---

110 Hier kann ein Vergleich mit Michail Bulgakow hilfreich sein. Ralf Schröder schreibt, dass dieser in seinem Bürgerkriegsroman *Die weiße Garde* (1923/24) die „große(n) heroische(n) Illusionen" und mit ihnen das Muster der »harmonisierende(n) Fabel« von Tolstojs *Krieg und Frieden* verabschiedet habe. R. Schröder: Roman der Seele, Roman der Geschichte. Zur ästhetischen Selbstfindung von Tynjanow, Ehrenburg, Bulgakow, Aitmatow, Trifonow, Okudshawa. Leipzig 1986, S. 85. Eben dies gilt auch für den Roman *Der stille Don*, dessen Ereignislogik und Finale bei namhaften Zeitgenossen, die sich hinsichtlich der "Richtigkeit" künstlerischer Lösungen für zuständig hielten, vehemente Kritik auslösten. In konzentrierter Form fand dies im Jahre 1940 im gerade berufenen *Stalinpreis-Komitee* statt, wo es in der Debatte hieß: „Grigori [Melechow] darf die Literatur nicht als Bandit verlassen" (A. Tolstoi); „wir alle sind wegen des Romanschlusses beleidigt" (A. Fadejew); „Das ist ein gewaltiger Fehler im Konzept des Autors" (A. Dowshenko, Filmregisseur). Doch einer hatte den Mut, zu widersprechen: der Literaturkritiker A. Gurwitsch. Seine Argumentation ist vor allem wegen der Beurteilung des Verhältnisses Scholochow – Lew Tolstoi von Interesse: Scholochow stehe zwar in vielem unter dem Einfluss seines grossen Vorgängers, doch befinde er sich seiner künstlerischen Eigenart und seiner Natur nach im Gegensatz zu diesem. Bei Scholochow erlebe man nicht so sehr „den leisen Ausdruck menschlicher Gefühle und Gedanken", wie bei Tolstoi – ihn interessierten vielmehr „starke Leidenschaften, spannende Sujets". Daher könne es im Roman *Der stille Don* gar kein anderes Finale geben. M.A.Šolochov v dokumentach Komiteta po Stalinskim premijam1940-1941gg. In: Novoe o Michaile Šolochove, S. 500f., 502, 507, 510f. Man muß in diesem Zusammenhang H. Ermolaev widersprechen, wenn er in seiner fundierten Scholochow-Monographie dem Roman *Der stille Don* im Vergleich zu Tolstois *Krieg und Frieden* einen Mangel an philo- sophischer »complexity« ankreidet und behauptet, Scholochow reflektiere das Verhältnis des Menschen zu Natur und Moral lediglich über das Verhalten seiner Charaktere (ebd. S. 90). Ich werde nachzuweisen suchen, dass Scholochow geistige Tiefe bei der Erkundung *anderer* existentieller Situationen und Gefährdungen des Menschen zeigt als Tolstoi (näm- lich solcher des 20.Jahrhunderts), und dass er das Instrumentarium seiner Kunst dafür sen- sibilisiert hat. Das schließt seinen tiefen Respekt vor der Kunst Tolstois nicht aus.

111 B. G. Rosenthal (Hg.): Nietzsche and Soviet Culture. Cambridge 1994.

112 B. G. Rosenthal: New Myth, new World: from Nietzsche to Stalinism. Pennsylvania State University Press 2002.

113 Es ist frappant, wie hier eine ganze Reihe von Werken (von Gorkis *Mutter* über Gladkows *Zement* und A.Tolstois *Peter I..* bis zu Scholochows *Stillem Don*) gleichmacherisch als zum „Kanon des sozialistischen Realismus" gehörig behandelt wird, wobei die Explizierung der entsprechenden ästhetischen Eigenschaften („iron men" als „positive

lich auch Mikhail Agursky[114] ausgegangen, denn bei ihm werden viele namhafte Schriftsteller der 1920er/30er Jahre (darunter Gorki, Fadejew, Gladkow, Olescha, Leonow, Prischwin, Ehrenburg, Malyschkin, Panfjorow, Wischnewski, Ostrowski, A.Tolstoi – faktisch das ganze Umfeld unseres Autors) auf nietzscheanische Elemente hin untersucht, Scholochow hingegen mit keinem Wort erwähnt. Es gibt jedoch keinen Grund, ihn von der untersuchten Fragestellung auszunehmen.

2. Impressionistische Elemente

Seit jeher haben die ausdrucksstarken Naturbilder Scholochows (Landschaft, Wolkenschauspiel, Licht) Leser und Kritiker beschäftigt und Bewunderung gefunden. Hier soll nun ein speziell *kunst*theoretischer Aspekt dieser Komponente von Scholochows epischer Welt behandelt werden, und zwar – aus den angeführten Gründen – im Vergleich mit L.Tolstoi. Als Beispiel diene eine Textstelle aus dem Roman *Krieg und Frieden*, die ganz dem Anblick einer Landschaft (nämlich dem Panorama um die österreichische Stadt Enns) gewidmet ist:

> „Die weite Fernsicht, die sich von der Höhe bot, auf der die zum Schutz der Brücke bestimmten russischen Batterien standen, wurde plötzlich von dem durchsichtigen Schleier eines schräg fallenden Regens verhüllt, dann öffnete sie sich ebenso plötzlich dem Blick wieder, und man konnte *im Sonnenschein* selbst die fernsten Gegenstände *glänzen* sehen, als seien sie *mit Lack überzogen*. Unterhalb der Höhe *sah* man das Städtchen mit seinen *weißen* Häusern und *roten* Dächern, mit der Kirche und der Brücke, zu deren beiden Seiten sich die russischen Truppen in dichten Massen bewegten. An einer Krümmung der Donau wurden Schiffe und Inseln und ein Schloss mit einem Park *sichtbar*, umgeben von der Donau und der an dieser Stelle in sie einmündenden Enns. Man *sah* das felsige, fichtenbewaldete linke Donauufer und dahinter in *geheimnisvoller* Ferne *grüne* Höhenzüge und *bläulich schimmernde* Schluchten. Man *sah* die Türme eines Klosters, die aus einem wilden, *anscheinend* noch gänzlich unberührten Fichtenwald hervorragten; und weiter vorn konnte man auf dem Berge jenseits der Enns die feindlichen Vorposten *sehen*."[115]

Helden" usw.) ausschließlich von N.Ostrowskis Roman *Wie der Stahl gehärtet wurde* her erfolgt.(Vgl. Rosenthal, Nietzsche and Soviet Culture, S. 328f.) Dieses Verfahren stützt sich nur im Falle Ostrowskis auf konkrete Tatsachen, sonst ist es reine Spekulation. Das in dem zitierten Kapitel aus einem Zitat von Regine Robin übernommene Argument, dass der dem Kanon entsprechende „neue Mensch" die Darstellung des „problematischen Individuums" ausschließe und damit Realismus nicht ermögliche (ebenda., S. 330) ist zutreffend, aber da sich weder Gorki noch Gladkow noch gar Scholochow der Darstellung problematischer Individuen versagt haben, löst sich die ganze Beweiskette von Rosenthal an dieser Stelle in Nichts auf, übrig bleibt bestenfalls Ostrowski.

114 M. Agursky: Nietzschean roots of Stalinist culture. In: Rosenthal (1994), S .256-286.
115 Lew Tolstoi: *Krieg und Frieden*. Erster Band. Berlin: Rütten und Loening 1973, S.170.

Obwohl hier alles (mit Verben des *Sehens* – von mir kursiv markiert) auf das *Hineinschauen* in eine Natur- und *Stadtlandschaft* ausgerichtet ist, Vorder- und Hintergrund, linke und rechte Aussicht abgetastet werden, gewinnt man nur in begrenztem Maße den Eindruck einer *sinnlich-frischen* optischen Wahrnehmung. Das liegt daran, dass zwar Lichteffekte, auch ein paar Farben (beides kursiv) bezeichnet werden, das Bild im Ganzen jedoch durch die *Aufzählung* der beim Schauen einfach *registrierten* „Objekte" bestimmt wird: Häuser, Dächer, Kirche, Brücke, Schiffe, Insel, Schloss, Park, Enns, Fichtenwald, Berghöhen, Schluchten, Türme... Darin steckt Rationalität, es ist das in solchen Dingen geübte Auge eines auktorialen Erzählers, der hier deutlich für die als Akteure genannten Artilleristen eintritt: das im russischen Original ordnende „to ... to"[116] zeugt ebenso davon wie das subjektbezogene „anscheinend" oder „geheimnisvoll".

Halten wir nun eine Textstelle aus dem *Stillen Don* (gleichfalls mit Kursiv-Markierung der für die *Optik* relevanten Textelemente) dagegen:

> „Es dämmerte, als sich das Lazarett Beresnjagi näherte. Der Wind fegte über die *gelben* Stoppeln. Im Westen *ballten und türmten sich* hohe Wolken. Oben leuchteten sie in *sattem Violett*, etwas tiefer verloren sie die seltsame *Färbung*, änderten die *Tönung* und warfen ihren zarten, *fliederfarbenen* Widerschein auf das *graue* Tuch des Himmels; in der Mitte lockerte sich dieser *formlose*, aufgetürmten Eisschollen gleichende Wolkenhaufen, und durch die entstandene Lücke fluteten die *orangefarbenen* Strahlen der sinkenden Sonne. Sie liefen *fächerförmig* auseinander, brachen sich zerstäubend und fielen senkrecht auf die Erde; unterhalb der Wolkenlücke aber verschmolzen sie zu einem phantastischen, *in allen Farben schillernden* Spektrum." (SD 1, 361f.)

Obzwar es sich hier um ein Panorama von anderer Beschaffenheit als bei Tolstoi, nämlich ein luftiges Wolkengebilde über den Feldern, handelt, scheint mir ein Vergleich gerechtfertigt. Bei Scholochow wird nicht nur ein *vielfarbiges* und *vielgestaltiges* Bild mit allen seinen *Tönungen* und seinem bizarren Formenwechsel entworfen: Der Eindruck *frischer Unmittelbarkeit* des Wahrgenommenen[117] entsteht auch dadurch, dass der Erzähler sich ganz zurücknimmt (er beschränkt seine Funktion auf die sensibel-genaue Bezeichnung der Phänomene und ihre Ortung im Raum: „im Westen" – „oben" –„etwas tiefer" usw.) und in den Dienst des *Ge-*

---

116 L. N. Tolstoj: Sobranie sočinenij v dvadcati tomach. Bd. 4. Moskau 1997, S. 151f.

117 Es sei noch auf zwei weitere Textstellen verwiesen. Bei der einen wird ein ähnlich farbiges Naturbild mit dem Hinweis auf „die fernen, wie mit *zarten Aquarellfarben* gezeichneten Konturen der Birken" (SD 2, 135) abgeschlossen. Das Aquarellieren ermöglicht aber gerade jene luftig-bewegte *impressionistische* Qualität des Naturbilds, auf die wir verwiesen. Die andere Textstelle lautet: „Deutlich, *wie mit Tusche gezeichnet*, hoben sich die Umrisse der Reiter von dem bläulichweißen Himmel ab." (SD 1, 280) (Kursiv W.B.) Dies sind Indizien dafür, dass sich Scholochow der *bildkünstlerischen* Affinität seiner Schilderungen durchaus bewusst war!

schauten stellt. Meiner Überzeugung nach handelt es sich bei der bezeichneten Differenz zwischen L.Tolstoi und Scholochow um einen ähnlichen Entwicklungsschritt, wie er in der europäischen Kunstgeschichte zwischen der Malerei des 19.Jahrhunderts und dem *Impressionismus* vollzogen wurde. Ein weiteres Textbeispiel möge dies verdeutlichen.

Als der Adelsspross Jewgeni Listnizki bei seinem Kameraden von der Weltkriegsfront, dem Rittmeister Gortschakow, Urlaubstage in dessen Stadtvilla verlebt und mit ihm den weitläufigen Garten betritt, da empfängt ihn ein strahlendes Bild herrlicher Mainatur: „Unter den Apfelbäumen lagen *getigerte Schatten, es roch nach Melisse und sonnendurchglühter Erde. In Listnizkis Kneifergläsern brachen sich flimmernd die Sonnenstrahlen.*" Und als Lolja, Gortschakows anmutige junge Ehefrau, hinter Heckenrosen vorbeihuschend auftaucht und ihrem Mann entgegenläuft, heißt es schließlich: „Sie *lief so rasch, dass* Listnizki nur die sich unter dem Rock bewegenden runden Kniescheiben *sah,* [...] und den *Goldstaub der Haare,* die den zurückgeworfenen Kopf umwehten" (SD 3, 51).Wirkt dies alles nicht wie ein lichtdurchflirrtes Gemälde von Claude Monet, aus seinem Garten in Giverny, oder wie eine der im Freien angesiedelten Szenerien seines Zeitgenossen Édouard Manet? Selbst noch die Brechung des Lichts auf den Gläsern von Listnizkis Kneifer wird ins Spiel gebracht (überhaupt: das Wechselspiel von Bewegung und optischer Wahrnehmung), doch vielleicht ist es nur ein Zufall, wenn der Erzähler schließlich zur Bezeichnung der Farbe von Loljas Kleid ein russisches Wort benutzt, das aus dem *Französischen* stammt: „palevoe plat'e" aus frz. „paillé"... Und die Öffnung der Sinne beschränkt sich nicht, wie das letzte Zitat beweist, auf das *Auge,* vielmehr werden auch (in der berühmten Scholochowschen Art) die feinsten *Düfte* registriert, und an anderen Textstellen kommen *akustische* Wahrnehmungen zu ihrem Recht.[118]

Da das Verhältnis Scholochows zur russischen Moderne nicht über die Beziehung zu einzelnen Autoren untersucht werden soll, sei hier nur auf Erwähnungen in seinem Romantext (die immerhin – pars pro toto – andeuten, dass er im Bilde war!) verwiesen. Werke und Wirkungen kommen natürlich nur über bestimmte Figuren, nämlich ganz wenige aus den gebildeten Kreisen, zur Sprache – vor allem über den jungen Listnizki sowie den an der Weltkriegsfront gefallenen Studenten Timofei Iwanowitsch (dessen Tagebuch Grigori Melechow findet und bezeichnenderweise achtlos weitergibt). Es werden Verse von Iwan Bunin und Alexander Blok („Die Unbekannte") zitiert; die Geliebte des Studenten steht ganz im Banne

---

118 Diese Eigenschaften von Scholochows Prosa werden bei Semjonowa ausführlich behandelt: Sie zeigt den Autor als schreibenden Aquarellmaler, Grafiker, Porträtisten und widmet schließlich der Welt der Gerüche einen längeren Abschnitt – ohne dass jedoch der Begriff *Impressionismus* gebraucht wird. Dabei macht sie auf eine gewisse Parallelität zur gleichfalls sinnenbetonten Prosa Vladimir Nabokovs aufmerksam. Vgl. Svetlana.Semenova: Mir prozy Michaila Šolochova. Ot poětiki k miroponimaniju. Moskau 2005, S. 93ff.

78

Michail Arzybaschews, und Listnizkis Vater vergleicht die Geschehnisse der Gegenwart mit denen in einem Drama von Dmitri Mereshkowski. Bis auf das letzte Beispiel haben alle Bezüge mit *Eros und Sexualität*, mit deren Mystifikationen und ihrer Nähe zum *Tod* zu tun – also wichtigen Motiven von „Dekadenz" und Moderne. Doch wer glaubt, dass dies vom Autor auf einem Nebenschauplatz der Romanhandlung abgetan wird, der irrt – denn beispielsweise durch die Intimbeziehung Listnizkis zu Axinja Astachowa als einer *Hauptfigur* wird der Kontakt zur zentralen Problematik des Romans geschlossen. Verwiesen sei im besonderen auf folgende Episode: Gerade hat Listnizki im Hochgefühl einer neuen Eroberung (der Witwe seines verstorbenen Freundes) bei sich gedacht: „Ich darf mir alles erlauben" (SD 3, 57), da lässt er sich auf eine letzte Intimität mit der vereinsamten Axinja ein, doch diese nimmt es offenbar nicht als Mitleidsgabe, vielmehr erblickt Listnizki sie am Ende mit voyeuristischem Fensterblick in triumphaler Pose: „Sie hatte die Arme gehoben, ordnete ihr Haar, starrte in die Flammen, lächelte..." (SD 3, 64) Liebe als Duell, als Machtprobe – mit diesem Akzent gehört die Szene zu den *nietzscheanischen* Elementen des Romans (ich komme darauf zurück), die ihn mit der Moderne verbinden.

Gab es Anreger, die Scholochow bei seinem Schritt zur *impressionistischen* Öffnung seiner Sprachkunst beeinflusst haben? Man kann einen von ihm hochgeschätzten russischen Dichter nennen, dessen Oeuvre jedoch *vor* der betreffenden Strömung in der Malerei entstanden war: Fjodor Tjutschew (1803-1873). Scholochow hat, wie berichtet wird, gern Verse von ihm vorgetragen und ihre Gedankentiefe ebenso wie ihre Melodik gerühmt.[119] Die Literaturwissenschaft spricht in der Tat gewissen Gedichten Tjutschews impressionistische Züge zu.[120] Und wenn man – wie Gerhard Dudek darlegte – dessen von Schelling und Goethe beeinflusste, „zuweilen zum Pantheismus" tendierende (im Naturverhältnis sich äußernde) Philosophie[121] in Betracht zieht, tritt eine gewisse poetologische Nähe zu Scholochow deutlich hervor. Ich möchte ergänzend auf die Naturstimmungen eines sensibel wahrgenommenen Moments verweisen – mit den Stimmen und Geräuschen der Nacht („Der grüne Garten liegt in süßen Träumen", 1836)[122], den Licht-

---

119   Vgl. Kuznecov (2005), S. 358.
120   Beispielsweise B. Buchštab in seiner Einführung zu: F. I. Tjutčev: Polnoe sobranie stichotvorenij. (Biblioteka poèta. Bol'šaja serija. Vtoroe izdanie). Leningrad 1957, S. 41 und 42. G. Dudek stellte fest, dass für die letzte Schaffensperiode des Dichters (ab Ende der 1840er Jahre) eine „stärker objektive, den Eigenwert der Naturerscheinungen betonende, *das konkrete Detail impressionsartig erfassende* [...] Naturdarstellung" (Kursiv W.B.) kennzeichnend gewesen sei. Kapitel: Fjodor Tjutschew in: Geschichte der russischen Literatur von den Anfängen bis 1917. Hg. von W. Düwel, H. Grasshoff. Bd. 1. Berlin/Weimar 1986, S.399.
121   Ebd. S. 397.
122   Alle hier angeführten Gedicht-Titel bzw. -Anfänge aus: Fëdor Ivanovič Tjutčev: Im Mee-

reflexen einer Fontäne („Der Springbrunn», 1836), den Phänomenen von Licht, Farbe und Geräuschen beim Herannahen eines Gewitters („Schüchtern, mut- und lustlos, träge…", 1849) oder dem Goldglanz letzter Blätter im herbstlichen Wald („Von Todesahnungen umfangen", 1850). Und zu alledem die immer aufs Neue hervorbrechende Bewunderung der in der Natur sich offenbarenden Lebensfülle („Die Sonne glänzt, das Wasser flimmert…",1852) – wie sollte dies nicht bei Scholochow verwandte Saiten angerührt haben!

Der Wechsel von der spürbaren Präsenz und Rationalität des Autor-Erzählers bei Tolstoi zur sinnlichen Unmittelbarkeit bei Scholochow könnte in etwa mit der Verabschiedung einer gewissen akademischen *Tonigkeit* in der klassischen Malerei zugunsten der ‚*impression'* verglichen werden. Dies aber war in der Kunst der Schritt in die *Moderne*.[123] Wir wollen dies im Folgenden im Auge behalten.

3. Geschärfte Wahrnehmung. Tod und Faszination des Lebens

Bei der „impressionistisch" anmutenden Wahrnehmungsweise in Scholochows Prosa handelt es sich keineswegs um eine Randerscheinung. Sie führt uns vielmehr, vielfach verknüpft, ins Zentrum von Weltschau und Wertungen, damit auch, wie Galina Belaja in ihrer einschlägigen Monographie anmerkt, zu einem wichtigen Stilmerkmal.[124] Bekanntlich delegiert Scholochow als Erzähler nahezu alles an seine Figuren, konfrontiert sie miteinander in Dialogen, lässt sie erzählen. Dabei kommt dem *Sehen*, dem optischen Überschauen und Abschätzen einer Situation oder einer bestimmten Figur (bzw. Figurengruppe) beim Aufbau von Haltungen, emotionalen Einstellungen, Spannungen, die wiederum in Handlungsweisen münden, große Bedeutung zu.

In der rasenden Bewegung einer Reiterattacke wird uns vom Erzähler die Optik des voranstürmenden Melechow aufs Genaueste präsentiert: „Ein zweiter Reiter,

resrauschen klingt ein Lied. Ausgewählte Gedichte. Russisch und Deutsch. Hg. und übersetzt von Ludolf Müller. Dresden 2003, S.60f., 88f., 128f., 146f., 178f..

123 W. Wassiljew hat schon vor längerer Zeit vom Impressionismus der Landschaftsbilder im Roman *Der stille Don* gesprochen, jedoch unter dem (für die damalige Zeit kennzeichnenden) Vorbehalt, dass es sich hier *nicht* um ein ästhetisches Prinzip handle. Vgl. V. Vasil'ev: Dostoinstvo slova. Moskau 1988, S. 182. Neuerdings enthält ein Sammelband studentischer Arbeiten aus Rostow/Don (der leider nicht erreichbar war) auch eine solche über den „Impressionismus des Scholochowschen Landschaftsbildes". Vgl.Studenčeskie Šolochovskie čtenija. Sb. naučnych trudov. Pod obščej red.Ju.G. Kruglova. Rostow/Don 2003, S. 74-81.

124 Galina Belaja spricht von einer „Aktivierung des Stils für die optische Entfaltung einer Beschreibung." Die Darstellung sei so aufgebaut, „dass der Leser die Vorgänge wie ein lebendiges Bild *sehen* kann …" (Kursiv W.B.). G. Belaja: Zakonomernosti stilevogo razvitija sovetskoj prozy dvadcatych godov. Moskau 1977, S. 231.

der sein Pferd nicht mehr in der Gewalt hatte, raste blind auf ihn zu. Grigori *konnte ihn* hinter der zurückgeworfenen, schaumbedeckten Pferdeschnauze *noch nicht erkennen, sah aber* die krumme Klinge des Säbels und ihre dunkle Hohlkehle." (SD 3, 250) Auch der *Ausfall* einer Wahrnehmungsart hat für eine bestimmte Erzählsituation Relevanz: Bei der Schilderung einer sich entfaltenden Schlacht zwischen Rotarmisten und Aufständischen aus größerer Distanz heißt es: „Auf dem Hügel begann ein *in seiner Stille schreckliches* Gemetzel." (SD 3, 284). Bezeichnenderweise ist Grigori Melechow als wichtigste, *ideenleitende* Figur des *Romans* auch ein wahrer *Augenmensch*: höchst sensibles und nervös angespanntes *Sehen* führt ihn, gleichsam als Auslöser unruhiger Gedanken und heftiger Reaktionen, durch viele Situationen seines bewegten Lebens. So betrachtet, hat es durchaus Symbolwert, wenn Grigori nach erfolgreicher Behandlung einer *Augen*erkrankung in einer Moskauer Klinik (wo ihm ein Mitpatient, der revolutionär gestimmte Garansha, für vieles *die Augen öffnet*) sagen kann: „Jetzt kann ich *sehen*..." (dt. 1,416) Ähnliche, konträr gemeinte, Symbolbedeutung kann man jener Episode beimessen, wo der Berufsrevolutionär Stockmann (dessen gestörtes Verhältnis zur *Realität* des Kosakenmilieus sich später verhängnisvoll auswirken wird) von dem Fuhrwerk des Kosaken Fedot Bodowskow zu seinem Zielort gebracht wird und unterwegs, auf das Erscheinen von Trappen in der Steppenlandschaft aufmerksam gemacht, trotz angestrengten Schauens bekennen muss: „*Ich sehe nichts.*" (SD 1, 142)

Grigori Melechow jedoch erlangt – nicht nur durch Fügung der Ereignisse, sondern weil ihn seine stets auf *Erkenntnis* gerichtete *Neugier* danach drängt[125] – in einer Reihe markanter Situationen die Rolle eines *Augenzeugen*, und zwar vor allem dort, wo es um den *Umgang mit dem Menschen* geht, wenn dieser mehr oder weniger wehrlos fremder Macht und Gewalt ausgeliefert ist. Zu den spektakulärsten Fällen im Roman gehört die Niedermetzelung der vierzig gefangenen weißgardistischen Offiziere durch Podtjolkow und seine roten Kosaken: Wir erleben die ganze Szene gleichsam mit Grigoris Augen, denn es heißt zu Beginn:

---

125 Vgl. die Häufung von Situationen während des Aufstands der Donkosaken, wo diese ihrem neuen Gegner, den „Roten" (rekrutiert vor allem aus der *nichtkosakischen* bäuerlichen Bevölkerung), begegnen und Grigori Melechow ein ums andere Mal seine brennende *Neugier* gegenüber diesen bekundet – etwa dort, wo wir mitverfolgen können, wie Melechow die Roten angreifen sieht (SD 3, 81) und sich über dies und jenes wundert, oder im gleichen Kapitel, wo er „mit beklemmender Neugier" (SD 3, 88) einige Gefangene betrachtet, schließlich, wo resümierend davon die Rede ist, dass Grigori, wenn er mit dem Feind zusammenstieß oder ihm gegenüberstand, stets dasselbe beklemmende Gefühl „unersättlicher Neugier" hatte (SD 3, 89). Ganz anders ist dagegen die Haltung seines Bruders Petro: Obwohl auch er während des Donaufstands manches mit ganz anderen Augen betrachten lernt, tut er dies doch – im Bewusstsein seines abgehobenen Offiziersrangs – eher *widerwillig*: Nicht Neugier auf Menschen ist es, die ihn leitet, sondern mitunter gar Haß (SD 3, 115), was seine Sinne eher abstumpft als schärft.

„Grigori *sah*, dass Tschernezow zusammenzuckte..." (SD 2, 279), und am Ende kann er gerade noch davon abgehalten werden, gegen Podtjolkow tätlich zu werden. Das nicht minder schlimme Gegenstück ist die Hinrichtung der fünfundsiebzig zum Tode verurteilten Angehörigen der Abteilung Podtjolkows durch die Kosaken der Gegenseite. Auch hier ist Grigori Augenzeuge, doch er wird als solcher zu Beginn der Szene *nicht erwähnt* – und diese auffällige *Leerstelle* ist ein deutliches Zeichen seines moralischen Versagens.

Was sich zu wesentlichen Teilen über die Figur Grigori Melechows realisiert, kann allgemeiner auch als motivisches Gegensatzpaar von *Hinsehen* und *Wegsehen* bezeichnet werden. Häufig ist es Melechow, über den *unser* Blick auf den Anblick Toter, also Gefallener, Erschossener, Zersäbelter gerichtet wird. (Man müsste bei der Untersuchung von Scholochows Ästhetik nicht nur sein Menschenbild, sondern auch seine *Körperbilder* berücksichtigen!). Im *Stillen Don* wird die später notorisch gewordene *buchhaltermäßige* Massentötung von Menschen erahnbar: Die *Listen*, wenn auch kleineren Umfangs, werden schon präsentiert (die Liste der von den „gewählten Vertretern" der aufständischen Kosaken zum Tode verurteilten 75 Angehörigen der Abteilung Podtjolkows; die Liste der zehn "Feinde der Sowjetmacht" für das Revolutionstribunal) (SD 2, 395ff.; 3, 194). Und doch hält der Autor daran fest, dass bei aller Vielheit des Tötens jedes Sterben, ob elend oder heroisch, ein individuelles Gesicht hat. Die nach einem deutschen Gasangriff an der Weltkriegsfront reihenweise daliegenden Leichen werden wenigstens durch ihre Zählung und ihren Rang (siebenundvierzig Offiziere) ein Stück der Anonymität enthoben, und mehr noch: die vorbeiziehenden Kosaken *betrachten* die Toten, wie es heißt, „mit jenem Gefühl scheuer Furcht und tierischer Neugier, das jedes Leben vor dem Geheimnis des Todes empfindet." (SD 2, 33)   Und diesen *hinschauenden* Augen folgend, beschreibt der Erzähler genau das Aussehen einiger Toter: auch die schauderhafteste Zerstörung von Körper und Antlitz erinnert da noch an den lebendigen Menschen von gestern.

Swetlana Semjonowa äußert den Gedanken, dass die (gewiss einprägsamen) Liebesszenen im *Stillen Don* neben den frontalen Darstellungen der vielen Arten des Tötens und Sterbens, den Bildern von Toten fast verblassen. Sie rätselt über die Gründe dieses Interesses für die „Kehrseite des Daseins" und kommt zu dem Schluss, dass die Herrschaft des Todes in der Welt das „verborgene Trauma" im Weltempfinden des Schriftstellers gewesen sei. Daher rühre jene *Melancholie*, die man in seinem Roman spüren könne – „Merkmal des Bewusstseins einer tragischen Existenz ..."[126] In den angeführten Beispielen, Kommentaren und Deutungen zeigen sich hinreichend die Implikationen, in die das *Impressionistische* in Scholochows Prosa verwoben ist. Doch ob wir es nun mit sinnenfreudigen Naturbildern oder Be-

---

126   S. Semenova (2005), S. 160, 164f.

schreibung von Toten zu tun haben – beides geschieht mit gleicher *Wahrneh-mungsschärfe* – ein Begriff, der in der jüngeren Ästhetik ausdrücklich mit der Zu-gehörigkeit von Autoren des 20.Jahrhunderts zur *Moderne* verknüpft wurde.[127] Die (manche irritierende) Besonderheit Scholochows besteht darin, dass er zwar eine Fülle neuer Wahrnehmungen in seine Erzählwelt aufnimmt, die verfolgte realisti-sche Erzählstrategie jedoch nicht reflektorisch hinterfragt, geschweige denn auf-gibt – wie es etwa zeitgleich Andrej Platonow beim Übergang zu einer Art existen-tialistischem Surrealismus tat. Das heißt – reflektiert werden die veränderten Rea-litäten von Weltkrieg I und Bürgerkrieg im *Stillen Don* durchaus und in vielfacher Form, doch, wie bei diesem Autor üblich, über seine Romanfiguren. „Das ist kein Krieg für mich", äußert der Oberleutnant Kalmykow an der Weltkriegsfront. „Ich halt es nicht aus, wenn ich den Feind *nicht sehe*." (SD 1, 367f.) Dieses Wort führt uns zu noch einem weiteren Zusammenhang: Scholochow weigert sich, die Herr-schaft *anonymer* Mächte in der Gesellschaft anzuerkennen. Daher laufen auch weitläufig im Gesellschaftlichen wurzelnde Situationen und Kollisionen bei ihm häufig darauf hinaus, dass die gegensätzlichen Kräfte in zwei Figuren miteinander konfrontiert werden – wie Andrej Sokolow und der faschistische Lagerkomman-dant in der Erzählung *Ein Menschenschicksal* (eine im Grunde völlig unwahr-scheinliche Situation – unter Bedingungen, wo der einzelne nichts zählt und die feindliche Macht in Ungeheure angewachsen ist). Mit anderen Worten: Scholo-chow verweigert sich der Kategorie der *Entfremdung*. So gesehen kann man die bedeutende Rolle geschärfter *Wahrnehmung*, die im Roman sogar als *Bedürfnis* artikuliert wird, als Ausdruck der *Anstrengung* seitens des Autors deuten, den von ihm abgewehrten Mächten entgegenzuwirken. Das eben ist die Paradoxie von Scholochows ästhetischer Position: Womit er sich einerseits der Moderne *nähert*, das fungiert andererseits als Instrument zur Bewahrung eines bestimmten realisti-schen Standards.

Pjotr Palijewski hat im Jahre 1973 (in der Auseinandersetzung mit E.B.Green-woods These von Scholochows „brutal realism") als erster ausgesprochen, dass das Humane, der einzelne Mensch bei Scholochow schwersten Belastungen ausge-setzt seien, doch dies sei in seiner Kunstwelt „normal".[128] Diese Auffassung blieb vereinzelt und zunächst folgenlos.

---

127 K.H.Bohrer hat Begriffe wie „Wahrnehmungsschärfe", „normentfernte Wahrnehmungs-funktion" oder „unverstellte Wahrnehmung" hinsichtlich so unterschiedlicher Autoren wie Baudelaire oder Ernst Jünger gebraucht und dies bei letzterem als „kognitiven Akt der Mo-derne" qualifiziert. Ders: Die Ästhetik des Schreckens. Die pessimistische Romantik und Ernst Jüngers Frühwerk. München/Wien 1978, S. 68, 130, 146.

128 Es heißt bei Palijewski: „Es läßt sich nicht so einfach formulieren, und vor der Schlussfol-gerung scheut man vielleicht ein wenig zurück, doch Scholochow lässt es zu, dass der Mensch der größten Belastung ausgesetzt wird. Er hält das für normal." Der allgemeine Druck des Lebens sei bei Scholochow entschieden härter als sonst bei Klassikern der Welt-

Hingegen hat man als Beleg für das poetische Credo Scholochows gern seine eingangs bereits erwähnte Äußerung aus dem Jahre 1957 zitiert. Er sprach dort von der Aufgabe des Schriftstellers, die Vorgänge in der menschlichen Psyche („die seelische Bewegung") wiederzugeben, eben um dies habe er sich bei der Figur des Grigori Melechow bemüht – und darin stecke der „Zauber des Menschen". Mit diesem Nachsatz deutete Scholochow die für ihn geltende Perspektive an. „Zauber des Menschen" – das lief nicht auf den seit Tschernyschewski (Entdecker der „Dialektik der Seele" in den Figuren L.Tolstois) gängigen Begriff der "psychologischen Analyse", auf die Fixierung auf eine Innensicht hinaus. Der Begriff galt ihm offenbar als *pars pro toto*: im Hintergrund stand letztlich das große Faszinosum des *Lebens*, zu dem er sich bei anderer Gelegenheit bekannte.[129] Der Schlüssel zur richtigen Einordnung dieser Äußerungen liegt darin, dass man dem Ja zum Leben und seiner Faszination ein *Dennoch* oder *Trotz allem* hinzufügen muß. Darin zeigt sich dann auch der Jahrhundertunterschied zu Lew Tolstoi. Ähnlich wie Scholochow ging dieser vom *Leben* aus, dem durch die Kunst positiv zugearbeitet werden müsse. Einmal heißt es bei ihm kategorisch, der Künstler müsse den Leser dazu bringen,, „das Leben in seinen zahllosen, niemals ausschöpfbaren Erscheinungen zu lieben",[130] und dabei stand *kein* Dennoch im Hintergrund!

Fasziniert vom Leben – dies galt für Scholochow mit einer *alle* Seiten, Gut und Böse, umschließenden *Unbedingtheit*, und aus dieser Haltung heraus, diese bestärkend, konnte sich ihm der Zugang zu einem Philosophen öffnen, der selber in seinen Schriften einen die existentiellen Abgründe und Gefährdungen einschließenden und *dennoch* bejahenden Lebensbegriff geprägt hatte: Friedrich Nietzsche. Was Nietzsche das *dionysische Ja-Sagen* „zur Welt, wie sie ist",[131] nannte, was er als „die große pantheistische Mitfreudigkeit und Mitleidigkeit"[132] gegenüber dem Leben, wie es ist, dem „Leben ohne Güte",[133] ja ohne Moral bezeichnete, diese Haltung war Scholochow als Künstler offenbar nicht fremd. Wie sich die Sinne des Erzählers mit *impressionistischer* Wahrnehmungsfreude der Welt öffnen – das

---

literatur. Petr Palievskij: Puti realizma. Literatura i teorija. Moskau 1974, S. 199.

129 Als der bekannte Bildhauer Jewgeni Wutschetitsch in den 1950er Jahren eine Porträtbüste Scholochows schuf und dabei über Erinnerungen an den letzten Krieg gesprochen wurde, hatte dies zur Folge, dass der Bildhauer dem Abgebildeten einen sehr ernsten Gesichtsausdruck gab. Damit aber sei der Schriftsteller nicht einverstanden gewesen, er habe auf die Rückfrage von Wutschetitsch: „Worüber soll man sich denn freuen?" leise geantwortet: „Über das Leben..." E. Vučetič: Chudožnik i žizn', in: Petelin (2005, Kniga vtoraja), S.462.

130 L.N.Tolstoj: Perepiska s russkimi pisateljami. Izd. vtoroe, dop. Bd. 2. Moskau 1978, S. 155.

131 F. Nietzsche: Werke in drei Bänden. Hg..von Karl Schlechta. Bd. 3. Darmstadt 1997, S. 834.

132 Ebd. S. 791.

133 Ebd. S. 617.

erinnert an jene Worte aus der *Geburt der Tragödie*, wo Nietzsche vom „dionysischen Zauber" spricht, wenn „unsere Blicke" nach dem Abgang des Abgelebten etwas sehen, was „wie aus einer Versenkung ans goldne Licht gestiegen" ist, „so voll und grün, so üppig lebendig..." – etwas, in dem allerdings auch die „Tragödie" wiedergeboren und angenommen werde.[134]

Die uneingeschränkte Annahme des *Lebens* schloss bei Scholochow nicht nur die von herkömmlicher russischer Prüderie unbelastete Darstellung von Erotik und Sexualität sowie freizügige Verwendung umgangssprachlicher Elemente (darunter auch „Mutterflüche") ein (was ihm, wie Herman Ermolaev in seinem neuen Buch detailliert darlegt, besonders in den Jahren 1934/36[135] sowie 1953[136] zahlreiche Eingriffe in den Romantext einbrachte). Sie schlug sich auch darin nieder, dass menschliche *Schönheit* in zwangloser Paarung mit dem *Wilden*, Ungezügelten, ja *Verruchten* poetisiert wurde. Über das Verhältnis jenes Totschläger-Typs, Tschubaty genannt (in der hier zitierten Übersetzung wird dies mit „Schopf" wiedergegeben, einem Ausdruck, der im Umgang von Personen miteinander wohl kaum gebräuchlich sein konnte), zu Grigori Melechow heißt es: „Er ... zollte ihm die Achtung, die ein starkes Tier einem anderen, gleich starken Tier abnötigt." (SD 2, 53) Zwei schöne, starke Bestien in wechselseitiger Spiegelung (obwohl Grigori zwischendurch die Lust am Töten bei dem anderen verurteilt). Eine so geartete Ästhetik war in Sowjetzeiten nicht ohne bestimmte Absicherungen (vor allem wiederum bei der Tradition) akzeptabel. Leonid Jerschow beispielsweise, ein Mann mit poetologischem Gespür, versuchte das von Scholochow entworfene Porträt der Axinja, in dem mehr als einmal die Worte „lasterhafte Schönheit" (z.B. SD 3, 348) gebraucht werden, als Nachfolge von L.Tolstois „Poetik des Kontrastes" zu legitimieren. Doch diesen Kontrast oder die „Antithese", die Jerschow in dem zitierten Ausdruck erblickt (er sagt: „die zweite Komponente hebt die verurteilende Bedeutung des Epithetons auf")[137] gibt es bei Scholochow nicht, weil er Schönheit nicht moralisierend betrachtet. Die klassische Triade des Wahren, Guten und Schönen gilt hier nicht. Trotz aller Misshandlungen, ja Todesdrohungen, die Axinja Astachowa von ihrem Mann wegen ihres heimlichen Liebesverhältnisses zu Grigori erfahren

---

134 Ebd.. Bd. 1, S. 113.
135 Vgl..G. Ermolaev (2005), S. 77ff.
136 Die Eingriffe des Jahres 1953 hat Ermolaev in dem zit. Buch thematisch unterteilt, darunter auch „Érotika" (ebd. S. 167ff.) und „Naturalismus" (ebd. S. 171), wobei er der im vorliegenden Beitrag vertretenen Auffassung nahekommt, indem er von „ungeschminkter Darstellung der negativen Seiten des Menschen und des ihn umgebenden Milieus" spricht und hinzufügt: „Das eine wie das andere nimmt Scholochow sensibel, mit allen fünf Sinnen wahr." (Ebd.)
137 L.F.Eršov: Nacional'nyj i narodnyj charakter ėposa Šolochova. In: Tvorčestvo Michaila Šolochova. Stat'i soobščenija, bibliografija. Leningrad 1975, S. 80.

hat, heißt es dann: „Axinja betrachtete... lange das schöne, vom Schlaf veränderte Gesicht ihres Mannes." (SD 1, 78)

Die angedeutete Beziehung Scholochows zur Philosophie Nietzsches ist keine Spekulation ins Blaue hinein. Die Bekanntschaft mit Nietzsche-Texten, auf die er vermutlich schon in jungen Jahren gestoßen war und die später jedenfalls zu seiner umfangreichen philosophischen Bibliothek gehörten, kann bei ihm mit hoher Wahrscheinlichkeit vorausgesetzt werden. Überdies hat B.G. Rosenthal darauf verwiesen, dass nietzscheanische Elemente nicht unbedingt auf *direkten* Wirkungen des deutschen Philosophen beruhen müssen, sondern auf seine russische Verwurzelung in vorrevolutionärer Zeit zurückgehen, von wo sie einen breit gefächerten sekundären Einfluss auf viele Autoren ausübten: „Es gab keine ‚reinen' Nietzscheaner im Sinne von Schülern. Ideen und Bilder, die sich aus seinen Schriften herleiteten, vermischten sich auf verschiedene Art mit kompatiblen Elementen aus dem russischen religiösen, geistigen und kulturellen Erbe sowie mit dem Marxismus..."[138] In dem zitierten Aufsatz wird Nietzsches „Geburt der Tragödie" mit ihren „anti-rationalistischen, vitalistischen und ästhetischen Aspekten", ihrem *Lebens*begriff eine Vorrangstellung in der russischen Rezeption zugesprochen. Weiter heißt es dort: "Die dionysische Seite der Polarität [gegenüber dem Apollinischen, W.B.] inspirierte die Revolte gegen alte Formen und Strukturen in jedem Lebensbereich".[139]

Für das Nietzscheanische in Scholochows Werk kommen mehrere literarische Anreger in Betracht: In erster Linie Maxim Gorki mit seinen nietzscheanisch geprägten Volksfiguren,[140] ferner der von Scholochow oft genannte Knut Hamsun[141] – und nicht zuletzt der Dichter Fjodor Tjutschew, den man als einen der „Nietzscheaner vor Nietzsche" in Russland bezeichnet hat.[142]

138 Rosenthal (2002), S. 17.
139 Ebd. S.18.
140 Vgl. Hans Günther: Der sozialistische Übermensch. M. Gor'kij und der sowjetische Heldenmythos. Stuttgart/Weimar 1993, S.14ff.
141 L Jakimenko geht in seiner zitierten Monographie auf die starke Verbreitung von Hamsuns Werk in Russland vor und nach der Revolution sowie auf eine den Einfluss des Norwegers bejahende Äußerung Scholochows aus dem Jahre 1934 ein. Jakimenko (1977), S. 360f.. Er sucht dies jedoch durch die These abzuschwächen, dass mit den von Russland aus beeinflußten ausländischen Autoren gleichsam die russische Literatur zu ihren Ursprüngen zurückgekehrt sei (ebd. S. 363). Bei dem Einfluss Hamsuns könnte Gorki eine Rolle gespielt haben, der, wie A.Woronski in seinen Erinnerungen bezeugt, jungen Schriftstellern diesen Autor des öfteren wärmstens anempfahl. Vgl. A.Voronskij: Izbrannye stat'i o literature. Moskau 1982, S. 62f.
142 Vgl. Rosenthal (2002), S. 14.

4. Dionysisches

Mit Grigori Melechow, der Zentralfigur des Romans *Der stille Don*, begeben wir uns auf ein Terrain, auf dem die Beziehungen von Scholochows Realismus zur Moderne am besten zur Diskussion gestellt werden können. Eine mehr oder weniger soziologisch geprägte Literaturwissenschaft vermochte die wirkliche ästhetische Beschaffenheit dieser Figur nie ganz zu erfassen. Dabei hatte sich der Autor schon im Jahre 1935, als der Roman noch nicht abgeschlossen war, in einem Journalistengespräch eindeutig geäußert, indem er betonte: „Melechow hat ein sehr individuelles Schicksal, und ich beabsichtige keinesfalls, in ihm das mittelbäuerliche Kosakentum zu verkörpern."[143]

Natürlich kann man über Melechow – dank der stets dem Faktischen verpflichteten realistischen Erzählkunst Scholochows – auch die Verkündungen und Defizite der in der Revolution und im Bürgerkrieg antretenden Akteure gegeneinander aufrechnen und seinen Weg so deuten, dass seine Erwartungen bald von den Realitäten der einen, bald der anderen Seite enttäuscht werden, seine „Schwankungen" sich schließlich negativ auf seine Persönlichkeit auswirken, jedoch auch einen „Lerneffekt" hervorbringen, für den er eigentlich am Roman-Ende eine „positive" Perspektive verdient hätte. So wird sein Leben fast zum Lehrstück. Doch es steckt anderes in dieser Figur – was sich in ihrem Übermaß an Temperament und Leidenschaftlichkeit, in der „Wildheit" andeutet, mit der sie der Autor bereits durch ihr doppelt aufgeladenes „exotisches" (kosakisch-türkisches) Erbteil ausstattete. Daraus entspringt ein Weg unbedingten *Emanzipationswillens*, bei dem herkömmliche Sitte und Moral kühn, ja frivol herausgefordert werden – ein Weg, auf dem ihm nur eine Geliebte von ebenbürtiger Denkart und Kühnheit, Axinja Astachowa, zu folgen vermag. Und in alledem zeigt sich der besondere Funke, der Grigori eingegeben ist, der ihn zum äußersten Wagnis und in Situationen menschlicher Grenzerfahrung und Gefährdung zum Auskosten des *Lebens* in seiner ganzen Tiefe bis hin zur *Todesnähe* führt. Darin sehe ich, im Sinne Nietzsches, das *dionysische* Element in dieser großen Charakterfigur.[144]

Melechow wird über seine ganze im Roman erzählte Wegstrecke von der Ruhelosigkeit eines Menschen umgetrieben, dem das Leben nie Genüge tun kann. Die-

---

143 Dir: Razgovor s Šolochovym. In: Petelin (2005, Kniga pervaja), S. 507.

144 Th. Meyer spricht in seinem Buch „Nietzsche und die Kunst" (Tübingen/Basel 1993) davon, dass Nietzsche für die Künstler des Expressionismus schlechthin der „Dichter menschlicher Grenzsituationen" gewesen sei (S. 246). Nietzsches gelebter und gedachter Daseinsentwurf sei „getragen von einem ungeheuren existentiellen Ernst, der die große Leidenschaft des Aufbruchs ebenso in sich schließt wie das tragische Pathos des Scheiterns" (S. 61). Dionysische Kunst sei für Nietzsche verbunden mit „Lebenssteigerung" (S. 82), im Blickpunkt stehe für ihn „das große Individuum", „immer in Opposition zur eigenen Epoche, zum Zeitgeist" (S. 38).

ser lässt sich nachträglich nicht – wie es auch im heutigen Russland (mit anti-
emanzipatorischer bzw. neoslawophiler Tendenz) gelegentlich versucht wird – auf
Werte des Beständigen, Arbeit, Haus, Familie, auf das unbewusste Streben nach
„*sobornost*'" (d.h. das Überindividuell-Gemeinschaftliche, sei es im orthodox-
religiösen oder im weltlichen Sinne)[145] fixieren, mag er sich auch in gewissen Situationen danach sehnen. Das stärkste Kapitel in seinem Arbeitsleben ist jenes von
der Heumahd, das zugleich unter der Spannung erster ersehnter, „illegaler" Lie-
beserfüllung mit Axinja steht. Und die besten Momente dieser Beziehung sind die
im heimlichen Glück des Verbotenen und in gemeinsamen Fluchten. Die von A-
xinja später in der Erinnerung verklärte gemeinsame Zeit auf dem Gut in Jagodnoje finden wir so nicht in den einschlägigen Kapiteln: selbst das gemeinsame Kind
(Zweifel an der Vaterschaft) beschert kaum Glücksmomente. Ja, das ganze Milieu
dort wird mit den Worten „In dumpfem Dahindösen verschimmelte das Leben in
Jagodnoje" (SD 1, 195) charakterisiert, und über Grigori heißt es: „Das leichte,
satte Leben verdarb ihn." (SD 1, 226) Vielleicht wird Grigoris Lebensart am besten durch einen bildhaften Vergleich charakterisiert, den der Autor seinen Vater
tadelnd gebrauchen lässt: Grigori schneide im Vergleich mit seinem weitaus ver-
lässlicheren Bruder Petro schlecht ab. Im russischen Originaltext heißt es dann:
„Ves' na kočkach, i ni odnu nel'zja tronut'." (Ss 4, 19) Diese Textstelle ist kaum
übersetzbar, es ist davon die Rede, dass Grigori sein Dasein „na kočkach", auf ab-
gesonderten Hügelchen, also in seinen kleinen Reservaten verbringe, wo man ihn
nicht behelligen dürfe. Die deutsche Übersetzung (bei „Volk und Welt")(„Immer
unnahbar, immer in Fahrt") (SD 4, 22) ist ungenau: Es ist ja nicht von einer *unsteten*, sondern von einer spezifisch *elitär-individualistischen* Lebensart[146] die Rede.

Die tragische Paradoxie Melechows (im nietzscheanischen Sinne) besteht dar-
in, dass er, obwohl dem Kriege nicht zugetan, höchste, *rauschhafte* Momente der
Ich-Erfüllung in der Reiterattacke, also gerade im Dreinschlagen und Töten (tech-
nisch in der Nachfolge seines „teuflischen" Lehrmeisters Tschubaty) erlebt. Aus-
gerechnet zwischen zwei Gefechtsschilderungen, schlimmsten Momenten seines
Krieger-Daseins, der Tötung des Kommunisten Semiglasow mit dem furchtbaren
Baklanow-Hieb, und dem Niedermetzeln von vier roten Matrosen, finden wir jene
Textstelle, wo von der befreienden und extrem belebenden Öffnung aller Sinne
Melechows für das ihn umgebende *Leben* die Rede ist:

145 Vgl. das von Vadim V. Sapow verfasste Stichwort *Sobornost'* in: N. Franz (Hg.): Lexikon
der russischen Kultur. Darmstadt 2002, S. 417ff.
146 Im „ Slovar' jazyka Michaila Šolochova" (Hauptred.: E. I. Dibrova, Moskau 2005) wird
unter dem Stichwort „kočka" zwar die zitierte Textstelle nicht erwähnt, doch im Zusammenhang mit anderen auf die pejorative Verwendung des Ausdrucks „kočka na rovnom
meste" (= ein Mensch, der sich in seinen Möglichkeiten verschätzt) verwiesen (S. 471).
Pantelei Prokofjewitschs Ausdruck zielt also wohl auch auf Grigoris Selbstüberschätzung.

„Ihm war, als hätte man ihm eine Binde von den Augen genommen. Wieder sah er, wie vor der Attacke, die Sonne, die der Welt leuchtete, sah den tauenden Schnee bei den Strohfeimen. hörte das Frühlingslärmen der Spatzen im Chutor, spürte die zarten Düfte der bevorstehenden Frühlingstage. Das Leben hatte sich ihm wieder zugewandt, kein verblasstes, kein vom eben vergossenen Blut gealtertes Leben, sondern ein Leben, das mit seinen kargen und trügerischen Freuden noch verlockender schien." (SD 3, 252)

Die Wendung zum Entsetzen über das eigene Tun, mit dem konvulsivischen An-fall, der erschütternden Selbstanklage kommt dann unvermeidlich.

Den Kulminationspunkt von alledem bilden die Sequenzen (hier wie auch an ähnlichen Textstellen würde ich von *filmischen* Elementen[147] sprechen) von Grigo-ris mörderischem Ritt (eine furiose Erzählleistung Scholochows!) und seinem merkwürdigen, erfolglosen Wettstreit mit dem Schatten einer riesigen weißen Wolke, genauer: mit der sich fortbewegenden *Grenze* von Licht und Schatten, we-nige Augenblicke bevor seine vernichtenden Säbelhiebe auf die vier roten Matro-sen niedergehen.... Eine bedeutungsvolle Symbolik: Wird hier nicht, im *Auf-schwung* des Rausches, in Wahrheit die *Grenze* zwischen Gut und Böse irreparabel überschritten? Möglicherweise enthält diese ganze Szene auch eine Anspielung auf jene Textstelle in Tolstois Roman *Krieg und Frieden*, die zuvor bereits im Tage-buch des gefallenen Studenten Timofei angesprochen wurde, nämlich jene, wo von der „Grenze" („čerta") zwischen den „Lebenden" und den „Toten" die Rede ist, die den Kriegern vor der Schlacht bewusst werde.[148] Doch bei diesem Vergleich tritt auch der große Unterschied zwischen beiden Autoren hervor: Der *Erhabenheit* des Moments der Besinnung (der aus hoher Erzählerwarte seine Deutung erfährt) bei Tolstoi steht im Falle Scholochows die *frivole Herausforderung* von Tod und Verderben durch den literarischen Helden gegenüber.

Natalja Kornienko hat in ihrem Buch über Scholochow und Platonow deutlich gemacht, dass in Grigoris Denkweise die *christliche* Prägung immer mehr oder weniger präsent ist – so auch in den geradezu *biblischen* Tönen der Szene seines moralischen Zusammenbruchs[149] („Brüder, für mich gibt's keine Vergebung... Er-barmt euch meiner, säbelt mich nieder, um Gottes willen...") (SD 3, 300). Doch in der moralischen Krise wechseln reuevolle Einkehr und herausfordernde Abkehr vom Überlieferten einander ab – und in einem der letzten Romankapitel bekennt

---

147 Scholochow scheint in der Tat an der betreffenden Stelle das Sehen mittels moderner Tech-nik mitgedacht zu haben, denn es heißt dort: Grigori „sah [...] plötzlich mit aller Deutlich-keit, *wie vom Feldstecher* näher gerückt, unmittelbar vor sich die Matrosen..." (Kursiv von mir, W.B.) (SD 3, 298). Hier gibt es wiederum eine frappante Übereinstimmung mit Semjonowa, die summarisch davon spricht, dass Kampfszenen wie „eine Art expressives Montagekino" wirkten. Semenova (2005), S. 95.

148 L. Tolstoj: Sobranie sočinenij v dvadcati tomach. Bd.4. Moskau 1997, S. 158. Vgl. SD 1, 342.

149 Vgl. Kornienko (2003), S. 50ff.

Grigori gegenüber einem, der in gewissen Ereignissen „den Finger Gottes" erkannt haben will, er sei schon im Jahre fünfzehn dahinter gekommen, „dass es keinen Gott gibt. Überhaupt keinen!" (SD 4, 461) Das hört sich an wie Nietzsches „Gott ist tot!" Doch während bei Scholochows literarischem Zeitgenossen Andrej Platonow dieses Wort am *Beginn* seiner Laufbahn und im Zeichen utopischer Höhenflüge stand,[150] ist es für Scholochows literarischen Helden fast schon der *Abgesang* des Lebens. Ich stimme Kornienko insofern zu: Die Reflexion christlicher Geisteswelt (vorwiegend über Charaktere) im Roman, mit der der Autor auf kryptische Art auf eine ganze Epoche russischer Kultur (von Mereshkowski bis Jessenin) Bezug nimmt,[151] bildet eine unverzichtbare Dimension von Scholochows Realismus. Er nutzt zwar nicht, wie Michail Bulgakow, die episch-poetischen Möglichkeiten christlicher Überlieferung, schreibt aber deren Denkmuster seinen Figuren (besonders den Ältesten wie Großvater Grischaka) ein.

Einen ähnlichen berauschenden Höhepunkt wie in der geschilderten Kampfszene wird es für Grigori nicht mehr geben. Schon nach der Tötung Semiglasows und den sich daran anschließenden Zechgelagen mit zufälligen Gefährtinnen denkt er bei sich: „Ich habe gelebt und alles im Leben ausgekostet [...] Ich könnte sterben." (SD 3, 293) Die unerträgliche Paradoxie des Lebensgenusses in der Nachbarschaft des Tötens muß jedoch innerlich aufgelöst werden – in Szenen bitterer Bekenntnisse und in einem langen Abstieg in deprimierter psychischer Verfassung.

5. Elemente der klassischen Ästhetik

Die Qualitäten von Scholochows Realismus offenbaren sich vor allem im Reichtum seines Romans an Gestalten, unverwechselbaren Charakteren, lebendigen Volksfiguren – und mit alledem hat sich die Scholochow-Forschung auch ausgiebig beschäftigt. Im Rahmen unserer Thematik sei der Blick nur auf einige Eigenschaften der Figurendarstellung gerichtet, die den Charakter des gehandhabten Realismus erhellen können.

Obwohl im *Stillen Don* mit dem Bürgerkrieg, einer Domäne der zeitgenössischen Sowjetliteratur, befasst, widerstand der Autor der auf *Heroisierung* orientierenden Zeittendenz. Die Ästhetik des Romans schloss zwar durchaus die poetische Würdigung von Mut und Tapferkeit im Kämpfen und Sterben ein. So bewegt uns über den schrecklichen Tod hinaus – der Erzähler lässt uns einen letzten Blick auf den „kräftigen, männlich schönen Körper" (SD 3, 220) des Hingemetzelten

150 Vgl. W.Beitz: Nietzsche und Platonow oder vom langen Weg eines *Zarathustra*-Motivs. In: H.-M. Gerlach/V.Caysa (Hg.): Nietzsche und die Linke. Leipzig 2006, S .75ff.
151 Vgl. Kornienko (2003), S. 50ff.

werfen – die unbeugsame Haltung des roten Kommandeurs Lichatschow. Doch um keinen Preis hätte sich Scholochow dazu verführen lassen, das Charakterbild einer Figur einer *Heroisierung* zuliebe zu vereinfachen oder den Blick darauf zu fokussieren.[152] Den Einzelnen ohne Aussparungen in seiner *ganzen* lebendigen *Widersprüchlichkeit* zu erfassen – dies ging ihm über alles. So lässt uns der Respekt für den zur Hinrichtung schreitenden Podtjolkow nicht vergessen, wie er unter seinen Feinden wütete, als ihm die Macht gegeben war (die ganze Szenerie ist grauenerregend und nicht dazu angetan, ein Heroenbild zu entwerfen). Oder nehmen wir Ilja Buntschuk – eine Figur, bei der die Urheber der neuerlichen Plagiatsbehauptung Scholochow die Autorschaft zugestanden, weil sie ihnen – gemäß ihrer Prämisse vom mangelnden künstlerischen Vermögen desselben – ideologisch schematisiert schien.[153] Doch gerade bei dieser Figur thematisiert Scholochow – als habe er solche Behauptungen vorausgeahnt – das Verhältnis zwischen revolutionärer Pflichterfüllung und menschlicher Belastbarkeit. Er lässt Buntschuk, der bei Ausübung seines schlimmsten Auftrags, täglich als Feinde abgeurteilte Personen zu erschießen, am Ende seiner Kräfte angelangt ist, zu seiner Geliebten sagen, dass es keine „Menschen aus Eisen" (SD 2, 351) gebe, und sein sexuelles Versagen bestätigt ihm schreckensvoll die Tiefe seiner Krise. Und dies soll (wie neuerdings behauptet wurde) eine schematische, „linientreue" Figur sein, die sich „in einer sterilen Welt abstrakter Worte" bewegt?[154] Nehmen wir schließlich die vieldiskutierte Koschewoi-Figur! Im Roman wird alles getan, um diesen seltsam „quadratisch" gebauten Mann mit schlichter Denkungsart, dafür mit umso hemmungsloser ausrastendem Vergeltungswillen nicht zu einer dämonischen Unholdsgestalt werden zu lassen – schließlich findet ihn die Jüngste aus der Melechow-Familie, die anmutige Dunjascha, liebenswert. Und wiederum lässt der Autor die Figur selber in einem Moment heller Erkenntnis das Problematische ihres Tuns, nämlich die Polarisierung menschlicher Beziehungen durch politisch dominierte Denkungsart, reflektieren.: „Ach, Alexejewitsch," sagt er zu seinem Kampfgefährten Kotljarow nach einem hitzigen Disput mit Grigori Melechow, „was für ein böses Ding doch die Politik ist! [...] Bei so einem Gespräch wär man imstande, einen zu erschlagen. In diesem Krieg gibt's keine Gevattern, keine Brüder." (SD 3, 172)

---

152 Der Begriff des *positiven Helden*, der in dem Konzept des *master plot* (als verbreitetes episches Muster während der Stalinzeit) bei K.Clark eine wichtige Rolle spielt (vgl. Katerina Clark: The Soviet Novel. History as Ritual. Third Edition.Bloomington/Indianapolis 2000, S. 8ff.), wäre für den Roman *Der stille Don* unangemessen, weil sich der Roman insgesamt nicht in das zeitgenössische heroisierende Bild der Epoche integrieren lässt.

153 Im Vorwort A.Solshenizyns zu der von ihm herausgegebenen anonymen Schrift ist von Stellen gröbster propagandistischer Einschübe die Rede. Vgl. D* (1974), S. 8.

154 A.Guski im Abschnitt über sowjetische Romane der 1930er Jahre. In: K. Städtke (Hg.): Russische Literaturgeschichte. Stuttgart/Weimar 2002, S. 327.

Was manche Kritiker Scholochows gänzlich übersehen: Das Problembewusst-sein des Autors äußert sich auch reflektorisch im *sprachlich-ästhetischen* Bereich. Einerseits erforderte sein dem *Faktischen* verpflichteter Realismus, die mit dem Weltkrieg und der russischen Revolution 1917 erfolgende Politisierung und Milita-risierung des Lebens auch mit deren *Sprache* (d.h. mit dem im Bachtinschen Sinne *fremden Wort* der einschlägigen Reden, Dokumente, Verhandlungen, militärischen Planungen) in den Romantext einzuführen. Dazu gehörte auch die Sprache revolu-tionärer Akteure dieser Jahre, wie Buntschuk. Dabei entwarf Scholochow diese Figur so, wie proletarische Herkunft und politische Biographie sie geformt hatten. Bemerkenswert ist nun jedoch, dass der Autor eben diesen Buntschuk über den rechten sprachlichen Zugang zu den kosakischen Adressaten seiner revolutionären Reden nachsinnen lässt: „Er wusste, dass man zu den Kosaken irgendwie anders, mit anderen Worten sprechen müsse und hegte die Befürchtung, dass er diese ge-meinsame Sprache am Ende nicht finden würde, weil er, vor neun Monaten von der Front zu den Arbeitern zurückgekehrt, wieder aufs engste mit ihnen verwach-sen war. [...] Aber hier, bei seinen Landsleuten war eine andere Sprache am Plat-ze, eine fest im Boden verwurzelte Sprache, die er beinahe schon vergessen hatte, hier waren die Geschmeidigkeit einer Eidechse und große Überzeugungskraft von-nöten..." (SD 2, 165f.) Und wenige Kapitel weiter scheint ihm jene andere prob-lematische Figur, Michail Koschewoi, in einem längeren Monolog im Soldaten-quartier, der gleichfalls mit der Verständigung zwischen Menschen zu tun hat, antworten zu wollen, denn er klagt: „Wie Blinde tappen die Menschen daher, be-gegnen einander und trennen sich wieder, und manches Mal zertritt einer den an-deren ..." (SD 2, 192) So führen die beiden Stimmen schmerzvoller Selbstbesin-nung aus der Flut verwirrender Ereignisse und *fremder Wörter* zur Grundmelodie des Romans zurück.

Bei der Konfrontation der vitalen Hauptfiguren entstehen unter der Hand des Autors, der ein Meister der Dialogkunst ist, szenische Entwürfe – reif für die große Bühne.[155] Man denke nur an gewisse Begegnungen zwischen Grigori und Axinja, Axinja und Natalja oder Axinja und Stepan Astachow, Grigori und Koschewoi. Da präsentieren sich uns Menschen von Format, schwingt viel Tragisches mit – und steckt nicht auch darin ein Stück Widerständigkeit gegen die für die Persönlichkeit bedrohlichen Zeittendenzen? Doch wo es bitterernst zugeht, ist bei Scholochow auch das komische Pendant oft nicht weit.[156] Es begegnet uns über den Auftritt, die

---

155 Näheres zum „Dramatiker" Scholochow im Kapitel „Dramaturgie eines verkannten Romans".

156 Viktor Petelin formuliert in seiner Scholochow-Monographie: In den Romanen dieses Autors zeige sich auf Schritt und Tritt eine Verbindung von Tragischem und Komischem. V. Petelin: Michail Šolochov. Stranicy žizni i tvorčestva. Moskau 1986, S. 107. Semjonowa geht in ihrer einfühlsamen Art auf das im Auftreten verschiedener Romanfiguren angelegte „Element des Lachens" (im Sinne Bachtins) ein. Vgl.

mit viel Volkshumor gewürzte erzählerische Selbstdarstellung von Nebenfiguren. Zu alledem wurde in der Scholochow-Forschung viel Erhellendes gesagt, wir wollen dies nicht weiter verfolgen. Doch es sei festgehalten, dass Scholochow auf diesem Gebiet eher *klassischen* Mustern aus der Weltliteratur, der Hegelschen Ästhetik,[157] als Anregungen der Moderne folgt.

Daraus ergibt sich ein Widerspruch zum *Ganzen* des Romangeschehens. Die Elemente klassischer, quasi hegelianischer Ästhetik heben sich hier zwar deutlich ab, dominieren vor allem bei großen Auftritten der Hauptfiguren – doch dies gilt, wie wir gesehen haben, schon nicht mehr ungeteilt bei Grigori Melechow, wo ein nietzscheanischer Einschlag ins Spiel kommt. Und im großen Erzählstrom mit dem ständigen *Wechsel* der Präsentationsweisen und Stilarten gelingt Scholochow der panoramatische Entwurf eines „Weltzustandes", der von ganz anderer Beschaffenheit ist, als jener, den Hegel der Epopöe zuordnete und als *heroisch* kennzeichnete.[158] Das Romanganze ist bei ihm eher mit einer *sinfonischen* Komposition *modernen* Charakters zu vergleichen, in der auch die *Dissonanzen* als Widerhall einer tief unruhigen Epoche zur Geltung kommen. Man kann den bezeichneten Widerspruch erklären, denn er reflektiert zwei Seiten von Scholochows ästhetischer Position in seiner Zeit: die geschärfte Wahrnehmung und vorbehaltlose *Annahme* der erkannten Realitäten bei gleichzeitigem Engagement für den Bestand des Humanen, personifiziert in starken Charakteren, die sich den zermalmenden Kräften der Zeit *widersetzen*, und sei es um den Preis ihres Untergangs.

6. Sinfonische Anlage der Epopöe

Bei der Poetik des *Stillen Don* richtete die Scholochow-Forschung den Blick fast immer auf die einzelnen Bausteine des Erzählens und ihre jeweilige punktuelle Funktion. Ein anderes Verfahren ist gefordert, wenn, wie angedeutet, der Romantext als ein *sinfonisches Ganzes* begriffen wird, dessen aufeinander bezogene Teile im Sinne eines orchestrierenden Miteinanders eingesetzt werden, wobei sie ihre spezifische Rhythmik und Klangfarbe einbringen. Die Annahme des Sinfonischen im *Stillen Don* stützt sich zunächst auf Scholochows Liebe zur Musik, sein ausge-

---

Semenova: (2005), S. 129ff.

157 K.Prijma berichtet von einem Gespräch mit dem Sohn des Schriftstellers, Michail, in dem dieser hervorhebt: „Ich hätte nie gedacht, dass mein Vater soviel philophische Literatur gelesen hat [...] Ich wollte es nicht glauben, als er daraus ganze Textabschnitte zu zitieren begann. Wann hatte er das alles gelesen? Vermutlich noch vor dem Kriege – doch er hatte es Wort für Wort im Gedächtnis behalten!" Zit. nach: Šolochov na izlome vremeni, S. 201.

158 Vgl. G. W. F. Hegel: Ästhetik. Mit einem einführenden Essay von Georg Lukács. Berlin 1955, S .948.

prägtes musikalisches Empfinden, das auch mancher realen Situation in seinem Leben ihre Begleitmelodie gab.[159] Im Weiteren spricht dafür auch das Ergebnis einer vergleichenden Stilanalyse von Texten Scholochows und Fjodor Krjukows, jenes anderen Kosakenschriftstellers, dem von Verfechtern der Plagiatsthese die Autorschaft an Teilen des *Stillen Don* zugeschrieben wurde. F. Kusnezow kommt bei seinem Stilvergleich zu dem Ergebnis, dass sich Scholochows Wortkunst vor allem durch ihre ausgeprägte *Melodik* von der in dieser Beziehung ziemlich abstinenten Prosa seines Kontrahenten unterscheidet. Die Prosamelodie Scholochows überrasche – bei der seinem Thema innewohnenden Tragik – durch ihre „Einstimmung auf Dur.“[160] Wenngleich Kusnezow das Triumphal-Lebensbejahende für meine Begriffe überbetont, andere Töne nicht wahrzunehmen scheint, ist seine Grundthese in unserem Zusammenhang doch hilfreich.

Keine der beiden immer wieder zusammen mit Scholochow genannten Romanepopöen von Gorki (*Das Leben des Klim Samgin*) und A.Tolstoi (*Der Leidensweg*) ist so stark wie der *Stille Don* von einem dynamischen Rhythmuswechsel des Erzählstroms geprägt. Das ergibt sich schon durch die unterschiedliche Anlage der einzelnen Kapitel und Abschnitte, die sich bald (wie etwa die Bilder der Hochzeit Grigoris und Nataljas, 1.Teil, Kap.XXI -XXIII) figurenreich episch breit hinlagern, bald (wie oben dargelegt) zu dramatischen Szenen zusammenballen, und immer wieder auch zu einer Chronik der Zeitereignisse tendieren. Wirkt nicht die Szenerie des Fischfangs beim Toben der Elemente (1.Teil, Kap.IV) mit Grigori Melechow und Axinja Astachowa wie ein Präludium der an Dramatik reichen Romangeschehnisse? Oder nimmt man jene Passagen im vorletzten Abschnitt des Romans (7.Teil, Kap.XXVIII), wo die im Kampf geschlagenen Kosaken auf ihrem Rückzug gen Süden ein altes Lied aus ruhmreicher Vergangenheit anstimmen, nicht wie einen großen Abgesang auf?

Eine weitere *sinfonische* Komponente: In der Romanhandlung wird vieles – mit Steigerung in den Weltkriegs- und den Bürgerkriegskapiteln – aus der *Bewegung* heraus erzählt: auf Wegen zur Front oder beim Stellungs- bzw. Ortswechsel der kosakischen Truppenteile, bei Attacken, Rückzügen und Fluchten, schließlich, wie erwähnt, beim großen Rückzug der Geschlagenen. Der Roman *Der stille Don* ist in seinem Kern nicht zuletzt eine Erzählung vom ruhelosen Getriebensein eines Grigori Melechow – zwischen Daheim und Anderswo, und auch anderen Figuren des Romans folgen wir bald bei der Einkehr ins Heimatlich-Häusliche, bald auf ihren Wegen ins unbegrenzt-offene Draußen, und immer mit dem Akkompagnement expressiver, stimmungsgeladener Naturbilder.

---

159 Pjotr Lugowoi, der mit Scholochow befreundete Rayonsekretär der KP, schreibt in seinen Erinnerungen, dass dieser eine gute Singstimme hatte und bei abendlichen Zusammenkünften in seinem Hause gern Lieder anstimmte. Vgl. Lugovoj (2005), S.593.
160 Kuznecov: (2005), S. 673.

Ob ein solches Naturbild nun als leises Sehnsuchtsmotiv anklingt (wie beim Ausrücken Grigori Melechows zum Militärdienst in einer ihm fremden Gegend: der Waldstreifen am fernen Horizont –„blau, verträumt und unerreichbar wie der mattblinkende Abendstern") (SD 1, 247), oder als breit ausgeführtes Steppengemälde sich zu hymnischen Akkorden steigert („Heimatliche Steppe! [...] Tief neige ich mich vor dir und küsse wie ein Sohn deine fade Erde ... ") (SD 3, 65), oder ob die Schilderung waltender Naturkräfte das dramatische Pendant zu einer großen tragischen Szene mit einer der Hauptfiguren (wie die erschütternde, geradezu biblische Klage und Anklage Nataljas vor dem Hintergrund des heraufziehenden Gewitters) bildet – im Zusammenhang betrachtet, ergibt alles dies die fortwährende Präsenz eines stets abrufbaren *dialogischen* Parts zur dargestellten Menschenwelt[161] und den darin wirkenden tief problematischen, ja beunruhigenden Vorgängen. Erst in diesem Dialogverhältnis (das die von uns angesprochene *Sinfonik* des Romans vervollständigt) gewinnt die Philosophie des Autors, vor allem seine Hingabe an die Idee des faszinierenden *Lebens* ihre wahre Dimension.

Was hier in großen Zügen angedeutet wurde, bedürfte der Fundierung durch eine stilistische Feinanalyse – was den Rahmen dieses Beitrags sprengen würde. Hier erweist sich die zitierte Monographie von Galina Belaja, in der allgemeine Stilentwicklungen in der sowjetischen Prosa abgehandelt werden, als hilfreiche Ergänzung und als Stützung unserer These vom Sinfonischen in Scholochows Romanepopöe. Denn seiner Prosa gilt die besondere Aufmerksamkeit der Verfasserin. Sie analysiert die Mikroeinheiten des Erzähltextes und die an der Grenze zwischen einzelnen Abschnitten stattfindenden „Begegnungen" unterschiedlicher Stilarten. Ihre Grundthese lautet, dass man der besonderen Qualität Scholochowscher Prosa mit grob-formal gefassten Begriffen wie „Aufeinandertreffen" oder „Montage" von Stilarten nicht gerecht werden könne; man müsse vielmehr von einem „Spiel" oder einer „vibrierenden" Wechselwirkung einander begegnender Stile sprechen, die die Helden und ihren Lebenshintergrund in neuem Licht erscheinen ließen. Und nicht das von L.Kisseljowa gebrauchte Wort vom „chorischen" Element bei Scholochow treffe das Wesen der Sache, vielmehr werde „die Eigenart von Scholochows Stil eher durch *sinfonische* Orchestrierung von Stilen als durch ihren chorischen Klang" charakterisiert.[162] (Kursiv Belaja)

---

161 Auch bei Semjonowa heißt es, das Kompositionsprinzip des *Stillen Don* bestehe „im rhythmischen Wechsel/der Verbindung zweier großer Erzählebenen: der Welt des Menschen und des Lebens in der Natur. Diese stehen zueinander in verschiedenartigen Beziehungen – bald als subtile Entsprechung, bildhafte Analogie, metaphorische Vertiefung, bald als Kontrast und Opposition." Semenova: (2005), S. 110.

162 G. A.Belaja: Zakonomernosti stilevogo razvitija sovetskoj prozy dvadcatych godov. Moskau 1977, S. 225.

Dramaturgie eines verkannten Romans: „Neuland unterm Pflug", erster Teil

1. Handbuch oder Kunstwerk?

Als der Roman *Neuland unterm Pflug*, erster Teil, in den Monaten Januar bis September 1932 in der Moskauer Zeitschrift „Nowy mir" und noch im selben Jahr als Buch herauskam, war er bei den Werken mit aktueller Gegenwartsthematik *das* Erfolgswerk. Seine Wirkung wurde nur dadurch eingeschränkt, dass gleichzeitig der brisante dritte Band des Epos *Der stille Don* herauskam – mit der Schilderung der tragischen Ereignisse des Donkosaken-Aufstandes 1919. Dem neuen Roman Scholochows haftete (wie bereits dargelegt) im Handumdrehen das Prädikat an – und ging seiner Aufnahme im Ausland voraus –, er biete in fasslich-modellhafter Form eine Darstellung dessen, wie der schwierige Prozess der Kollektivierung der Landwirtschaft zu meistern sei. Diese soziologisch-politisierende Auffassung wurde auch in späteren Jahrzehnten oft wiederholt. Was unter den gesellschaftlichen Verhältnissen des Realsozialismus als kräftiger Rezeptionsschub verstanden wurde (es sei dahingestellt, ob dies tatsächlich zutraf), behindert heute den unvoreingenommenen Zugang zu diesem Werk. Die einstige Sicht lebt mit umgekehrter Wertung fort – etwa in der abfälligen Einstufung als „Produktionsroman". Dies wird allerdings durch die Anlage des Romans begünstigt. Während für die Leser des *Stillen Don* das Schicksal des Helden bis zum Schluss offen gehalten wird und vom tragischen Finale her verschiedene Deutungen zulässt (was zu lang anhaltenden Debatten führte), erscheint der in *Neuland unterm Pflug* (den äußeren Anzeichen nach) in aller Selbstverständlichkeit präsentierte Vorgang als Muster einer Kolchosgründung. Für diese Deutungsart scheint auch zu sprechen, dass der Autor dieses Werk aus minimalem zeitlichen Abstand zum Gegenstand, sozusagen aus operativer Schreibposition, geschrieben hat, während er das Don-Epos aus zeitlicher, partiell auch biographischer Distanz heraus verfasste und auch auf historische Recherchen angewiesen war. Es mussten Jahrzehnte mit tiefen historisch-gesellschaftlichen Veränderungen vergehen, ehe man sich dem Romantext aus neuer Warte zuwenden konnte und ihn nicht mehr eindimensional wahrnahm.

Was die inneren Dimensionen und die Ambivalenzen des Romantextes von *Neuland unterm Pflug* (I) anbelangt, so deuteten sie sich einst bereits in der Geschichte der Titelgebung an. Der *avantgardistische* Titel *Podnjataja celina* (im Deutschen adäquat mit *Neuland unterm Pflug* wiedergegeben), der bei der Erlangung der Druckgenehmigung bei der Moskauer Zeitschrift „Nowy mir" im Jahre 1932 hilfreich war und sich international durchsetzte, stammte nicht vom Autor selbst (der gelegentlich seine heftige Abneigung zum Ausdruck brachte)[163], sondern von Pjotr Lugowoi, dem mit dem Autor befreundeten Parteifunktionär, der natürlich politisch-pragmatisch dachte. Scholochows Vorschlag hingegen, der in Moskau nicht durchsetzbar war, hatte gelautet: *Mit Schweiß und Blut* (*S potom i krov'ju*), und dieser Titel betonte *die Mühen und den Preis* des ganzen Kolchosunternehmens. Wir wollen im Folgenden der Frage nachgehen, wie es sich im Einzelnen mit den beiden Seiten des Romankonzepts – der avantgardistischen und der problematisierenden – verhält.

2. Hoffnungen einer Zwischenzeit

Vergegenwärtigen wir uns die konkrete zeitgeschichtliche Situation, in die der Autor sein Werk hineinstellte. Es ist jene Phase der Kollektivierungspolitik, wo Stalin sich – auf Widerstände seitens der Bauernschaft und Misserfolge reagierend – zur teilweisen Korrektur seines Kurses (kurzfristige und massenweise Bildung von Kollektivwirtschaften) gezwungen sieht. Sein „Prawda"-Artikel „Vor Erfolgen von Schwindel befallen" vom 2. März 1930 bewirkt vorübergehend eine stark rückläufige Bewegung, insgesamt tritt jedoch eine gewisse Beruhigung der Lage ein – ehe ein paar Jahre später die von unmäßigen Getreideabgaben ausgezehrten Dörfer von einer katastrophalen Hungersnot heimgesucht werden. Der Entschluss Scholochows, den Roman zu schreiben, könnte nach dem Erscheinen des erwähnten Stalin-Artikels gereift sein (die Idee eines solchen Romans äußert er erstmalig im Sommer 1930),[164] er arbeitete an seinem neuen Werk im Zeitraum zwischen Ende 1930 und Frühjahr 1931 (vgl. ebd.), und die Handlung wird in eben jene Zeit kurz vor und nach dem bewussten Artikel – nämlich in die Monate Januar bis Mai 1930 – verlegt. Das heißt, Scholochow wählt jenes schmale „Zeitfenster", jene nicht lange während „Zwischenzeit" (wir benutzen hier einmal den von Juri Tynjanow geprägten Ausdruck), in der sich nach anfänglichem großem Zeitdruck die Aussicht auf eine ruhige Entwicklung des Kolchoslebens mit der Normalität des Alltags eröffnet. Die Zukunft eines besseren Lebens scheint möglich. Nur unter diesen Voraussetzungen konnte er den Roman schreiben.

Wie schon (im Kapitel „Scholochow und Stalin") dargelegt, lässt sich Scholochows Entschluss auch daraus ableiten, dass sich der Schriftsteller mit dem Stalinschen Weg des Aufbaus des „Sozialismus in einem Lande" identifizierte. Man kann dies dem Text von *Neuland unterm Pflug* entnehmen – beispielsweise aus der

---

163 Vgl. Lugovoj (2005), S. 595. In einem Brief an E. G. Lewizkaja vom 29. Juni 1932 schreibt Scholochow: „Ich stehe nach wie vor mit dem Titel [des Romans *Neuland unterm Pflug*] auf Kriegsfuß. Was für ein schrecklicher Titel!" Šolochov: Pis'ma, S.89.

164 Vgl. die Anmerkungen von Wassiljew in Ss 5, 296.

Konstellation der Figuren Nagulnows und Maidannikows. Mit dem zum Radika-
lismus neigenden Kommunisten Makar Nagulnow, der immer noch der Idee der
Weltrevolution anhängt und für jenen Tag, wo diese die britannische Insel erreichen wird, schon mal die englische Sprache erlernt (davon erzählt Teil II), wird die
mit dem Namen Trotzkis verbundene Idee der „permanenten Revolution" abgewie-
sen. Nagulnow wirkt in seinem ideellen Wahn wie eine *Don-Quichotte*-Figur, Dawydow sagt zu ihm eher mitleidig: „Du bist ein Träumer, Makar." (N1, 132) (Die
ältere deutsche Textfassung aus dem Jahre 1952 entspricht hier besser dem russischen Original, sie lautet: „Du lebst wie im Traum, Makar!")[165] Der Mittelbauer
Maidannikow hingegen, der im Bürgerkrieg für die Sowjetmacht gekämpft hat,
steht für die *Rationalität* des Stalinschen Kurses. Der Autor lässt ihn in der ent-
scheidenden Dorfversammlung allen Anwesenden vorrechnen, warum für ihn der
Eintritt in den Kolchos ökonomisch vorteilhaft ist. Doch in den Nächten suchen ihn
schwere Gedanken heim, nicht nur wegen der schmerzlichen Trennung von dem
vertrauten Großvieh, sondern auch, weil ihm die Mühsal des ganzen bevorstehenden Weges bewusst wird. Da wendet er sich an die Arbeiter des Westens, die bei
sich keine Revolution zustande brachten, mit schwerem Vorwurf: „Seid ihr denn
blind, seht ihr nicht über die Grenze hinweg, wie schwer es uns wird, die Wirtschaft aufzubauen? Wie wir uns einschränken müssen, wie wir halbnackt herum-
laufen, wie wir mit zusammengebissenen Zähnen schuften?" (N1, 156) Diese
Nachtgedanken erhalten sozusagen ihre höheren Weihen durch die ihnen vorausge-
hende Vision der schwebenden roten Fahne über dem Kreml in Moskau[166] – die
Figur wird autorisiert, im Sinne des in Rede stehenden gesellschaftlichen Kurses zu
sprechen. Dessen äußerst widersprüchliche Entstehungsgeschichte (an der verschiedene politische Akteure, nicht nur Stalin, beteiligt waren) hat Isaak Deutscher
in seiner Stalin-Biographie geschildert, und er hat dabei auch die (in der literarischen Darstellung natürlich hervortretende) *psychologische* Seite der Angelegenheit beleuchtet: „Die russische Gesellschaft der zwanziger Jahre hatte eine wahrhaft
tragische Sehnsucht nach stabilen Verhältnissen [...] Der Wunsch nach einer langen, möglichst langen Ruhepause, in der keine gefährlichen Experimente mehr zu
machen waren, wurde das Leitmotiv der russischen Politik. Der ‚Sozialismus in
einem Lande', wie er bis zum Ende der zwanziger Jahre verstanden wurde, schien
die Erfüllung dieser Hoffnung in sich zu bergen. Auf der andern Seite lag allein
schon in den Worten ‚Permanente Revolution' und damit auch in der Person Trotzkis die nachdrückliche Warnung an eine erschöpfte Generation, dass es [sic!] für

---

165 Michail Scholochow: *Neuland unterm Pflug*. Berlin: Volk und Welt 1952, S. 157.

166 Aleksandar Flaker hat in einer Studie detailliert herausgearbeitet, wie der Übergang von der
     bäuerlichen Kleinwelt, in der Maidannikow lebt, in die weltpolitische Sphäre erzählerisch
     vollzogen wird. A. Flaker: Kondrat Majdannikov i Moskva. (K strukture odnoj iz glav
     „Podnjatoj celiny"). In: Michail Šolochov: Stat'i i issledovanija. Izdanie vtoroe,
     dopolnennoe. Moskau 1980, S. 383-393.

die Dauer seines Lebens keinen Frieden und keine Ruhe mehr erhoffen dürfe." Weiter heißt es: „In Stalins Deutung war Russland nicht länger ein Randgebiet der modernen Zivilisation. Im eigenen russischen Bereich sollten die Formen einer neuen Gesellschaft gefunden und ausgearbeitet werden."[167] Dafür konnte sich Scholochow engagieren, die Aufgabe schien schwierig, aber lösbar.

Auch wenn der Autor die Romanhandlung von *Neuland unterm Pflug* (I), wie angedeutet, in einen relativ günstigen Zeitabschnitt – vor der Welle von drastischer Willkür und Terror von Seiten des Stalin-Regimes – gelegt hatte, verlief die Kolchosgründung mit ihren Begleiterscheinungen im Chutor nicht ohne Gewalt, und dabei zeigte sich ein ums andere Mal der lange Schatten des Bürgerkriegs,[168] der bekanntlich als schonungsloser Bruderkrieg mit verheerenden Folgen über das Dongebiet hinweggegangen war. Die umkämpften Jahre 1919, 1920 sind in vieler Munde, ob als gute oder ungute Erinnerung, auf welcher Seite dieser oder jener gekämpft und wie der Betreffende sich aufgeführt hat. Mancher redet sich in seinem Hass auf die Sowjetmacht in Feuer: „Wenn es nur Krieg gäbe![...] Mit Knüppeln würden wir auf sie losgehen, wie im Jahr neunzehn!" (In der Übersetzung ist ein Detail ausgespart, im Original heißt es: „wie *die Wjoschensker* im Jahre neunzehn.") (N1, 96; Ss 5, 75) Andere tragen am Leid eines unwiederbringlichen Verlustes – wie Andrej Rasmjotnow, der Vorsitzende des Dorfsowjets. Man spürt andauernd die Gefahr, dass Wortgefechte in Auseinandersetzungen einer anderen Art umschlagen. Einmal geschieht dies auch, nämlich beim sogenannten „Weiberaufstand", als die um die Getreidevorräte besorgten Frauen des Chutors vom Kolchosvorsitzenden Dawydow die Herausgabe des Speicherschlüssels verlangen – und wie da der unbewaffnete Mann durchs Dorf geführt und ununterbrochen geschlagen wird, wirkt es wie eine ferne Reminiszenz an den Leidensweg der fünfundzwanzig Kommunisten im 54. Kapitel des dritten Bandes des Don-Epos... Wir haben im Kapitel „Scholochow und Stalin" bereits auf den Hinweis Wladimir Wassiljews aufmerksam gemacht, dass Scholochow auf die *gleichzeitige* Veröffentlichung von Teilen des *Stillen Don* (und zwar gerade jener, die zum Aufstand von 1919 hinführen) sowie von *Neuland unterm Pflug* gedrängt hat. Wassiljew hebt die Bedeutung dieser Tatsache für die Intentionen des Schriftstellers hervor: „Es ist unschwer zu bemerken, dass die Ereignisse des Jahres 1929 von Scholochow wie eine Rückkehr zur Epoche 1919/22 aufgenommen werden, daher rücken sie den Leser nicht vom *Stillen Don* ab, sondern nähern ihn vielmehr alledem, was später den Inhalt

---

167 Deutscher (1997), S.378, 381.
168 In einer in den 1960er Jahren am Leningrader Akademie-Institut für russische Literatur (Puschkinhaus) erarbeiteten „Geschichte des russisch-sowjetischen Romans" wird in zutreffender Weise davon ausgegangen, dass in den Romanen der ersten Welle der „Aufbau"-Thematik zu Beginn der 1930er Jahre noch (antithetische) Konflikt-Strukturen und das Menschenbild „der Zeit der revolutionären Illegalität und des Bürgerkriegs" vorherrschten. Istorija russkogo sovetskogo romana. Kniga 1. Moskau-Leningrad 1963, S. 416.

von dessen drittem und vierten Buch bilden wird. Dabei beunruhigt den Schriftsteller offensichtlich die explosive Situation – ‚Zündstoff' gibt es reichlich, wie am Vorabend des Aufstandes am Oberen Don im Jahre 1919." (Ss 5, 293f.)

Den meisten „Zündstoff" lieferte natürlich die mit der Kollektivierung verbundene Enteignung derjenigen Bauern, die den *Kulaken* zugerechnet wurden.[169] Unser heutiges Wissen über den Charakter der sogenannten „Entkulakisierung" (deren Willkürcharakter mit der Einstufung von Bauern als „Kulaken" begann und mit der sehr oft einem Todesurteil gleichkommenden Aussiedlung endete) erfordert es zu fragen, wie Scholochow sich diesem heiklen Thema gestellt hat. Es spricht für ihn, dass er es weder plakativ abgefertigt noch in eine Randzone des Romans verlegt, sondern in denkbarer Breite in mehreren Kapitel (Kap. 6, 7, 8, 9 und 11) behandelt hat. Wir können in mehreren Fällen (bei den Bauern Tit Borodin, Frol Damaskow, Gajew, Semjon Lapschinow) genau verfolgen, was sich bei der Enteignung und Ausweisung aus Haus und Hof ereignet. Und die Charaktere werden, wie andere im Roman auch, in ihrer Individualität vorgeführt – nicht in jedem Falle mit den Kennzeichen des Ausbeuters. Ja, im Falle Gajews wird in einem der letzten Kapitel gar davon berichtet, dass man ihn zu Unrecht enteignet habe, so dass er ins Dorf zurückkehren kann (wo Dawydow ihn sogleich für den Kolchos wirbt). Die Vertreibung seiner Familie mit einer großen Kinderschar hatte einen Eklat mit Rasmjotnow ausgelöst, als dieser Dawydow erklärte, er werde sich nicht länger an der Aktion beteiligen, denn er führe doch keinen Krieg gegen Kinder. Worauf Dawydow nicht weniger heftig reagierte und von bitteren Erlebnissen seiner eigenen proletarischen Kindheit sprach… Ein etwas hilfloser Versuch, mit einem schwierigen Kapitel verübter Unmenschlichkeit fertig zu werden. Und das Ganze wird nicht besser, wenn Dawydow tröstend hinzufügt, man schicke die Kulaken ja (nach Solowki, also in das Lager im unwirtlichen Norden!) nicht in den Tod, sondern zur Arbeit, und die Kinder werde man „umerziehen"… (vgl. N1, 70) Heilige Einfalt eines gutgläubigen Kommunisten?! Jedenfalls lässt es der Autor so stehen, ohne Kommentar. Am Ende der ganzen Kapitelfolge löst sich die Anspannung in einer Szene grotesker Komik und befreiendem Gelächter: als Djemka Uschakow und die Ehefrau

---

169 Stephan Merl hat die Problematik, die mit dem Begriff des Kulaken und mit dem Umgang mit derart abgestempelten Bauern in der Politik, besonders während der Kollektivierung, verbunden war, differenziert abgehandelt. Er verweist nicht zuletzt auf die Ambivalenz des Begriffes „Kulak", „der somit einerseits die Sozialgruppe der wohlhabenderen Bauern und andererseits verhaßte Verhaltensformen bezeichnete", und merkt an, dass „das politische Verhalten" von „Kulaken" in der Praxis „häufig nicht mit der tatsächlichen Sozialgruppenzugehörigkeit überein(stimmte)". St. Merl: Bauern unter Stalin. Die Formierung des sowjetischen Kolchossystems 1930-1941. Berlin 1990, S. 62. Bei Scholochow kommt diese Problematik in der Anlage seiner Figuren usw. (im Unterschied zur schematisierenden Darstellungsweise in Fjodor Panfjorows mehrbändigem Roman *Wolgabauern* [russ.: *Bruski*, 1928/37], deutlich zum Ausdruck.

Lapschinows handgreiflich um den Besitz einer Gans streiten...Alles in allem – es ist zwar nicht das heutigen Ansprüchen Genügende, aber doch ein hohes Maß an Aufrichtigkeit und Realismus (wo andere Autoren in die Karikatur verfielen). Gefilterte Lehrbuchweisheit war es jedenfalls nicht, was Scholochow seinen Lesern in diesem Roman präsentierte!

3. Romanhandlung nach klassischem Dramenmuster

Die Ereignisse in Gremjatschi Log, dem fiktiven Handlungsort, erfahren in doppelter Hinsicht eine Zuspitzung und *Dramatisierung*: Das staatlich vorgegebene forcierte Tempo der Kollektivierung ruft ohnehin Widerstände hervor, und in diese Situation wirken zusätzlich Aktionen der gegnerischen Kräfte hinein. Die Handlung bewegt sich in rasch aufeinander folgenden Schüben voran, gipfelt immer wieder in dramatischen Szenen (typisch sind Kapitelanfänge wie: „Das Leben in Gremjatschi Log bäumte sich wie ein störrisches Pferd vor einem schwierigen Hindernis ..." (N1, 91); „Und wieder kam große Bewegung in das inzwischen ruhig gewordene Dorf..." (N1, 146); „Die Ereignisse erschütterten den Chutor..." (N1, 252), die sowohl in der Öffentlichkeit als auch in intimeren Räumen spielen, sie wechselt zwischen Fortschritten und Rückschlägen, zwischen Freund und Feind, dazwischen sind beruhigende Abschnitte eingelegt, gefährliche Konfrontation geht des öfteren in Episoden von entspannender Komik, erleichterndem Lachen über... Erst in den letzten drei/vier Kapiteln mündet alles in gewöhnlicher Alltagsschilderung, wo Dinge nicht mehr so geplant und organisiert werden, sondern sich einfach ereignen, und wo auch Privates zu seinem Recht kommt. Ruhig berichtend und resümierend heißt es da: „In den folgenden zwei Wochen geschahen große Veränderungen in Gremjatschi Log", und als eines der Ereignisse dieser Alltagszeit wird registriert: „Zum höchsten Erstaunen des ganzen Chutors verband sich Marina Pojarkowa mit Djomid Moltschun" (N1, 352). Eine Hochzeit und ein Tod, Briefe und andere Nachrichten von fern und nah: das normale Leben ist wiedereingekehrt. Ja, es scheint, als verwirkliche sich in diesen friedvollen Passagen ein Stück Utopie: Einer der ausgesiedelten Bauern kehrt (wie oben erwähnt) rehabilitiert in den Chutor zurück und soll nun sogar in den Kolchos aufgenommen werden. Nagulnow nimmt bei der Erörterung seines Falles sogar das Wort „Zwangskollektivierung" (N1, 351) in den Mund! Und: Nagulnows Parteiausschluss wurde rückgängig gemacht – denn im Rayon hat man den Bürokraten durch einen neuen Parteisekretär abgelöst... Alles dies besagt nur: Auf der Ebene des Sujets haben wir in diesem Roman am wenigsten Kontroverses zu erwarten. Da folgt der Gang der Erzählung der Verwirklichung eines politischen Nahziels. Die Widerhaken partieller Bedenken oder auch weiterreichender Problematisierungen entdeckt man erst bei genauerer Prüfung des Textes.

Wie schon angemerkt, wohnt der Romanhandlung ein starkes dramatisches E-
lement inne. Die Kompaktheit des Ganzen (der Autor rühmte sich, in diesem Roman – dank einer geringeren Figurenzahl und einer strengeren Ortsbindung – eine
größere kompositionelle Geschlossenheit als im *Stillen Don* erreicht zu haben)[170]
gestattet uns, noch einen Schritt weiter zu gehen und von einer Analogie zu einem
bestimmten Dramenaufbau zu sprechen.[171] Die Literaturtheorie (Volker Klotz) hat
diesen unter dem klassischen Typ des *geschlossenen Dramas* (Raçine, Goethe,
Schiller) behandelt. Dort heißt es, ein „übersichtliches gesellschaftliches *Ord-
nungsgefüge*" in „hierarchischer Gliederung" lasse seine „Wirkungsmacht und Beteiligung" bis ins kleinste Detail spüren.[172] Hier haben wir das entscheidende
Stichwort: Um nichts Geringeres als die Konstituierung eines neuartigen Gemeinwesens, einer vorgegebenen *Ordnung* und um die darum entbrennenden Kämpfe
geht es auch in *Neuland unterm Pflug*. Daher können wir im Roman (mutatis mu-
tandis) die von Klotz benannten Merkmale des betreffenden Dramentyps beobach-
ten: „Spiel und Gegenspiel", ein „klares, zugespitztes Gegeneinander feindlicher
Parteien", den Antritt von Protagonist und Antagonist (Dawydow und Polowzew),
„Duell"-Situationen.[173] Aus alledem ergibt sich auch die übersichtliche (einer
Schlachtordnung oder – wie Jakimenko meint – der Figurenaufstellung beim
Schachspiel[174] ähnelnde) Staffelung der wichtigsten Charaktere: Obenan steht die
feindliche Kontraposition zwischen den herausragenden Exponenten beider Seiten
– Dawydow und Polowzew. Dawydow stehen mit Nagulnow und Rasmjotnow
zwei weitere Kommunisten in den von der Sowjetordnung vorgegebenen Führungs-
positionen als Sekretär der örtlichen Parteizelle bzw. als Vorsitzender des Dorfsowjets zur Seite. Zugleich sind sie gegensätzlich in ihren politischen Präferenzen (der
eine radikal, der andere eher von weichem Gemüt). Die Kontraposition wiederholt
sich auf der Ebene der Mittelbauern mit Maifdannikow und Ostrownow (s. Skizze).

---

170 Jakimenko (1977), S.477.
171 In diesem Zusammenhang ist es aufschlussreich, dass zu den unvollendeten Werken Scho-
     lochows aus den 1930er Jahren, wie Wassiljew in seinen Anmerkungen mitteilt, auch ein
     „Stück über die neue Bauernschaft" gehörte (Ss 6, 351). Darüber hinaus ist zu beachten,
     dass der junge Scholochow (noch vor seinem literarischen Debüt) vor heimischem Publi-
     kum mit großem Erfolg Fonwisins Komödie *Der Landjunker* (1783) sowie selbstverfasste
     Stücke inszenierte und darin selber Hauptrollen übernahm. Die entsprechende Dramenäs-
     thetik war ihm folglich vertraut. Vgl. G. Sivolovov: Michail Šolochov. Stranicy biografii.
     In: Petelin (2005, Kniga pervaja), S. 173ff.
172 Volker Klotz: Geschlossene und offene Form im Drama. München. 5.Aufl. 1970, S.58.
173 Ebd. S.29.
174 Jakimenko (1977), S. 555.

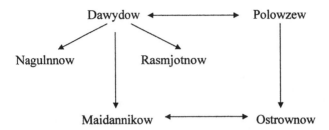

Skizze: Konstellation der Hauptfiguren im Roman *Neuland unterm Pflug*, Teil I.

Diese *dramaturgische* Anlage der Romanhandlung kann unter zwei Aspekten gesehen werden. Zum einen trägt sie den *Avantgardismus* des Romans: die brodelnde, widersetzliche Realität des Kosakendorfes wird nach dem Bilde der neuen *Ordnung* umgeformt, und der Autor „vereinfacht" das Ganze durch die beschriebene Übersichtlichkeit. Und eben dies mag zur „Lehrbuch"-These beigetragen haben. Dabei wurde etwas übersehen: Die Präsentation der Akteure beider Seiten wie auf einer gut ausgeleuchteten Bühne kommt einer selbständigen Urteilsbildung des Lesers entgegen. Sie verschafft ihm jederzeit Überblick sowie einen *Informationsvorsprung* gegenüber den Figuren. Es gibt kein wichtiges Ereignis, das er nur vom Hörensagen, also beladen mit Vermutungen, Spekulationen übermittelt bekommt: stets werden ihm der tatsächliche Vorgang und die Absichten der Akteure vor Augen geführt. Ein krasses Beispiel ist die nächtliche Ermordung des Bauern Choprow, der den Feinden des Kolchos die Komplizenschaft aufgekündigt hatte und daher als potentieller Verräter ihrer Verschwörung beseitigt werden musste. Wir werden Zeuge der nächtlichen Untat an Choprow und seiner Frau – und erleben danach, wie Dawydow und seine Mitstreiter beim Rätseln über die Täter und ihre Motive gänzlich im Dunkeln tappen. Hieran schließt sich ein zweites Beispiel: Die Offenherzigkeit, mit der Dawydow seinen vielfach beargwöhnten Wirtschaftsleiter Ostrownow aufsucht, um sich von ihm nützliche Hinweise für den Ackerbau geben zu lassen, und das nachfolgende nützliche Gespräch zwischen *aufgeklärten* Menschen stehen in grotesk-grellem Gegensatz zu der Rolle, die derselbe Ostrownow kurz zuvor in der erwähnten Mordnacht gespielt hat. Es ist dies ein Verfahren, das dazu anhält, hinter den täuschenden Schein zu schauen, Widersprüchen auf die Spur zu kommen, und jedenfalls hat es wenig mit überredender Didaktik zu tun; im Gegenteil: es erfordert den mündigen, mitdenkenden Leser!

Natürlich hat Scholochow als ein Mann mit Theaterblut das Spiel mit *dramaturgischen* Elementen noch ein wenig weiter getrieben. Wir erleben zum Beispiel eine Art spezieller *Inszenierung* beim Auftritt des jungen Agitators Wanjuschka Naidjonow vor der am Frühstückstisch versammelten Familie des Bauern Akim

Beschlebnow. Wanjuschka tischt seinem gespannt lauschenden Publikum eine zur Hälfte erfundene Geschichte auf, die sie erschüttern, ihr Solidaritätsgefühl mit Verfolgten im kapitalistischen Rumänien wecken und sie so zur Ablieferung einer größeren Getreidemenge motivieren soll. Das Ganze spielt sich gleichsam vor doppeltem Publikum ab: einmal vor der Leserschaft, zum anderen vor den Augen Nagulnows , der auf Anweisung Dawydows mitgekommen ist, um von Wanjuschka zu lernen, wie man *ohne* Androhung von Gewalt zum Ziel kommen kann. Also ein kleines *Lehrstück* auf intimer Bühne. Später kündigt der Leiter der Agitationstruppe, der Ukrainer Kondratko [die hier zit. dt. Fassung gibt den Namen fehlerhaft als „Kondratkow" wieder], bei seiner Abreise aus dem Chutor Gremjatschi Log an, dass man in Kürze in dem nahe gelegenen Ort Tubjanskaja einen „Theaterabend" (N1, 182), vermutlich mit einem Agitpropstück, veranstalten werde – mit ihm selber in der Rolle eines Kulaken. Mit einem Wort: Theaterkunst mitten im politischen Geschehen! Und wie werden jene nächtlichen Turbulenzen (Gesang und Tanz) kommentiert, die sich seit der Anwesenheit von Luschka Nagulnowa in der Feldbrigade Agafon Dubzows abspielen? Dem Brigadier kommen Erinnerungen an die Weltkriegszeit, wo man ihn mit anderen Verwundeten in die *Oper* geführt hat: „Das war auch so ein Höllenspektakel: der eine heulte in den höchsten Tönen, der andere tanzte, der dritte kratzte auf der Fiedel..." (N1, 363) Vielleicht wäre im vorliegenden Fall eher von *Operette* zu sprechen, die nach dem Motto „die Liebe lieben, das Leben leben"[175] über die Bühne geht. Eben dies ist die Devise Luschkas, und die verwirklicht sie auch im Brigadequartier...

Weiter: Ähnlich wie im geschlossenen Dramentyp gibt es in der Romanhandlung von *Neuland unterm Pflug* den Wechsel und die enge Berührung *verdeckter* und *offener* Partien.[176] Während die Tätigkeit Dawydows auf offener Bühne stattfindet, agiert sein Kontrahent Polowzew notgedrungen verdeckt. Man weiß voneinander, begegnet sich aber nicht direkt, sondern nur über Komplizen oder einen gleichfalls verdeckt agierenden Mittelsmann wie Ostrownow. Nur einmal kommt es zu einer (auch für den eingeweihten Leser) beklemmenden Annäherung, buchstäblich *Wand an Wand*, als der ahnungslose Dawydow unangekündigt das Haus Ostrownows betritt, um sich mit ihm (siehe oben) über Wirtschaftsfragen zu beraten. Hinter der Wand steht Polowzew und *belauscht* hasserfüllt das Gespräch. Der Erzählertext wird bei Beginn des „abgehörten" Dialogs auf den „Regiehinweis" „Za dver'ju" („hinter der Tür") (5, 94) reduziert (die dt. Übersetzung ist mit „Er lauschte" hier ungenau, N1, 122), es dominiert allein der Ablauf der Szene. Ein anderes Mal ist es Ostrownow, der das Gespräch seiner Hausgäste Polowzew und Ljatewski belauscht. An der betreffenden Stelle wird sogar gänzlich zur Gestalt ei-

---

175   Klotz (1970), S.190.
176   Ebd. S.7.

nes Dramentextes (Namen der handelnden Person + Sprechtext, N1, 190) gewech-
selt. Und wenn man will, kann man auch die Szene, in der Dawydow als Untermie-
ter im Hause Nagulnows ungewollt zum *Voyeur* wird (da seine Schlafstatt nur
durch einen Kattunvorhang vom Wohnzimmer abgeteilt ist, kann er ein morgendli-
ches Gespräch zwischen den Eheleuten mithören), zu den erkennbaren Dramen-
elementen zählen.

Scholochows Prinzip, die gedanklich mitgehende, vergleichende Aktivität des
Lesers herauszufordern, zeigt sich auch bei der Einführung der für das ganze Romankonzept so wichtigen Figur des Kommunisten und Kolchosvorsitzenden Semjon Dawydow. Swetlana Semjonowa macht darauf aufmerksam, dass das Wesen
seines Charakters erst allmählich zutage tritt, zumal sich der Autor mit dem ge-
wöhnlich ausdrucksstarken und bestimmte Wertungen signalisierenden äußeren
Porträt (Semjonowa nennt es „fizičeskij abris")[177] zunächst zurückhält. Und zumal
es sich – fügen wir hinzu – bei Dawydow um einen proletarischen Neuling und
Fremdling, einen Mann von betont rationalem und eher verschlossenem Wesen im
emotional bewegten kosakischen Dorfmilieu handelt. Kein Wunder, dass Rasmjotnow als enger Mitstreiter Dawydows erst im Ergebnis nächtlichen (und anfangs
zweifelnden) Grübelns – indem er die verschiedenen widersprüchlichen Eindrücke
von Dawydow Revue passieren lässt („trocken und hart" war der ihm anfangs erschienen) – zu einem Ergebnis gelangt: nämlich erst in dem Moment, wo ihm dessen ganze lebendige Erscheinung vor Augen tritt: „er vergegenwärtigte sich dessen
kräftige, fest gefügte Gestalt, das gespannte Gesicht mit den harten Falten an den
Wangen und die spöttischen, klugen Augen.". Auch eine Äußerung über einen der
Versammlungsredner ist ihm wieder präsent, ja sogar ein solches Detail wie sein
Mund mit der Zahnlücke – und mit einemmal resultiert aus alledem die freudige
Erkenntnis: „Nein, auf Dawydow kann man rechnen..." (N1, 51f.) Diese Verfah-
rensweise enthält in nuce den Weg, den der Leser selber bei der Aneignung der
Dawydow-Figur gehen muss: über Widersprüche hinweg zu ihrem inneren We-
senskern. Darüber hinaus wird über die Figur Dawydows das für das Romankonzept schlechthin maßgebliche Motiv der notwendigen *Erkenntnismühen* beim Zugang zum Innenleben des Kosakendorfes (das ihm wie ein „komplizierter Motor
ganz neuer Konstruktion", N1, 109, erschien) aktiviert. Alles hier Gesagte legt uns
nahe, den ganzen im Roman geschilderten Vorgang nicht als oberflächlich ables-
bare Erfüllungslogik (wie sie dem *Produktionsroman* eigen ist!) zu verstehen, sondern als Darbietung eines vielschichtigen Geschehens, das unser Mitdenken erfordert.

---

177 Semenova (2005), S. 181.

4. Kontrapunktische Signale

Wir sind an einem Punkt angekommen, wo darauf aufmerksam gemacht werden muss, dass der Autor-Erzähler das Geschehen dieses Romans nicht dem avantgardistischen Vorwärtsdrang allein überlässt. Vielmehr werden auch Kräfte und Phänomene zur Geltung gebracht, die ihr eigenes Zeitmaß, ihren individuellen Lebensrhythmus haben (und behaupten!).

Dies gilt für die ausladenden *Naturbilder*, die prologartig einzelnen Kapiteln vorangestellt sind. Sie stehen jeweils für die Phänomenologie eines Monats (Januar, Februar, März), und in ihrer Erhabenheit fordern sie förmlich zum Innehalten auf, zur inneren Einkehr zu den bleibenden Begleitern des Bauernlebens. Bei einem in das 36.Kapitel eingefügten Naturbild, das im April, dem Monat des Pflügens, in die Handlung eingefügt ist, wollen wir kurz verweilen. Die außergewöhnliche künstlerische Kraft dieser Schilderung hat uns bewogen, sie in bestmöglicher sprachlicher Qualität auch in deutscher Übertragung zugänglich zu machen:[178]

„Über der Steppe stand, die Sonne im Zenit verdeckend, eine vom Wind aufgeworfene düsterlila Hagelwolke. Ihre weißen Ränder stiegen schwadig in schneeigem Glast, doch ihr schwarzer Gipfel dräute in seiner lastenden Unbeweglichkeit. Aus einer Einbuchtung der Wolke, hinter dem von der Sonne orangen durchfärbten Saum hervor, stachen schräge Strahlen, breit auffächernd, hernieder. Oben im uferlosen Himmel waren sie von lanzenhafter Schmalheit; doch erdwärts zerflossen sie, und indem sie sich auf die fernen, in den Horizont hinein verlaufenden Hügelreihen der bräunlichen Steppe legten, verschönten sie sie und verjüngten sie in wundersamem Frohsinn. Die Steppe, überraucht vom Wolkenschatten, erwartete schweigsam und ergeben den Regen. Auf dem Weg wirbelte der Wind eine blaugraue Staubsäule auf. Er trug bereits den Duft der Regenfeuchte. Und eine Minute später setzte, noch zurückhaltend und spärlich, der Regen ein. Körnige kalte Tropfen bohrten sich in den Staub des Pfades und zogen sich zu krümeligen Schmutzklümpchen zusammen. Aufgeregt begannen die Zieselmäuse zu pfeifen, vernehmlicher schlugen die Wachteln, und der von Leidenschaft durchglühte Lockruf der Zwergtrappe verstummte. Die Hirsestoppeln durchging ein Windstoß, und die Stoppeln richteten sich auf und begannen zu rascheln. Das trockene Geknistere vorjähriger Büsche erfüllte die Steppe. Dicht unter der Wolke schwebte, die gespreiteten wenigbewegten Flügel dem Aufwind bietend, ein Rabe nach Osten. Weiß flammte ein Blitz auf, und der Rabe warf sich, nachdem er einen kehligen baritonhaften Krächzlaut ausgestoßen hatte, zielstrebig abwärts. Eine Sekunde lang leuchtete er – vom Sonnenstrahl durchhellt – auf wie eine von Feuer erfasste Harzfackel, es war zu hören, wie durch das Gefieder seiner Schwingen unter orkanhaftem Pfeifen die Luft hindurchraste. Doch einige Dutzend Sashen über der Erde fing sich plötzlich der Rabe, richtete sich steil auf, schlug mit den Schwingen, und da – mit trockenem Krachen, ohrenbetäubend – erdröhnte der Donner." (Im russ. Original: Ss 5, 255)

---

178 Der Dank geht an den Dichter Peter Gosse, der die neue Textfassung mit subtilem Sprachgefühl für das Russische verfaßt hat.

Hier erleben wir die hohe Kunst Scholochowscher Naturschilderung in ihrer ganzen Faszination und ahnen, was sie im gegebenen Kontext besagt. Das Ganze ist eingefügt in Episoden mit teilweise läppisch-rechthaberischem Streit über die erwünschte und die unerwünschte Art der Feldarbeit, und da entfaltet sich das Panoramabild des Himmels und der Steppennatur wie ein Stück aus einem anderen Dasein – ein aus vielen feinsten Nuancen komponiertes sinfonisches Ganzes, bei dem man in Bild und Tönen gebannt verfolgen kann, wie die einzelnen beteiligten „Instrumente" (Wind, Wolken, Steppe, Staub und Weg, Feldmäuse, Wachteln, Trappen, Gras) ihren Part aufgreifen und wieder abgeben, bis endlich der Rabe als artistischer Hauptakteur seinen (buchstäblich) glänzenden Auftritt hat – und dann doch, ihn übertrumpfend, ein Paukenschlag des Gewitters dem Ganzen ein Ende setzt. Allein die bezwingende Schönheit dieses Vorgangs verweist das Menschenwerk ins rechte Maß.

Ein Ort der Besinnung im Gedränge der Ereignisse ist auch der Kurgan, der uralte monumentale Grabhügel: So wie er weithin sichtbar aus der Ebene der Donsteppe emporragt, wird er zum Merkzeichen in der Romanhandlung. Es ist ausgerechnet der ewig unruhige und hitzköpfige Makar Nagulnow, der in einer Stunde notwendiger Neubesinnung, ja des Abstandnehmens von Selbstmordgedanken nach dem Ausschluss aus der Kommunistischen Partei hier einkehrt. An diesem Ort herrscht ungewöhnliche Stille („Ringsum herrschte eine Stille, wie sie sonst nur im Spätherbst in die abgeerntete, verlassene Steppe einkehrt", N1, 316), und anstelle des aktuellen Getriebes tritt reiches, vielfältiges Naturleben in gesammelter Form hervor. Und in eben dieser Umgebung geschieht mit Nagulnow eine ungewöhnliche Wandlung: Während er den Gedanken an Freitod zuerst nur aus *Hass* auf seine Feinde (denen er den Triumph seiner Niederlage nicht gönnt) aufgeben will, entsteht sodann – beim Anblick des ausgetrockneten Ackerbodens auf der benachbarten Flur – ein schöpferischer Impuls, der nicht mehr nur auf die eigene Person, sondern auf das *Leben* in der Natur, nämlich die Rettung der Saat, gerichtet ist. Und es ist nicht eine *Parteiung*, die er in dieser Minute mit (wie immer radikal formuliertem) scharfem, selbstkritischem Vorwurf bedenkt, sondern der *Mensch* in seiner Verantwortung als Nutzer natürlicher Vorgänge: „Wir sind schlimmer und schmutziger als die letzte Kreatur!" (N1, 318) Da wird ein ganzes sonst dominantes politisches Beziehungsgefüge der Person momentan außer Kraft gesetzt, um einen gänzlich anderen Verbund, nämlich die Pflichtgemeinschaft der Ackerbauern (man beachte das „Wir": die selbstverständliche solidarisierende Einbeziehung der eigenen Person in diesen Verbund) aufzurufen. Und durch diesen Aufruf tritt das Kapitel mit der Kurgan-Szenerie in innere Beziehung zu den oben charakterisierten Naturbildern: über Kapiteldistanzen hinweg bildet sich gegenüber den Bildern sozialer Veränderungen im Chutor eine Art kontrapunktischer Motivkette.

In der beschriebenen Episode mit Nagulnow wird überdies eine überraschende Beziehung zu Dawydow hergestellt – und in beiden Fällen geht es um das Verhältnis zur Natur. Dawydow macht an einem anderen Ort der Feldmark die gleiche a-larmierende Beobachtung wie sein Mitstreiter. Dabei kommt es zwischen ihm und dem erfahrenen Landmann Ostrownow, seinem Wirtschaftsleiter, zu einer lehrrei-chen Kontroverse – ob die kümmerlich aussehende Weizensaat wohl aufgehen werde. Ostrownow stellt dies wegen der verspäteten Aussaat rundweg in Frage. Darauf bezichtigt ihn Dawydow des „Opportunismus" und äußert apodiktisch: „Der Weizen wird aufgehen." (Die dt. Textfassung aus dem Jahre 1961 ist hier ungenau, im Original heißt es: „U nas dolžna vzojti!", Ss 5, 267 – was dt. „Er [der Weizen] *muss* aufgehen!" entspricht). Ostrownow: „Sie reden wie ein Kind!" Nun kontert Dawydow mit einem anderen politischen Kampfbegriff, nämlich dem der „rechten Abweichung". Die schlagfertige Antwort des Mittelbauern lautet: „Ich rede nicht von der Abweichung, sondern vom Boden." (N1, 347f.) Die Korrektur ist berech-tigt, denn der Kolchosvorsitzende hat etwas verwechselt: wo es sich um den Acker, ein Stück *Natur* handelt, kann er seinem Kontrahenten nicht mit einer *politischen* Abqualifizierung kommen. Die Natur steht in einem ganz anderen Bezugssystem und ist ihm nicht untertan. Immerhin erweist sich Dawydow als lernfähig. Er gibt sich zwar im Wortwechsel nicht geschlagen, doch da ihm das Problem keine Ruhe lässt, begibt er sich noch einmal zum Acker hinaus und *kniet sich hin* („Dawydow saß ab, kniete nieder, grub ein Weizenkorn aus …", N1, 348), um die bedrohten Saatpflänzchen ganz aus der Nähe zu betrachten – wobei ihn *Mitleid* erfasst. Dann heißt es: „Das *Bewusstsein seiner Ohnmacht* versetzte ihn in Raserei". Diese dem Original genau entsprechende Übersetzung steht wiederum in der älteren Roman-ausgabe von 1952, während es in der von 1962 heißt: „Das Bewusstsein, *nicht hel-fen zu können*, machte ihn rasend." (N1, 348) Diese Textfassung ist häufig stilis-tisch flüssiger als die frühere, doch sie glättet auch bestimmte Härten, die der Wahrheit zuliebe stehen bleiben müssen. – Wir wollen uns das Gewicht der be-schriebenen Episode vergegenwärtigen. Der scheinbar nebensächliche Vorgang rührt an das Selbstverständnis, unter dem der Protagonist angetreten war. Dawy-dows mehrfach wiederholter Leitspruch lautet: „Alles ist in unserer Hand…" (siehe N1, 161, 341), und die Begründung lag in den scheinbar unbegrenzten Möglichkei-ten, die sich aus dem neuen kollektiven Eigentum ergaben: „Und alles gehört uns, alles liegt in unseren Händen…" (N1, 270). (Eben dies war, wie sich in späteren Zeiten herausstellen sollte, ein *historischer* Irrtum!) Dawydow wiederholt das selbstgewisse Losungswort auch bei einer Begegnung mit Schulkindern, er beginnt zu schwärmen, wie schön man die Zukunft der Kinder gestalten werde. Jenes Wort entsprang natürlich dem revolutionären (Um)gestaltungswillen jener, die die Sow-jetmacht erstritten hatten. Dies fand in *Neuland unterm Pflug* im selbstbewussten Auftreten eines Dawydow und im schwierigen, aber letztlich erfolgreich vorange-brachten Vorgang der Kollektivierung seine ästhetische Entsprechung und im Gan-zen auch seine Bestätigung. Doch in dem geistigen Duell Dawydow-Ostrownow verwies der Autor auf die Gefahr, ja die Tendenz der Selbstüberschätzung, deutli-

cher gesagt: des *Voluntarismus*, die der ganzen Bewegung gesellschaftlicher Veränderungen innewohnte. Dawydows trotzig dahingeredeter Satz: „Der Weizen
muss aufgehen" wirkt einfach lächerlich, denn die Natur lässt sich, wie gesagt,
nicht befehlen. Daher besitzt die *Demutshaltung*, die der selbstbewusste Kommunist dann doch (durch sein *Hinknien*) gegenüber dem Pflänzchen einnimmt, Symbolbedeutung! Kurz zuvor, im Kap.36, hatte Dawydow noch seinen verlässlichsten
Mann, den anderen Mittelbauern Maidannikow, mit seinem Leitspruch dazu er-
muntert, einen Rekordversuch beim Pflügen zu unternehmen, und sich selber dabei
mächtig ins Zeug gelegt. Der *Durchbruch* war gelungen, Maidannikow konnte zum
ersten „Stoßarbeiter" des Kolchos ernannt werden. Solche „Durchbrüche" und Re-
korde wurden in der sowjetischen Öffentlichkeit der 1930er Jahre vielfach gefeiert,
und sie fanden auch in der Literatur ihr Echo. Das bekannteste Beispiel ist Valentin
Katajews Roman *Im Sturmschritt vorwärts!* (im Original eigentlich: *Zeit voran!*),
1932 – mit dem anfeuernden Losungswort Majakowskis im Titel). Die Philosophie
von *Neuland unterm Pflug* erfasst man erst dann zur Gänze, wenn man *beide* Signale aus der Handlung aufnimmt – das laute, anfeuernde und das leise mahnende
(das die allermeisten Zeitgenossen vermutlich nicht wahrgenommen haben).

Eine den ungestümen Vorwärtsdrang der Romanhandlung konterkarierende
Kraft kommt bei einem Scholochow natürlich aus der Welt seiner Charaktere.
Schon Georgi Adamowitsch als bedeutender literarischer Zeitgenosse hat gewusst
(und seine Stellung als Emigrant hat ihn nicht an dieser Erkenntnis gehindert), dass
Scholochows literarische Helden, wie er sagt, in erster Linie Menschen sind, die
nicht bestimmten in Russland herrschenden Tendenzen zuliebe einem Schema geopfert werden: „Das Leben umspielt sie in all seiner Kompliziertheit und Ziellosig-
keit, es dient keinesfalls dazu, irgendeinen ‚Bau' abzuschließen oder einen Plan zu
erfüllen."[179]

So kommt Großvater Schtschukar als ein zwar im Kolchos nicht sonderlich
nutzbringender, doch dafür unterhaltsamer und erzählfreudiger Mensch daher, der
im Romangeschehen sehr viel mehr Raum beansprucht, als ihm im allgemeinen
Rollenverständnis und nach den Gesetzen epischer Proportionalität zukäme. Ferner:
In der Regel wird in *Neuland unterm Pflug* auf das Vorleben der Gestalten nur in
geraffter Rückschau eingegangen – zu dem einzigen Zweck, die Handlungsweise
der Betreffenden in der Gegenwart zu begründen. Bei Jakow Lukitsch Ostrownow
mündet die Skizzierung seines Bauernlebens, die sich wie ein Exkurs durch die
verschiedenen Phasen sowjetischer Wirtschaftspolitik liest, direkt in „bilanzieren-
den" Formulierungen und offenbart daher deren ganz auf die Gegenwart zielenden
Charakter: „*Deshalb* hasste er die Sowjetmacht, *deshalb* lebte er freudlos dahin wie
ein verschnittener Stier... *Deshalb* war ihm der Rittmeister Polowzew teurer als

---

179 Zit. nach Semenova: (2005), S. 176. Die Wahrheit dieser Feststellung hat Semjonowa
    selber in ihren subtilen Analysen Scholochowscher Prosa verifiziert.

Frau und Sohn... Und *deshalb* schlachtete Jakow Lukitsch... vierzehn Schafe."
(N1, 118). Die banale Zuspitzung wirkt am Ende fast parodistisch. Der *zieldienen-
de Zuschnitt* biographischer Exkurse begegnet uns ebenso bei Rasmjotnow (allerdings unterbrochen durch die tragischen Szenen um den Freitod seiner Frau), dann
auch bei Dawydow, mit wenigen kurzen Momenten aus proletarischer Kindheit;
ähnlich, sein gegenwärtiges unversöhnliches Verhältnis zum Eigentum begründend,
bei Nagulnow; schließlich, als Motivierung seines Ausscherens aus den sowjet-
feindlich eingestellten Kreisen, bei Choprow usw. Auch aus diesem Muster fällt
Großvater Schtschukar heraus – daher können wir in Ruhe die originelle Darbietung seiner betrüblichen und erheiternden Erfahrungen genießen. Immerhin steht er
damit fast außerhalb jeglicher praktischen „Verwendbarkeit" im Kolchos (seine
kurzzeitige Tätigkeit als Koch der Feldbrigade endet – nachdem ein Frosch in die
Suppe geraten war – mit einem Eklat). Doch sein geduldiger Zuhörer Dawydow hat
erkannt: es gilt, den alten Mann trotz seiner scheinbaren Nutzlosigkeit in die neue
Gemeinschaft aufzunehmen. Welchen Ärger bereitet seinen Genossen auch ein Nagulnow – mit seiner dem offiziellen Kurs zuwiderlaufenden Radikalität, seinen ab-
seitigen Auffassungen über Liebe und Ehe! Man beachte, dass der Scholochowsche
Erzähler sich auch für diese aus der „Normalität" ausscherende Figur (in Kap. 28
und 32) Zeit nimmt, sie ausführlich zu Wort kommen lässt! Schließlich, gegen Ende des ersten Romanteils, als die großen Probleme des neuen Gemeinwesens be-
wältigt scheinen, bringt Lukerja Nagulnowa (ausgerechnet diese als „leichtfertig"
geltende Ehefrau des Mitkämpfers!) Dawydow in die missliche Lage eines heimlichen Liebhabers, die in seinem Rollenfach als beispielhaft vorangehender Kommunist so nicht vorgesehen war...

In alledem zeigt sich, dass Scholochow am Begriff vom *großen Leben* in seiner
Fülle und Vielfalt festhält, und es deutet sich an, dass die neue *Ordnung* sich auch
daran messen lassen muss, ob und wie der Mensch nicht nur dank seiner gesellschaftlichen Nützlichkeit und „Funktionalität", sondern auch in seinem Eigenwert
und Eigensinn darin einen Platz findet. Da dies ein sehr weit reichendes Thema ist,
nahm es der Autor im zweiten Teil von *Neuland unterm Pflug* in deutlich erweiter-
ter Form wieder auf.

5. *Zwei Sprachwelten – zwei Komponenten des Romankonzepts*

Was die bedenkenswerten Zeichen, die kontrapunktischen Signale im Romantext
anbelangt, steht noch eine wichtige Ergänzung aus – nämlich die Sphäre der
sprachlichen Äußerung, in der die Figuren nolens volens offenbaren, wes Geistes
Kind sie sind. Und hier schneiden die Vertreter des *Parteiapparats* am schlechtes-
ten ab. Dawydow muss bei Antritt seiner Kollektivierungsmission bei einem Mann
vorsprechen, der immer nur der *Sekretär* genannt wird, und dessen schwer aus-

sprechbaren Namen (russ. Korčžinskij) – die deutsche Transkription bereitete offenbar Schwierigkeiten, sie lautet 1952 nicht ganz korrekt: Kortschinsky; 1961 wird dann berichtigt: Kortschshinski, wobei das Wortungetüm erst recht hervortritt – wir erst bei seinem dritten Auftritt im 32.Kapitel (wo der Parteiausschluß Nagulnows beschlossen wird) kennen lernen. Das besagt bei Scholochow schon einiges. Und was erst den Umgang mit der russischen Sprache anbetrifft, so liefert der Sekretär des Rayonkomitees (denn um diesen handelt es sich) eine höchst miserable Visitenkarte ab. Bei dem mit amtlicher Strenge verhandelten Zwischenbericht Dawdows (Kap.20) mag manches Wort aus dem Politjargon hingehen, doch wenn der machtbewusste Mann seinem Beauftragten bei Ende der Audienz einen Gefallen tun will, indem er ihm einen Zettel mit einer Empfehlung für ein Mittagessen bei seiner Ehefrau mitgibt, ist dieser im buchstäblichen Sinne bereits bedient, denn er liest: „Lisa! Ich bestehe kategorisch darauf, dass der Überbringer dieses Schreibens sofort ein Mittagessen bekommt." (N1, 168) Die Sprache verrät das Verhältnis zum Menschen, und dieses bekommt Nagulnow später in der Sitzung des Rayonkomitees unter Leitung des Sekretärs mit dem unaussprechlichen Namen zu spüren... (Man fragt sich, warum man einst, als der Roman *Neuland unterm Pflug* im 1:1-Verhältnis als Lehrbuch empfohlen wurde, nicht über dieses Bild des Parteiapparats gestolpert ist, denn nach der Logik des Verfahrens hätte es als beispielgebend ausgegeben werden müssen).

Der denaturierten Sprache der Politbürokraten steht allerdings die lebendige Sprache der Volksfiguren gegenüber, und auch in dieser Beziehung erscheint als Kontrastfigur zu allererst die des alten Schtschukar: Während wir mit Nagulnow bei der für ihn quälend langen Bürositzung des Rayonkomitees der Partei in das Sprachmilieu der Bürokratie eintauchen müssen, bieten uns Schtschukars gleichfalls Zeit beanspruchende Erzählungen den Genuss volkstümlichen Fabulierens! Zwei Sprachwelten, die in ihrem provokanten Gegensatz wohl erst heute, in großem zeitlichen Abstand voll wahrgenommen werden können. Das ist das Privileg der Kunst, dass sie bestimmte verdeckte Konstellationen über die Zeiten hinweg aufzuheben vermag, um sie dann – dank neuer Sehweisen – zur Wirkung zu bringen!

Summa summarum kommt man zu dem Schluss, dass es in *Neuland unterm Pflug* zwei Komponenten gibt: einmal die dominierende *avantgardistische*, die einem angedachten Ziel zustrebt (dem nach Kräften zugearbeitet wird), zum anderen eine erst bei näherem Hinsehen erkennbare, die sich aus verstreut eingefügten retardierenden, zur tieferen Reflektion anhaltenden Zeichen ergibt. Interessanterweise gibt es von Dawydow als Zentralfigur Beziehungen zu *beiden* Komponenten, nicht zuletzt auch durch die Tatsache, dass er zwei gegensätzliche Sprachzonen (Sprachwelten) tangiert. Zum einen benutzt er selber die Politsprache, scheint sich in seinem pathetischen Exkurs über die Standhaftigkeit der Bolschewiki (Kap. 35, N1, 324f.) ebenso wie in seinem Lieblingswort „Tatsache!" (russ. „fakt") direkt der Stalinschen Sprache zu bedienen – zum anderen findet er mit seinem bedachten, auch sprachlich moderaten Auftreten auf Versammlungen Resonanz bei den Dorfbewohnern, und mit einem volkssprachlichen Wort wie „ljubuška" Dawydow (5, 250) (das deutsche „Goldjunge", N1, 326, gibt die gewisse Zärtlichkeit des russischen Wortes nicht wieder), das ihm aus den hinteren Reihen als Sympathiebekundung entgegenfliegt, wird gleichsam der emotionale Kontakt geschlossen. Andererseits wirkt er in seinem linkischen Gebaren in der intimen Szene mit Luschka ausgesprochen hölzern (hier kommt mit seinen „pädagogischen" Empfehlungen wieder die *offizielle* Seite seiner Person zur Geltung), und schließlich, nach ihrer auf *poetische* Art geäußerten Frage: „Spürst du, wie das junge Pappellaub riecht?" (auch hier bevorzugen wir die Übersetzung aus dem Jahre 1952) (S.445), verschlägt es ihm buchstäblich die Sprache....

Ruhige Prosa in unruhiger Zeit: „Neuland unterm Pflug", zweiter Teil, und „Sie kämpften für die Heimat"

1. *Ästhetische Veränderungen in Scholochows Prosa*

Die Literaturwissenschaft hat bis heute ihre Schwierigkeiten mit den Beziehungen zwischen den herausragenden Werken bzw. entsprechenden Schaffensetappen Michail Scholochows. Wenn man gewissen Einstufungen von *Neuland unterm Pflug*, erster Teil, entweder (im positiven Falle) als „Handbuch" für den Genossenschaftsbauern oder (im negativen Falle) als „Produktionsroman" im Sinne doktrinärer Schemata folgen würde, hätte der Autor, der zur gleichen Zeit am Roman-Epos *Der stille Don* schrieb, in dem einen Falle eine hochkünstlerische Leistung vollbracht, in dem anderen jedoch nach angepasstem Mittelmaß gearbeitet. Es wurde nicht danach gefragt, wie dies bei einem Scholochow möglich sein sollte. Gewiss wurde auf ihn Druck ausgeübt, doch wenn er selbst in hochbrisanten politischen Fragen, wie der Terrorisierung von Kolchosbauern und Rayonfunktionären nicht nachgab, sondern durch Intervention bei Stalin Abhilfe erwirkte – wie sollte er da auf dem Gebiet, das ihm am meisten am Herzen lag und auf dem er der Souverän war, nämlich seiner Kunst, zu einem schwächlichen Kompromiss bereit gewesen sein?

Anders verhält es sich bei der Beurteilung des zeitlichen *Nacheinanders* von Werken in Scholochows Schaffen, wie bei den beiden Teilen von *Neuland unterm Pflug*. Hier begegnet man öfters der pauschalen Behauptung, es sei ein künstlerischer Niveauabfall eingetreten, der Autor habe sich mit Abschluss des *Stillen Don* ausgeschrieben. Hingegen wird zuwenig der Frage nachgegangen, welche Veränderungen in der Ästhetik des Schriftstellers seit den vierziger/fünfziger Jahren eingetreten waren.

Zum Argument des Niveauverlusts: Es ist bekannt, dass es gesellschaftliche Ereignisse und Lebensumstände gab, die sich gravierend auf die Arbeitsbedingungen des Schriftstellers ausgewirkt haben und daher auch seine Kreativität beeinträchtigen konnten. Das war zum einen der Massenterror vor allem der Jahre 1937/38, der Scholochow selber zeitweilig in höchste Gefahr brachte und ihm – als er noch am *Stillen Don* arbeitete, zeitweilig die Schreibfähigkeit nahm. Zum anderen gab es die „positiven" Belastungen, die auf ihn durch die Wahl in Spitzenfunktionen (Oberster Sowjet, seit 1936) zukamen. Scholochow hat jedoch seine „basisnahe" Lebensweise beibehalten und sich rigoros gewissen zeitaufwendigen Verpflichtungen, bürokratischen Riten entzogen. Eher waren es Barrieren der Zensur (wie bei seinem unvollendet gebliebenen Kriegsroman *Sie kämpften für die Heimat*), die sich hinderlich, ja destruktiv auf den Fortgang seines Schaffens auswirkten. Mit einem Wort: Der Schriftsteller wusste die notwendigen Freiräume für seine

literarische Arbeit zu verteidigen und nutzte sie mit kaum gemindertem Schöpfer-
drang. Man sollte sich daher weniger mit behaupteten künstlerischen Einbußen als
mit real nachweisbaren ästhetischen Veränderungen in seinem Werk beschäftigen.
Die beiden Romane, von denen hier die Rede sein soll, nämlich der zweite Teil
von *Neuland unterm Pflug* sowie das Romanfragment *Sie kämpften für die Heimat*,
entstanden in Zeiten, in denen die Sowjetgesellschaft Krisen neuer Art zu bestehen
hatte: der tiefe Einbruch des faschistischen Aggressors sowie die Welle von Erschütterungen, welche die Enthüllungen über das Stalin-Regime auf dem XX.Par-
teitag der KPdSU und in den darauf folgenden Jahren hervorriefen. Was bis dahin
gesichert schien, musste erneut hinterfragt werden. Wie sollte dies nicht ohne Einfluss auf Scholochows Schreibprogrammatik bleiben? Kein Zweifel: Veränderungen waren das Normale, zu Erwartende. Doch sie fielen bei Scholochow anders
aus, als man annehmen konnte, eher konträr. Er beantwortete die Unruhe der Zeit
auf ruhig-souveräne Art und gab dies an seine Gestalten weiter – ob es nun die im
Schützengraben kämpfenden Rotarmisten in seinem Kriegsroman waren oder die
mittlerweile in ihrer Kolchoswelt heimisch gewordenen Charaktere in *Neuland unterm Pflug II*. Wenden wir uns zunächst diesem Werk zu, das man wegen seiner
Vorgeschichte fast als ein Desiderat der 1930er Jahre betrachten könnte.

Bei den beiden Romanen der hier in Rede stehenden Etappe ist wiederum –
ähnlich wie im Falle des *Stillen Don* und *Neuland unterm Pflug I* – von einer zumindest partiell *synchron* verlaufenden Entstehungsgeschichte auszugehen. Von
der Absicht, einen zweiten Teil seines Kollektivierungsromans zu schreiben, hatte
der Autor schon kurz nach dem Erscheinen des ersten gesprochen, und vom anste-
henden Abschluss der Arbeit an diesem war nahezu fortgesetzt, nämlich in den Jahren 1933, 1934, 1935, 1936, 1939 die Rede[180]. Doch wieweit das Manuskript dieses
Teils auch gediehen sein mochte – es stand im Schatten des großen Don-Epos, dessen letzter, anspruchsvollster Teil, wie W.Wassiljew betont,[181] die ganze Kraft und
Aufmerksamkeit des Autors erforderte. Dann erzwang der Kriegsbeginn einen
Themenwechsel. In welchem Umfang bis dahin tatsächlich Romantext von *Neuland unterm Pflug II* entstanden war, entzieht sich unserer Kenntnis. Daher müssen
wir wohl davon ausgehen, dass die Niederschrift der Romankapitel dieses Romanteils (einzelne Kapitel wurden in den Jahren 1954, 1955, 1956, 1957, 1958, der Gesamttext schließlich 1959 publiziert) in etwa in dem gleichen Zeitraum stattfand
wie die bestimmter Teile des Kriegsromans, aus dem Texte in den Jahren 1943,
1944, 1949, 1954, 1959, 1965, 1966, 1969, 1975 veröffentlicht wurden.

Oft wird die Ankündigung Scholochows aus dem Jahre 1934 zitiert, er wolle im
zweiten Teil seines Kolchosromans etwas tun, was er als „bytopisat'" (dt. etwa:
Alltag, Milieu schildern) bezeichnete, wobei er bekräftigend hinzufügte: „Der Kol-

---

180 Vgl. die Anmerkungen Wassiljews in Ss 6, 337f.
181 Vgl. ebd. S.357.

chosalltag ist schon ganz schön prall und fesselnd."[182] Das ironische Verhältnis zum „Alltag" müsse man aufgeben.[183] Damit signalisierte der Autor in jedem Falle sein Abrücken von der Dramatik der Vorgänge und von der dramenähnlichen Anlage des ersten Teils. Doch begab er sich wirklich ins dichte Alltagsmilieu, und hatte er in seinen vorangehenden Werken, vor allem im *Stillen Don,* etwa nicht reichlich Alltägliches geboten? Wir sind zu dem Schluss gelangt, dass Scholochow in beiden neuen Romanen sogar viel von jenem „Alltagsmilieu", wie wir es in jedem Band der Don-Epopöe erleben können, hinter sich gelassen hat: nämlich dörfliche Interieurs von Häusern und Höfen, bäuerliches Familienleben, bäuerliche Sitten, Hochzeiten, Tode, Begräbnisse... Dies alles ist gleichsam mit der Vertreibung der Kulaken aus ihren *Häusern* (siehe die einschlägigen Kapitel in *Neuland unterm Pflug I*) in die Vergangenheit abgeschoben worden, und das alte Dasein in den vier Wänden eines kosakischen *Hauses* nistet nur noch bei einem Feind der Sowjetmacht wie Ostrownow. Dieser schließt sich ab vor der neuen Ordnung und schließt seine eigene Mutter in ihrer Stube ein, bis sie stirbt, und sein Haus wird als Versteck der Verschwörer missbraucht. Einen Mann wie Dawydow hingegen (*Teil II*) zieht es hinaus in die *freie Natur* zur Feldbrigade, und dort unter freiem Himmel finden wichtige Begegnungen statt, selbst die mit dem neuen Rayonsekretär... Die Räume weiten sich, so scheint es – selbst die nicht sehr geräumige Schule als neues Interieur (quasi als *gemeinsames Haus*) der Gemeinschaft wird schön hergerichtet für die Versammlung, und die ist wiederum auch erweitert zu einer Öffentlichen Parteiversammlung, an der fast das ganze Dorf teilnimmt... Der Wechsel zwischen Kapiteln der beiden verfeindeten Seiten ergibt so auch einen Rhythmus von räumlicher Enge und Weite...

Und der parallel dazu entstandene Kriegsroman? Er beginnt damit, dass Nikolai Strelzow am frühen Morgen seinem *Hause,* dem Schlafzimmer mit der untreuen Ehefrau *entflieht* und den Atem der vom Frühjahr kündenden Weite mit den Vogelstimmen auf sich wirken lässt. Seine bedauernswerte innere Verfassung wird daran gemessen, dass er sich nicht so wie früher daran erfreuen kann: „Die ganze [im Russischen heißt es: „Die ganze unermesslich große..."] Welt, die jetzt zu neuem Leben erwachte, hatte sich verändert... " (Sk 10) Und als der Gast Strelzows, sein aus der Lagerhaft entlassener Bruder, eintrifft, findet man sich zum wichtigsten Gespräch, in dem man sich auch über heikle Dinge austauschen kann, eben nicht im Hause, sondern am vielgeliebten Angelplatz in freier Natur zusammen. Und die offene Szenerie bedeutet auch hier Öffnung der Gesprächsrunde – denn der alte Schafhirte kann sich zur Beteiligung am abendlichen Mahl wie auch am Disput dazugesellen...

---

182 Zit. nach Jakimenko (1977), S. 496.
183 Ebd.

Solche Szenen in der freien Natur gab es natürlich auch im Roman *Der stille Don*, das bedingte schon die Schilderung von Feldzügen und Kriegsoperationen. Doch kennzeichnend war der Rhythmus des Wechsels zwischen Draußen und Drinnen, zwischen *Freiheiten* aller Art und *Bindungen* ans Häusliche, Familiäre in allen ihren Bedeutungen, als kostbarer Wert wie als Last und Behinderung. Es gibt noch eine zweite auffällige Gemeinsamkeit zwischen beiden Romanen: Die Akteure gehören fast ausschließlich zu den *unteren* gesellschaftlichen Rängen. In *Neuland unterm Pflug II* nehmen die Dinge im Kolchos ihren Lauf – ohne dass man sich im Rayon neue Direktiven holen oder auch eine fällige Strafe auferlegen lassen muss. Mit einer Ausnahme – der Tatsache nämlich, dass der neue Rayonsekretär der Partei, Nesterenko, auf der Bildfläche erscheint. Doch der bemüht sich zur „Basis" hinab und wirbt (Umkehrung früherer Verhältnisse!) sichtlich um Vertrauen. Analog stellt Semjonowa zum Kriegsroman fest: „Es gibt im Roman keine einzige Figur, die sozusagen einer ideologischen Instanz angehört. [...] Und obwohl die wichtigsten Lokalisationen des Infanteriekrieges ins Bild gebracht werden, [...] erscheint außer dem im provisorischen Schützengraben seinen Tod findenden Leutnant kein einziger der ranghöheren Stäbe, keine höhere Kommandostelle auf der Bildfläche..."[184] Dem steht zwar im ersten Textabschnitt der Auftritt Alexander Strelzows als hohem Militär (der er war und bald wieder sein wird) gegenüber, doch seine Rolle ist ähnlich exzeptionell wie die von Nesterenko (was durch das Fehlen weiterer Romanteile, wo er sicher in Aktion gezeigt werden sollte, noch verstärkt wird). Der Autor kann ihn ähnlich wie jenen als Ideenträger nutzen. Allerdings gibt es zwischen beiden Figuren einen Unterschied: Die Figur Alexander Strelzows, die auf einen Prototyp, nämlich den von Scholochow geschätzten General Lukin, zurückgeht, besitzt deutlich mehr Realitätsgehalt als die Nesterenkos, die sich im Kontext der im Jahre 1930 spielenden Romanhandlung reichlich anachronistisch ausnimmt: sie wurde dorthin quasi aus der „Tauwetter"-Zeit verpflanzt, und an die Leser dieser Zeit richtet sich auch ihre Botschaft. So scheint das Resümee, das W.Wassiljew hinsichtlich des Kolchosromans, Teil II, zieht, für beide hier behandelte Werke zutreffend: „Dieser Roman ist eine Reflexion über das Volk in seinem Verhältnis zur Macht." (Ss 6, 361)

---

184 Semenova (2005), S. 286f.

2. „Neuland unterm Pflug", zweiter Teil

2.1. Distanz zur Zeitgeschichte

Die Entstehungsgeschichte des *Stillen Don* begann, wie man weiß, damit, dass Scholochow die Beteiligung einer militärischen Kosakeneinheit am Putsch des Generals Kornilow (1918) schilderte. Das lag weitab von den Anfängen der Romanhandlung, wie sie der Autor nach der notwendigen Selbstkorrektur wenig später unter die Feder nahm. Doch der Ausflug in ein Stück zeitgeschichtlicher Ereignisse blieb keine Ausnahme: Scholochow sah sich bei seinem Romanthema trotz aller Liebe zu seinen großartigen Charakteren und ihren Schicksalen auch in der Folgezeit als *Chronist* authentisch-historischer Vorgänge in der Pflicht. Es heißt, er sei der erste Historiker des Aufstands der Donkosaken vom Jahre 1919 gewesen. Dennoch blieb genügend Spielraum für die künstlerische Erfindung und damit für die Entfaltung der Figurenwelt. Doch wer diese moderne Epopöe liest, muss Aufmerksamkeit und Geduld für *beide* Erzählkomponenten aufbringen – und gänzlich abwegig ist es, wie es während der unsäglichen Plagiatskampagne geschah, die eine gegen die andere auszuspielen.

In der kompakten Anlage von *Neuland unterm Pflug I* erkennt man die zeitgeschichtliche Komponente zwar nur an einigen authentischen Bezügen der fiktiven Romanhandlung – vor allem demjenigen zum berühmten Stalin-Artikel „Vor Erfolgen vom Schwindel befallen" (1930) –, doch sie steht auch im Ganzen durch ihre chronologische Einordnung der Realgeschichte nicht fern (und wurde nicht zuletzt deshalb als für Realpraxis anwendbares „Handbuch" missverstanden). Wladimir Wassiljew hat (wir gingen bereits darauf ein) in einem ausführlichen Kommentar zum Romantext deutlich gemacht, dass sich für den Autor die explosive Situation während der Kollektivierung mit der für ihn sehr gegenwärtigen Erinnerung an jene Ereignisse verband, die er gerade im dritten Band seines Don-Epos dargestellt hatte und nur unter großen Schwierigkeiten zum Druck bringen konnte. Allein schon diese Konstellation gab dem Gegenwartsroman eine Dimension geschichtlicher Bedeutsamkeit.

Unter gänzlich anderen Vorzeichen wurde der *zweite* Teil von *Neuland unterm Pflug* geschrieben. Der Autor verzichtete in diesem Roman vollständig auf zeitgeschichtlich-authentische Bezüge. Bei einem Scholochow-Forscher wie Herman Ermolaev hat dies eine negative Wertung gefunden. Er spricht von „unausgewogener Lebensschilderung", einem „engen chronologischen Rahmen", einer „Überfülle von marginalem statischem Material" und folgert daraus: dieser Romanteil sei „weder ein historisches noch ein episches Werk."[185] So gelangt er schließlich zu dem Urteil, bei Scholochow habe sich ein stufenweiser künstlerischer Abstieg voll-

---

185 Ermolaev (1982), S.127.

zogen. Indes wird man bei einem anderen Herangehen dem Roman und den Intentionen des Autors besser gerecht – nämlich, wenn nicht nur nach den Verlusten, sondern auch nach dem *Gewinn* eines veränderten ästhetischen Konzepts gefragt wird. Dem Verzicht auf direkt „widergespiegelte" Zeitphänomene steht beispielsweise ein Gewinn an *indirekten* Zeitbezügen gegenüber, der durch neue Dimensionen, Ambivalenzen bei wichtigen Figuren erzielt wird. Am deutlichsten zeigt sich dies wohl bei der Figur Makar Nagulnows, des wackeren Kämpfers aus revolutionären Zeiten, der sich nur schwer von seiner Gewohnheit, allüberall die Tätigkeit von Feinden zu wähnen und radikal gegen derart von ihm beargwöhnte Personen vorzugehen, trennen konnte. Nun aber, in dem hier in Rede stehenden Romanteil, scheint sich sein Sinn zu mildern und anderem zuzuwenden – und in der ausführlich geschilderten Öffentlichen Parteiversammlung, an der das ganze Dorf teilnimmt, geschieht mit ihm (in der Freude über den Antrag des von ihm geschätzten Schmiedes Schaly, Kandidat der Partei zu werden) eine erstaunliche Wandlung: nie sah man ihn so beglückt *lächeln* – so dass einer der als Gäste anwesenden Kolchosbauern, Ustin Rykalin, sein großes Erstaunen laut äußern muss: „Schaut doch mal, liebe Leute! Sieht ja ganz so aus, als ob unser Makar lächelt. Das Wunder erleb ich zum erstenmal..." (N2, 320) Noch ein einziges Mal ist es Nagulnow vergönnt, ein Problem mit Gewalt zu lösen – indem er Timofei Rwany, dem heimlichen Liebhaber seiner Ehefrau Luschka, der aus Haft und Verbannung entflohen ist, nachts auflauert und ihn erschießt. Doch dies beschert ihm letztlich keine Genugtuung, denn die Ausweisung Luschkas aus dem Dorf ist die Folge, und beim endgültigen Abschied von ihr macht er die Entdeckung, dass er sie noch immer liebt... Unverkennbar wird mit dieser Figur und ihrem Wandel ein Stück Gewaltpolitik verabschiedet.

Ein zweites Beispiel ist der große Auftritt Großvater Schtschukars auf der erwähnten Versammlung. In *Neuland unterm Pflug I* war das streng gehütete Ritual einer offiziellen Parteiveranstaltung (in diesem Falle eine Sitzung des Rayonkomitees) noch intakt, und beim Parteiausschluss Nagulnows zeigte sich, welche destruktiven Kräfte dabei zur Wirkung kommen konnten. Nun aber, im erwähnten Beispiel aus *Teil II*, maßt sich eine närrische Figur wie Schtschukar an, in den sakrosankten Vorgang „Aufnahme von Kandidaten" einzugreifen und ihn (am Ende gar unter amüsierter Beteiligung der tonangebenden Kommunisten) in eine allgemeine Volksbelustigung umzuwandeln. Wurde hier nicht ein in der Realität der Zeit der Romanhandlung noch allgewaltiges Phänomen (das selbst beim Erscheinen des Romans in der „Tauwetter"-Zeit noch eine nicht zu unterschätzende Macht ausübte) mit leichter Hand entzaubert? Es war bezeichnend, dass sich Scholochow bei diesem Vorgang einer „unernsten" Figur bediente, die keine Verantwortung trug und die man in ihrem kindlich-ahnungslosen Tun (wenig später wird ihm der stets zu Scherzen aufgelegte Agafon Dubzow tödlichen Schrecken einjagen, indem er ihm „anvertraut", dass er wegen seiner Kritik am Antragsteller Maidannikow schlimme Strafe zu vergewärtigen habe: „Für Kritik wird man immer umgebracht, mal mit der Axt, mal mit ‚ner Kugel...“; N2, 3) nicht eindeutig festlegen konnte. Die Tatsache, dass sich der Autor hier reichlich aus dem Arsenal der in der Volkstradition lebendigen „Lachkultur“[186] bediente, die in historisch dahingegangenen Herrschaftsverhältnissen entwickelt wurde, sagt einiges darüber aus, welche zeitbezogenen gesellschaftskritischen Komponenten er als Erzähler absichtsvoll in Stellung brachte.

Es ist zu fragen, ob Scholochow mit seinen ernst-unernsten Attacken auf Ordnungsprinzipien im Gemeinwesen nicht jenen Entwicklungen vorgriff (bzw. damit konform ging), die in den sechziger Jahren für eine gewisse *Karnevalisierung* des öffentlichen Lebens sorgten? Pjotr Wail und Alexander Genis haben in ihrem Buch „Die 60er – Welt des sowjetischen Menschen“ in gelungener Weise die Kultur und Literatur des ganzen Jahrzehnts dargestellt. Sie schreiben:

> „Die Epoche, in der das Unernste wichtiger als das Ernste wurde, als die Freizeit die Arbeit veränderte, als die Freundschaft an die Stelle der administrativen Hierarchie trat, transformierte auch das ganze System der sozial-kulturellen Genres.
> Als vorsintflutliche Beschränktheit erschienen nun feierliche Versammlungen, rote Tischtücher, abgelesene Reden. Alles wahrhaft Wichtige konnte sich nur in einer Sphäre ‚familiären Kontakts' ereignen. Verse wurden nicht gelesen, sondern gehört. Jubiläumstagungen verwandelten sich in Diskussionen. Die Fete triumphierte über das Moskauer Künstlertheater. Wandzeitungen konkurrierten mit der Presse. Die Laienkunst [...] verdrängte die Berufskünstler Und sogar der Erste Sekretär des Zentralkomitees der KPdSU scheute sich nicht zu improvisieren.“[187]

2.2. Kolchosdorf als besondere Welt

Beim Versuch, Ästhetik und Poetologie des zweiten Teils von *Neuland unterm Pflug* differenziert zu bestimmen, stößt man auf eine nicht sogleich ins Auge springende Veränderung gegenüber Teil I – nämlich die konsequente *Ortstreue* (um nicht zu sagen: Ortsfestigkeit) der Romanhandlung. Einst gab es, wie oben angemerkt, ein Pendeln zwischen dem Chutor Gremjatschi Log und dem Machtzentrum des Rayons, von wo die (mitunter alles andere als hilfreichen) Direktiven für die Kollektivierung ausgingen, und wo ein gestandener revolutionärer Kämpfer wie Nagulnow von einem bürokratischen Parteiapparat gemaßregelt und an den Rand des Freitodes getrieben wurde. Nunmehr werden die der Jahreszeit entsprechenden Arbeiten in ruhiger Selbstverständlichkeit und ohne rückversichernden Blick „nach

---

186 Dazu ausführlich Semenova (2005), S. 229ff.
187 Petr Vajl'/Aleksandr Genis: 60-e. Mir sovetskogo čeloveka. Moskau 1996, S. 71.

oben" verrichtet, und auch den überraschenden Besuch des neuen Rayonsekretärs
Nesterenko nimmt man ohne beflissene Diensteifrigkeit auf.

Es gibt eine bezeichnende Abweichung vom Prinzip der Ortstreue – nämlich als
Dawydow den Vorsitzenden des Nachbarkolchos, Poljaniza, in seinem Büro aufsucht, um ihn wegen eines Heudiebstahls von dessen Kolchosbauern auf der Feldmark von Dawydows Kolchos zur Rede zu stellen. Doch diese Ausnahme bestätigt
die Regel: Die moralische Entgleisung wird nach draußen verwiesen. Ein anderer
Fall ist der von Lukerja Nagulnowa: Ihr ergeht es, nachdem sie wegen ihrer Beziehung zu Timofei Rwany aus dem Ort ausgewiesen wurde, wie einer Pflanze, die
man an einen neuen, für sie unbekömmlichen Ort umgesetzt hat: das Bild, das sich
Rasmjotnow bietet, als er ihr nach einiger Zeit in der Stadt Schachty begegnet,
zeugt vom Verlust ihrer fraulichen Schönheit: „Ich schau sie an und bin baff: Ist
sie's oder ist sie's nicht? Eine feiste Visage, die Augen kaum noch zu sehen, und
sie selber so dick, dass man schon drei Arme braucht, wenn man sie um die Hüfte
nehmen will." (N2, 408)

Ist es zulässig, dies alles so zu deuten, dass der Autor seinem erwählten Ort
Gremjatschi Log (mit dem auch der Leser sich identifizieren möge) das Freundli-
che, Gedeihliche und Schöne zuordnet, die moralische und körperliche Missgestalt
hingegen nach außerhalb verbannt –? An diesem Ort scheint ein besseres Klima zu
herrschen (schließlich spielt die Romanhandlung während der schönsten Sommer-
monate und geht nicht über diese hinaus, sondern endet, während noch „warmer
Wind" und „warmer Regen" die Szenerie bestimmen, mit dem letzten fernen Ge-
witter des Jahres; N2, 409). Es ist ein *Lebensklima*, in dem, wie oben beschrieben,
Nagulnows innere Erstarrung sich löst, während anderswo noch Kälte vorzuherr-
schen scheint. Denn: bietet etwa Warja Charlamowa, als Dawydow sie zum Antritt
ihres Lehrgangs in Millerowo verabschiedet hat, nur aus Trennungsschmerz ein so
trostloses Bild, oder lässt sie das (nicht näher beschriebene) Milieu der fremden
Stadt *frösteln*?

Wir resümieren: Durch eine Reihe bestätigender und ausschließender Vorgänge, Vergleiche, Bezüge erhält die vorgestellte Erzählwelt am konkreten Ort Züge
des *Besonderen*, Herausgehobenen. (Ermolaev, wiederum mit kritischem Akzent:
„Das Dorf Gremjatschi Log scheint vom Rest der Sowjetunion abgeschnitten zu
sein.")[188] Manches Übel, mit dem die Helden sich im ersten Romanteil herumzu-
schlagen hatten, ist wie ein Spuk verweht. Die einzige Gefahr, die den schönen
neuen Welt droht, kommt von den Feinden des Kolchos, der neuen Ordnung überhaupt. Und nur über dieses Thema kommen düstere Seiten der zeitgenössischen
Realität zur Sprache: Als z. B. die beiden als Viehaufkäufer getarnten KGB-Leute
in Ostrownows Haus nach den dort vermuteten Verschwörern fahnden, erkennt
Ljatewski aus dem Versteck heraus in einem von ihnen jenen Mann wieder, der

---

[188] Ermolaev (1982), S. 123.

ihm vier Jahre zuvor bei einem brutalen Verhör das linke Auge ausgeschlagen hat. Nicht gerade eine Empfehlung für dieses flüchtig auf der Bildfläche erscheinende „Staatsorgan"... Doch im Roman ist dies nur eine Randepisode. Die Botschaft lautet: es hat tragische Folgen, wenn man die Präsenz von Feinden ignoriert oder einschlägige Warnungen (es gibt deren mehrere in der Romanhandlung) in den Wind schlägt. Und da diese Konstellation zu den Konstituenten der Romanwelt gehört, ist der Tod von zwei Protagonisten, Dawydow und Nagulnow, ihre zwingende Konsequenz.

Zurück von der Ausnahme zu den neuen epischen Eigenschaften: Die Handlung von *Neuland unterm Pflug II* folgt ganz anderen Bewegungsimpulsen als die des ersten Teils. Konnte man jenen noch bei oberflächlicher Betrachtung – wie es bei manchem Literarhistoriker geschah – dem Muster des *Produktionsromans* zuordnen, so bietet Teil II dazu keinerlei Handhabe mehr. Direktiven und Versammlungsbeschlüsse, welche die ganze dörfliche Kommune in Bewegung setzen, haben hier ihre Rolle ausgespielt. Statt des zentrierenden und akzentsetzenden Topos *Versammlung* (mit Ausnahme der Öffentlichen Parteiversammlung, die jedoch eher einem Dorf*fest* gleicht) bilden individuelle Begegnungen, Zwiegespräche, die Runde am Lagerfeuer der Brigade, kurz: *nichtoffizielle* Orte die Verweilpunkte des Geschehens. Selbst die Wege Dawydows werden weniger von seinen Pflichten als Vorsitzender, denn von momentanen Impulsen und Problemen privater Art bestimmt. Auch andere führende Kommunisten erlebt man ausgiebig bei ihren Liebhabereien – Nagulnow mit Schtschukar beim Hahnenkonzert, Rasmjotnow bei der Fürsorge für sein Taubenpärchen... Und was die Verschwörer, Polowzew und Ljatewski angeht, so müssen sie ihre „Angelegenheiten" ruhen lassen, weil sie zum Abwarten verdammt sind. Ihr Mittelsmann Ostrownow schließlich sieht sich dazu gedrängt, seine altersschwache Mutter, die das Geheimnis der illegalen Hausgäste ausplappern könnte, vom Dorfleben zu isolieren, und liefert sie dem Hungertod aus... Anders herum betrachtet: Es gibt kaum einen Punkt, wo das Romangeschehen sich mit signifikanten Ereignissen im Land verzahnt, es geht seine eigenen unspektakulären Wege. Und sieht man von den erwähnten makabren Vorfällen ab, könnte man sagen: Der Autor hat alles getan, um in seinem Werk eine Zone ruhiger, störungsfreier, eben normal-alltäglicher Verhältnisse zu schaffen, in denen Leben auf neuen Wegen gedeihen kann.

Ein Indiz für Scholochows Denkrichtung ergibt sich aus einem bezeichnenden Detail während der erwähnten freundschaftlich-kritischen Begegnung des Rayonsekretärs Nesterenko mit Dawydow. Ehe man richtig zur Sache kommt, fordert der Gast den Kolchosvorsitzenden überraschend zu einem freundschaftlichen Kräftemessen im Ringkampf heraus. Nesterenkos Prinzip, es komme im Umgang von Verantwortungsträgern miteinander auf die „Tuchfühlung" (N2, 111) an, wird hier im Wortsinne erprobt. Das richtet sich gegen bürokratische Distanz, der der einzelne im sowjetischen Partei- und Staatswesen natürlich auf Schritt und Tritt begegnete, und nicht von ungefähr schließt sich eine radikale Kritik Nesterenkos an der barbarischen *Sprache* von Amtsträgern an, wie wir sie in Teil I ausgiebig kennengelernt haben. Ringkampf *Mann gegen Mann*, wie in alten Zeiten, meint die Besinnung auf das ganz Einfache, Berechenbare, und so birgt die ganze Szene ein Stück Utopie: von einer *entfremdungsfreien* Welt – wie sie sich gelegentlich auch in Reden Scholochows, etwa beim Bezug auf Gogols historische Erzählung *Taras Bulba*, äußerte.[189] Und es entspricht ganz dieser Verbundenheit mit *heroischen* Zeiten, wenn gegen Ende des Romans die *Helden* der neuen „Ordnung", Dawydow und Nagulnow, die Attacke auf das Versteck der Verschwörer in ihrem Dorf niemand anders überlassen, sondern dem Feind *persönlich* wie im Duell auf Leben und Tod gegenübertreten. Ihr Sterben hat etwas *Erhabenes* – das Bild des erwähnten letzten Sommergewitters, „wild und majestätisch" (N2, 409) nimmt genau diesen Ton auf –, und ein Abglanz jener Erhabenheit liegt auf der ganzen *besonderen* (und daher *abgegrenzten*) Erzählwelt dieses Romans.

Es passt zu dieser mit deutlichem Engagement entworfenen Lebenswelt, dass der Autor aus seiner bis dahin zurückhaltenden Position heraustrat, um sich aus erkennbarer Nähe anteilnehmend, ja mit Emphase über die Personen und den Gang der Dinge zu äußern. Es ist sichtlich *seine* Welt, daher vernehmen wir ihn über den Erzähler bald mit eigenen Mutmaßungen, abwägendem Urteil, bald mit knappem ironischem Kommentar über die kleinen und größeren Abenteuer, auf die sich seine Lieblingsgestalten in für sie neuen Bekanntschaften, Abenteuern und Neigungen einlassen.

Eine Redakteurin der Zeitschrift „Newa", der Scholochow im Jahre 1958 das Manuskript seines neuen Romans zum Druck übergab, berichtet, wie er beim Diktat der Endfassung jener Textstelle, wo der Autor/Erzähler von den „seinem Herzen lieb und teuren" toten Helden des Buches, Dawydow und Nagulnow, Abschied nimmt, von bitterem Schluchzen ergriffen wurde,[190] als handle es sich nicht um Geschöpfe seiner Phantasie, sondern um lebendige Menschen.

Nach alledem ist es fast überflüssig zu betonen, dass der fein nuancierte Erzählertext auch davon zeugt, dass der Autor seine Figuren nicht nach irgendeinem ideologisch-idealtypischen Schema zurechtprofilierte – wie es zur Entstehungszeit des Romans in der Sowjetliteratur massenhaft geschah. Vielmehr verfolgt er in sympathisierend-kritischem Kontakt, wieweit die Charaktere sich als entwicklungs- und lernfähig erweisen und wo sich ihre Grenzen zeigen. So deutet sich im Romantext die – nunmehr in den aktuellen Diskurs der „Tauwetter"-Zeit einmündende – Erkenntnis an, dass in der Gesellschaft ein entschieden anderer, mit menschlichem

---

189 Vgl. seine Ausführungen auf dem XXII.Parteitag der KPdSU über wünschenswerten Zusammenhalt unter Gleichgesinnten , die er mit dem Bezug zu Gogols Erzählung vertieft (vgl. Ss 9, 23).

190 E. P. Serebrovskaja: Devjatnadcataja glava. In: Petelin (2005; Kniga vtoraja), S. 325.

Maß steuerbarer Kurs verfolgt werden müsse. Auch deshalb ist Teil II des Kolchosromans keine einfache Fortsetzung von Teil I, dazwischen liegt eine merkliche Distanz von Zeit, Ereignissen, Erkenntnis. Wir begegnen einem Autor, an dem die schweren Jahre nicht spurlos vorübergegangen sind, der sich jedoch für Zukünftiges offen zeigt.

2.3. Gewicht des gelebten Lebens. Das Beispiel Dawydow

In seinen *Charakteren* hat Scholochow viel zeitgeschichtliche Wahrheit angelegt. In den älteren von ihnen steckt das ganze Gewicht einer von Weltkrieg, Bürgerkrieg und nachfolgenden schweren Jahren geprägten Biographie. Sie sind Kinder von unfriedlichen Zeiten. Und indem der Autor sich (mit seinem Helden Dawydow) für den einzelnen und das von ihm Erzählte (Erinnerte, Reflektierte) Zeit nimmt, wird deutlich, welches Gewicht er dem *gelebten* Leben für die Gegenwart beimisst.

In exemplarischer Weise wird dies bei dem Kutscher Arshanow deutlich, als Dawydow mit ihm zur Feldbrigade hinausfährt und der Mann während der gemächlichen Fahrt ausreichend Gelegenheit findet, dem Vorsitzenden mit seiner Lebensgeschichte und der seines Vaters auch seine ganz eigene „Philosophie" und deren Nutzanwendung zu präsentieren. Das Erzählte stellt sich dabei, wie schon beim Bericht Nagulnows über seine Begegnung mit dem neuen Rayonsekretär während der Grasmahd, rückwärts betrachtet, als *Gleichnis* oder *Parabel* dar – ein neues Element in Scholochows Prosa, das der behutsam akzentuierten Bedeutsamkeit dieser epischen Welt, von der oben die Rede war, entspricht.

Arshanow gibt im Gespräch mit seinem Fahrgast gleich *zwei* Gleichnisse zum Besten. Das erste handelt vom mutmaßlichen Verhalten der Kolchosfunktionäre Dawydow, Nagulnow und Rasmjotnow bei einer Brandkatastrophe, da wird der Zusammenhang von eingefahrener Lebensart und aktuellem Verhalten direkt thematisiert, denn: „Je nachdem wie einer lebt, so soll er auch bei einer Feuersbrunst eingesetzt werden [...] Du und Makar, ihr lebt im Galopp [...] Also müsst ihr als die Flinkesten hastewaskannste immer nur Wasser heranbringen..." (N2, 57) usw. Das Vergangene diktiert das Rollenfach, in ihm liegen heilsame Lehre und psychische Last: Fluch und Rettung zugleich.

Auf das zweite Gleichnis, das von der „čudinka", wie es russisch heißt, also der Marotte oder einfach der originellen Besonderheit eines Menschen handelt, hat sich die Literaturwissenschaft (auch der Verfasser dieser Schrift)[191] gern bezogen. Es

---

191 Vgl. W. Beitz: Michail Scholochow und das Problem der „originellen" Persönlichkeit in der sozialistischen Literatur. In: Michail Scholochow – Werk und Wirkung. Materialien des Internationalen Symposiums „Scholochow und wir". Leipzig, 18.-19.März 1965. Leip-

124

geht darum, dass ein auf die reine Nützlichkeitsfunktion reduzierter Mensch ebenso langweilig sei („golyj i skučnyj" heißt es im Originaltext) (Ss 6, 58) wie ein zum Peitschenstiel zurechtgestutzter, seiner natürlichen Schönheit beraubter Kirschzweig. Aus diesem Gleichnis ergeben sich zwei Folgerungen. Die eine, fürs praktische Leben, ist ein Plädoyer für mehr *Toleranz*. Sie wurde von den zeitgenössischen Lesern sicher gut verstanden. Die zweite wendet sich gegen ein literarisches Menschenbild, das nach reinen Wunschvorstellungen entworfen wurde; es wird statt dessen für den realen Menschen in seiner vom Leben geformten Eigenart plädiert und, quasi im Sinne Tschernyschewskis („das Schöne ist das Leben"), dessen ästhetischer Wert betont.

Es ist keine Äußerlichkeit, wenn man vom Begriff der „*čudinka*" her eine Beziehung zur Figur des „*čudik*", dem mit vielen überraschenden Eigenschaften aufwartenden russischen Sonderling bei Wassili Schukschin herstellt. Dies findet vielmehr seinen Grund in einer verwandten Sicht auf Leben und Welt. Scholochow erweist sich mit seinem im Gleichnis deutlich konfigurierten Ansatz als Vorläufer einer Entwicklung, die etwa zehn Jahre später sowohl bei Schukschin als auch in der sogenannten Dorfprosa (emblematisch der Titel Valentin Rasputins *Leb und vergiss nicht*, 1974) in den 1970er Jahren reiche Früchte tragen sollte. Dieses Konzept gab dem gelebten Leben mit den darin geformten Sitten, Wertvorstellungen, Charakteren den Vorzug gegenüber Konstrukten des „neuen", „kommunistischen" Menschen. Und sie räumte der lebensweisen Volksfigur (wie den Altfrauen Anna und Darja in Rasputins großen Erzählungen *Die letzte Frist*, 1970, und *Abschied von Matjora*, 1976) jene beherrschende Stellung im Erzählten ein, die die Kritik bei Scholochows Roman unter dem Stichwort „eingeschobene Novellen" zu erfassen suchte.

Steht auch die Figur Semjon Dawydows für dieses Konzept? Anders als Semjonowa, die ihm nur eine „akzenttragende" Rolle in der Gruppe der Kommunisten und vor dem Hintergrund des breiten „Freskos" von Volksfiguren zugesteht,[192] sehen wir in ihm die alles verbindende Hauptfigur, deren Erleben für die Aussage des Romans großes Gewicht zukommt. Und hierzu gehört namentlich auch das, was Dawydow in der bald abgebrochenen Beziehung zu Lukerja Nagulnowa, genannt Luschka, und in der später sich anbahnenden und in einem Eheversprechen mündenden zur wesentlich jüngeren Warja Charlamowa widerfährt – Dinge, die gemeinhin unter „Privatleben" verbucht werden. Die Mitstreiter Dawydows und andere Dorfbewohner haben darauf mit Kritik reagiert – und die Literaturkritik ist ihnen einst faktisch gefolgt und hat damit etwas aus der Hand gegeben, was für das Verstehen von *Neuland unterm Pflug II* von nicht geringer Bedeutung ist. Zwar kann sich die Beziehung zu Luschka in ihrem Zeit- und Erfahrungsgehalt, ihrem

zig 1966, S. 27-34.
192 Semenova (2005), S. 179.

künstlerischen Rang nicht mit der von Grigori Melechow zu Axinja Astachowa messen, doch schon der berechtigte Ansatz eines solchen Vergleichs legt uns nahe, ihre Rolle im Roman genauer zu bedenken.

Was sich zunächst (noch in den letzten Kapiteln des ersten Romanteils) wie ein kurzes erotisches Zwischenspiel ausnahm, lässt sich im Weiteren nicht so einfach abtun. Die Begegnung mit Lukerja Nagulnowa hat Dawydow tiefer berührt, als er anfangs wahrhaben wollte – und sie hat für ihn unerwartete Langzeitfolgen. Es ist ein Knäuel höchst widersprüchlicher Gefühle und Stimmungslagen, das aus alledem resultiert und ihn fast die ganze Zeit bis zum tragischen Ende hin bewusst oder unterschwellig beschäftigt. Seine *Fluchten* zu Schaly in die Schmiede, danach zu einer der Feldbrigaden rühren (zumindest partiell) von da her, und seine Versäumnisse als Kolchosvorsitzender, die ihm von Seiten des neuen Rayonsekretärs einen gehörigen Rüffel eintragen, sind eine unvermeidliche Folge.

Die zeitgenössische Kritik hat auf die politisch-moralischen Lektionen verwiesen, die Dawydow erteilt werden. Sie hat jedoch dem, was ihn in der Tiefe seines Daseins bewegte, kaum Beachtung und Verständnis entgegengebracht, weil sie auch die Luschka-Figur zumeist mit abschätzigem Urteil bedachte.

Betrachten wir einen der von Scholochow mit psychologischer Einfühlung geschilderten kritischen Momente Dawydows genauer. Vorausgegangen ist ein nächtliches Gespräch mit Nagulnow, nach der Ausweisung Luschkas aus dem Chutor. Der Abschied Luschkas von dem Toten und von Nagulnow war ernst und würdig verlaufen, und der Schmerz des Verlusts war Nagulnow auch in dem Gespräch mit Dawydow noch anzumerken; nachträgliche Vorwürfe, bei denen der alte Politjargon durchschlug („bürgerliche Entartung", N2, 171), wechselten mit dem Ausdruck plötzlichen Stolzes auf Luschkas Charakterstärke. Doch wie erging es Dawydow, dem Luschka unlängst den Laufpass gegeben hatte, bei alledem? Was war denn ihm von der kurzen Affäre mit ihr geblieben? Er fühlte sich ausgesprochen elend, wie nie zuvor erkannte er, dass da keine Liebe zwischen ihm und Luschka gewesen war, während sie sich einem Timofei sofort wieder zugewandt hatte: „und war dem Geliebten Hals über Kopf gefolgt." (N2, 172) Dies musste Dawydows Selbstwertgefühl zutiefst verletzen, ihn überkam, wie es heißt, unendliche Müdigkeit: „er wollte nichts als Schlaf, um Vergessen zu finden." (Ebenda). Ein für den kampferprobten Kommunisten, als den wir Dawydow bisher kannten, eigentlich unmöglicher Satz, eine bis dahin undenkbare innere Verfassung ! Die plötzliche *Selbsterkenntnis* (auch etwas, worum es ihm bisher nie gegangen war, er hatte vielmehr die Beziehungen der *anderen* Leute im Dorf zu enträtseln gesucht und tat dies immer noch!) kommt für den Vorsitzenden ebenso unerwartet wie deprimierend, denn sie lässt ihn gleichsam auf den Grund seines Daseins schauen und die nicht aufholbaren Defizite, ja die ärmliche Landschaft seines Gefühlslebens schmerzhaft wahrnehmen.

Eine Vorstufe von alledem hatte es kurze Zeit vor dieser Nacht gegeben, als er, seinen Gedanken und Erinnerungen nachhängend, auf dem Heimweg von der Feldbrigade über die Steppe gegangen war, „mit bedächtigen, aber weiten Schritten" (N2, 116). Das war nach dem Gespräch mit Nesterenko und der ersten Begegnung mit Warja, als er sich zum Bruch mit Luschka noch nicht entschließen konnte. Sein Weg zum Chutor führte ihn da über eine Steppenzone, die düster und bedrückend wirkte – salziger Boden, der nur ärmliche Vegetation zuließ. „So freudlos war diese leblose, wie von einem kürzlichen Brand verwüstete Erde," heißt es da, „dass Dawydow sich eines unbehaglichen Gefühls nicht erwehren konnte." (N2, 119)

Die hier entwickelte Parallele zwischen Natur und innerer Verfassung des Helden und die Art, wie sie *aus der Bewegung heraus* entfaltet wird, erinnert an Szenen aus dem unruhigen Dasein Grigori Melechows im *Stillen Don*. Und ähnlich weit sind die Räume, in denen sich die Neubesinnung auf das eigene Dasein vollzieht. Jedenfalls ein Stück davon ist in den wichtigen Gestalten des neuen Romans zu spüren, am stärksten in den erwähnten letzten Begegnungen zwischen Nagulnow, Timofei, Luschka, in diesem Knäuel von Liebe und Hass, Vergeltungsdrang und Abschiedsschmerz...

Bleiben wir noch bei der Figur Luschkas. Um die (aus seiner Sicht) kompromittierende Beziehung zu ihr zu legitimieren, erwägt Dawydow, sein für „problematische" Fälle übliches Programm anzuwenden: „Ich werde sie umerziehen! [...] Ich werde sie zur gesellschaftlichen Arbeit heranziehen und werde sie im guten oder durch Zwang dazu bringen, dass sie sich weiterbildet..." (N2, 30). Ja, er bringt zur Klärung der Verhältnisse sogar eine baldige Heirat ins Gespräch. Damit kommt er bei Luschka, der ihre Unabhängigkeit über alles geht, schlecht an, erntet nur Hohn und Spott, und kurz darauf wird ihm der Laufpass erteilt. So stolpert der respektable Held in Situationen hinein, denen er nicht gewachsen ist, während seine zeitweilige Partnerin, die der schlichten Lebensregel folgt: „Ich arbeite gern, wenn es leicht von der Hand geht, da hat man seinen Spaß dran..."[193], sich als souveräner, freier in ihren Entscheidungen erweist – und zwar deshalb, weil sie ihrer Natur, ihren Gefühlen folgt. Die um ihre Autorität besorgte Amtsperson und die leichtlebige Schöne – ein Stoff für die Komödie – und vom Autor mit sichtlichem Vergnügen an den entsprechenden Szenen erzählt!

Zeigt sich hier etwa der nie ganz verstandene, der schwer ausdeutbare Scholochow, der (auf „nietzscheanische" Art) dem Leben „ohne Moral" huldigt? Wo sonst in der von Engherzigkeit, Prüderie und heuchlerischer Sittenstrenge gepräg-

---

193 Wir zitieren erneut aus der Romanausgabe von 1952 (S. 444), weil die von 1961 wiederum eine sehr ungenaue Übersetzung liefert. Auch diese weicht an einer Stelle vom Sinngehalt des Originals ab, denn dort ist nicht von „Spaß" die Rede, sondern davon, dass sich Luschka mehr „Spielraum", „Weite" im Leben wünscht – was die Wertung der Figur anders akzentuiert!

ten Literatur der 1950er/60er Jahre konnte man Ähnliches lesen?! Die Literaturkritik ließ denn auch ihren Unmut an der „zynischen" Weibsperson aus, die in die Beziehung zum ansonsten untadeligen Dawydow „Zweideutigkeit und Lüge" hineingebracht und bewirkt habe, dass bei diesem gewisse „schlechte Eigenschaften"[194] wieder in Erscheinung traten. Ein moralbewusster Kritiker äußerte Unverständnis, dass Luschka in der Zeit stürmischer Auseinandersetzungen im Chutor nicht bereit gewesen sei, „Dawydow ergeben zu folgen"[195]...

Dawdyow wandte sein erzieherisches Regelwerk später noch einmal an, mit Erfolg – indem er Warja Charlamowa, die rettungslos in ihn verliebt war, wohl eher aus väterlicher Fürsorge denn aus Liebe vor der in Aussicht genommenen Heirat zur Ausbildung als Agronomin nach Millerowo brachte. Da geht es gar nicht lustig zu (wir hatten bereits von dem erschütternden Moment des Abschieds in der fremden Stadt bereits gesprochen).

Worauf wir hinauswollen, ist folgendes: Nachdem Scholochow in *Neuland unterm Pflug I* die schwere Geburt der neuen „Ordnung" dargestellt hatte, behandelt er nunmehr die sich darin eröffnende Lebenswelt nicht mit der grenzziehenden Maßgabe eines moralischen Richters, sondern mit der Lust an dem darin steckenden menschlichen Abenteuer, doch auch mit feinem Sinn für die dem Einzelnen gesteckten individuellen Grenzen – und nicht zuletzt auch mit eher bedauerndem Blick auf manchen von jenen, die in Feindschaft zu alledem verharren und stranden. In diese dunklere Zwischenzone reicht auch Luschkas Beziehung zum Kulakensohn Timofei, der Nagulnow nach dem Leben trachtet und selber dabei umkommt. Wieder erkennen wir den Autor des *Stillen Don*, wenn wir gehalten sind, den von Nagulnows Schuss Hingestreckten zu betrachten, wo es heißt: „Er war auch im Tode noch schön, der umhätschelte Liebling der Frauen." (N2, 165) Selbst ein Nagulnow empfindet bei seinem Anblick keine Genugtuung, nur bleierne Müdigkeit... Die resignative Stimmung Nagulnows, die der von Dawydow beim inneren Resümee seiner gescheiterten Beziehung zu Luschka stark ähnelt, legt den Gedanken nahe, dass sich das Leben dieser Kommunisten (und das gilt auch für Rasmjotnow) an der Schwelle neuer Zeiten in seiner unabgegoltenen Tragik zeigt. Der gewaltsame Tod zweier von ihnen drückt dem nur zusätzlich sein endgültiges Siegel auf.

Von daher betrachtet erhält das scheinbar närrische Gerede Schtschukars auf der Offenen Parteiversammlung in einem wichtigen Punkt seinen tieferen Sinn: Die Versammlung wird ja als Ritual der *Ankunft* bestimmter Kolchosmitglieder (nämlich jener, die sich um die Kandidatur für die Mitgliedschaft in der Kommunistischen Partei bewerben) in einer neuen, höheren Lebensqualität veranstaltet. Und nun kommt der alte Mann daher und behauptet, dass selbst jemand wie der angese-

194 A. Britikov: Sud'by narodnye, sud'by čelovečeskie. In: Russkaja literatura. 1959. 1, S. 59.
195 V. Pankov: Na strežne žizni. In: Znamja. 1960. 3, S. 185.

hene Maidannikow noch nicht soweit sei, weil er noch immer dem verlorenen Privateigentum nachtrauere. Er kritisiert, dass man dabei sei, den ehrenwerten Mann geradezu zum „Heiligen" („als ob er nicht ein gewöhnlicher Sterblicher wäre, sondern wer weiß was für ein heiliger Wundertäter") (N2, 298) zu erklären. Die grotesk-parodistische Übertreibung entspricht der Denkrichtung des Autors, der sich an den realen Möglichkeiten der Charaktere orientierte und daher mit Idealkonstruktionen nichts im Sinn hatte.

Während der Autor im *Stillen Don* einen alten Mann sagen ließ: „Der Mensch ist billig geworden in der Revolution" (SD 4, 306), weil es eine Zeit des gnadenlosen Tötens war, wird in *Neuland unterm Pflug II* ein für den einzelnen günstigeres gesellschaftliches Klima beschworen. In diesem Klima kommen die an alten seelischen Wunden, Gebrechen, Vereinseitigungen leidenden Charaktere ein Stück weit zu sich selbst, werden heilende, aus Vereinsamungen und Verhärtungen herausführende Kräfte wirksam. Alles dies wird vom Autor nicht als rein beglückender Vorgang (wie in der Literatur der *lakirovka* [Schönfärberei]), sondern eben auch als schmerzliches *Bewusstwerden* der unwiederbringlichen Verluste und nicht kompensierbaren inneren Defizite behandelt – als ein Vorgang, bei dem jeder kleine Gewinn an „Frieden" und Harmonie auch den Schmerz enthält. Im Glück also das Unglück, in der Verheißung der bleibende Verlust. Und eben daraus schöpft der Roman seine stärksten Szenen. Die Charaktere erheben sich nicht über die Realität ihres individuellen Daseins, sondern bleiben der ganzen Erdenschwere des Vergangenen im Gegenwärtigen verhaftet. So bewirken die einschlägigen Kapitel denn auch ein Wechselbad von Gefühlen, und vielleicht ist ein entsprechend großes Maß an Erheiterung (durch Schtschukar) auch als Gegengewicht zu Tragischem nötig.

Wir erkennen in den Vorgängen dieses Romans die Scholochowsche Philosophie von Leben und Tod, die Zuordnung der alltäglichen zu den großen Dingen. Wer sich wie Dawydow und seine Mitstreiter dem Gedeihen einer neuen, sozialistisch verstandenen Gemeinschaft widmet, dient gleichsam eo ipso dem *Leben* – wie es auch in der aufblühenden Juni-Natur triumphiert. Zwischen den Figuren dieser Kategorie und den Verschwörern mit ihren (auch für sie selbst) *todbringenden* Handlungen und Plänen liegt eine tiefe Kluft. Mag der Erzähler sich auch bei der genauen Schilderung ihres Verhaltens im Versteck mit vorverurteilenden Wertungen zurückhalten – am Ende ist in den zitierten Akten der sowjetischen Gerichtsbarkeit von Verbrechen die Rede, und über Leute wie Polowzew wird die *Todesstrafe* verhängt. Auch über der Familie Ostrownows als Komplizen der Verschwörer hängt (wie der kriminelle und zugleich tragische Vorgang mit der alten Mutter bezeugt) gleichsam der Fluch des Todes. In betontem Kontrast dazu wird den Toten Dawydow und Nagulnow eine Gedenk-Apotheose als Märtyrer der guten Sache zuteil. Und im Bild des sterbenden Dawydow, aus dessen Brust, wie es heißt, das *Leben* nicht entweichen will (N2, 399), bestätigt sich noch einmal die erwähnte

Zuordnung – und damit (im oben bezeichneten Sinne) die *Erhabenheit* der darge-stellten Kolchoswelt.

2.4. Verhaltene Rezeption

Die Rezeption des zweiten Teils von *Neuland unterm Pflug* verlief wesentlich ver-haltener und differenzierter als die des ersten. Obwohl ganz allgemein die „Meis-terschaft" des Autors gelobt und der eine oder andere aktuelle Bezug (wie er sich vor allem in den parabelhaften Textteilen zeigte) gern aufgegriffen wurde, ging die Wirkungsstrategie nicht mit dem, was gerade diskutiert wurde, konform. Während Scholochow in seiner Prosa von praktischen Fragen der Landwirtschaft Abstand genommen hatte, wurde nun gerade das „operative" Eingreifen der Literatur (bei-spielsweise auf einer Tagung des Schriftstellerverbands zum Thema „Das Leben im Kolchosdorf und die Literatur" im Oktober 1959) lebhaft diskutiert.

Auch hinsichtlich aktueller Fragen von Moral und Ethik lief ein anderes Werk, Ilja Ehrenburgs Roman *Tauwetter* (1954/56), *Neuland unterm Pflug II* den Rang ab. Schon am Beginn seines Romans hatte Ehrenburg mit der Schilderung einer Le-serkonferenz in einer Stadtbibliothek den Nerv der Zeit getroffen: Dort wird ein der Konjunktur angepasstes Werk der Sorte „Produktionsroman" diskutiert, und beim ersten Diskussionsredner kann man bereits einen exemplarischen Fall zeitüblicher doppelter Heuchelei erleben (heuchlerisches Wegleugnen von *Lebens*tatsachen, das wiederum zu unlauteren Urteilen über *literarische* Werke führt).[196] In seinem 1957 erschienenen Stendhal-Essay legte Ehrenburg nach, indem er unter deutlichem Be-zug auf die sowjetische Gegenwart schrieb, die „Verkrüppelung der Seelen durch Zwang, Heuchelei, Geschenke und Drohungen" sei das „große, vielleicht überhaupt grundlegende Thema" des französischen Romanciers gewesen.[197] Doch wollte Scholochow sein Werk überhaupt als vergleichbaren Zeitroman eingereiht sehen? Ergab sich die verhaltene Rezeption des Romans nicht vielmehr daraus, dass er die-sen mit der Herausnahme aus zeitgeschichtlichen Bezügen auch in der Wirkungs-absicht in einen weitergefassten Zeithorizont hineingestellt hatte?

Die Scholochow-Rezeption nahm in den Jahrzehnten nach dem Kriege bis zum Tode des Schriftstellers (1984) und darüber hinaus eine andere Qualität an als in der Vorkriegszeit. Einmal geschah dies, weil sich das Erscheinen bzw. der Ab-schluss der angekündigten Werke immer wieder verzögerte. Die Epopöe *Der stille*

---

196 Jewgeni Dobrenko schreibt, aus den „intimen Szenen" der Nachkriegsliteratur ließe sich „eine Anthologie der Heuchelei" zusammenstellen. Ders.: Das fundamentale Lexikon. Zur Literatur des späten Stalinismus. In: Das Ende der Abstraktionen. Provokationen zur „Sow-jetliteratur". Hg. von D. Kassek und P. Rollberg. Leipzig 1991, S.295.

197 I. Ehrenburg: Über Literatur. Essays, Reden, Aufsätze.- Tauwetter. Roman. Berlin 1986, S.195.

Don war und blieb das wirkungsmächtigste Werk, das zudem den Interpreten so manche Frage aufgab. Daher ließ z.B. über viele Jahre die soziologisch verengte und ideologisch verschärfte „Melechow-Problematik" aus dem Roman *Der stille Don* der Scholochow-Forschung keine Ruhe, und es schien wichtiger, zu erfahren, ob sich der Autor der Auffassung Lew Jakimenkos oder aber derjenigen seiner Widersacher (vor allem Fjodor Birjukows) angeschlossen hatte, als neue eigene Erkenntnisse zu gewinnen. Und weil Fortschritte beim Roman *Sie kämpften für die Heimat* auf sich warten ließen, rückten publizistische Äußerungen Scholochows, seine Reden auf Parteitagen und Schriftstellerkongressen, in denen sich zunehmend auch einseitige Sichten auf gesellschaftliche Probleme (vor allem hinsichtlich der sogen. Dissidenten) zeigten, über Gebühr in den Vordergrund. Allein der weltweite Erfolg der Erzählung *Ein Menschenschicksal* (1957) setzte noch einmal einen starken künstlerischen Akzent.

3. „Sie kämpften für die Heimat" – ein unterschätzter Romantorso

Der Überfall der faschistischen deutschen Wehrmacht auf die Sowjetunion veranlasste Michail Scholochow, die Arbeit an unvollendeten Projekten (wir wissen nur vom zweiten Teil des Romans *Neuland unterm Pflug*) zu unterbrechen, um als Frontkorrespondent seinen Beitrag zur Verteidigung des Vaterlandes zu leisten. David Ortenberg, Chefredakteur der Armeezeitung „Krassnaja swesda", würdigt in seinen Erinnerungen den Mut, den der Schriftsteller bewies, als er sich an vorderster Front mit dem Verlauf der Kämpfe und dem Beitrag einzelner Rotarmisten bekannt machte. Er geht auch darauf ein, dass Scholochow die operative Tätigkeit als Verfasser schnellverfasster Zeitungsbeiträge eigentlich nicht lag. Zitiert werden seine später gegenüber dem Literaturwissenschaftler Isai Leshnew geäußerten Worte: „Ich bin absolut kein Zeitungsmann. Mir liegt nicht der effektvolle Satz, die Operativität, die man für bewegliche Zeitungsarbeit unbedingt braucht." (Zit. nach Ss 7, 347) Er fand dafür Verständnis und konnte so seine Erzählung *Schule des Hasses* (1942 in der «Prawda" erschienen) sowie die ersten Kapitel des Romans *Sie kämpften für die Heimat* (im Mai und November 1943 sowie im Februar und Juli 1944 gleichfalls in der «Prawda") schreiben.

Die Entstehungsgeschichte des neuen Kriegsromans zieht sich weit länger hin als die von *Neuland unterm Pflug II*, und das hat nicht nur mit dessen groß gedachter Anlage (nämlich als Trilogie), also mit Mühen der epischen Bewältigung zu tun. Der Verwirklichung seines epischen Konzepts standen vielmehr andauernde und mit den Jahren sich zuspitzende Schwierigkeiten mit den Machthabern, nämlich noch zu Lebzeiten Stalins mit Georgi Malenkow als zuständigem Politbüromitglied, später mit Nikita Chruschtschow und Leonid Breshnew, im Wege, die dem Autor ein Gespräch über eingesandte Textteile verweigerten und ihm den Zugang zu dringend benötigten Archiven nicht gestatteten. Die Diskrepanz zwischen gelegentlichen Ankündigungen Scholochows, wann mit der Veröffentlichung dieses oder jenes Romanteils zu rechnen sei, und dem, was er tatsächlich als Manuskript abschließen konnte, wurde immer größer. Hatte er beispielsweise im März 1951 im Gespräch mit Studenten das Erscheinen des ersten Teils der Trilogie noch für das gleiche Jahr in Aussicht gestellt, so war bei einer anderen Begegnung im Jahre 1972 immer noch vom bevorstehenden Abschluss des „ersten Buches" die Rede, doch das Vorhaben, eine Trilogie zu schreiben, wurde nochmals bekräftigt. W.Wassiljew, der den ganzen Vorgang sorgfältig dokumentiert hat, geht davon aus, dass Scholochow „in der ersten Hälfte der 70er Jahre [...] den zweiten Teil der Trilogie abgeschlossen hatte, dem Abschluss des ersten nahe war und vielleicht auch bereits einzelne Kapitel des dritten Teils auf dem Tisch hatte." (Ss 7, 353) Seit Mitte der 1970er Jahre verfügte er, von schwerer Erkrankung gezeichnet, nicht mehr über die frühere Arbeitsfähigkeit, so dass sich Rückschläge, Verweigerungen immer gravierender auswirken mussten. Er war auch nicht mehr bereit, der sowjetischen Presse einzelne Kapitel zur Vorab-Publikation zur Verfügung zu stellen, seit die „Prawda" im März 1969 ohne Abstimmung mit ihm einen durch grobe Eingriffe der Zensur entstellten Romanausschnitt gebracht hatte. So endete das Romanprojekt für den Autor schließlich als Tragödie: vor seiner Abreise zu seinem letzten Krankenhausaufenthalt in Moskau übergab er zum Entsetzen seiner Nächsten ein umfangreiches Manuskript (wie er es mit Text*entwürfen* schon des öfteren getan hatte) dem Feuer...

Die Forschung ist daher bei allem, was die Gesamtanlage des Romans und die darin gedachte Lokalisation der abgeschlossenen Teile betrifft, auf wenige einschlägige Äußerungen des Autors und auf Mutmaßungen angewiesen. Und da zwischen den zur Verfügung stehenden Texten und den vermutlich fertig gewordenen, aber vernichteten Teilen des Romans große Lücken klaffen, ist ein Urteil über das ästhetische Konzept des Ganzen und seine Realisierung sehr erschwert, es muss mehr oder weniger hypothetisch bleiben.

Fragen ergeben sich z.B. aus der gedachten Anlage des Romans als Trilogie. Wieder einmal geisterte (wie oben bereits ausgeführt) die Vermutung durch den Raum, Scholochow sei einer Anregung (sprich: einem Auftrag) Stalins gefolgt. Doch man weiß, dass der Schriftsteller sich von niemand je Thema und Format seiner Werke diktieren ließ. Äußerungen des Sohnes Michail besagen, dass die Idee einer Roman-Trilogie in der Zeit der Bekanntschaft Scholochows mit dem unter Stalin gemaßregelten General Lukin, also in der zweiten Hälfte der 1950er Jahre, konkrete Gestalt annahm: der Autor wollte in seinem Werk den Weg einer Lukin nachgestalteten Figur seit den Tagen des Spanischen Bürgerkriegs verfolgen. Doch einen Rückgriff auf die Vorkriegszeit habe der Autor schon wesentlich früher ins Auge gefasst.

Diesen Hinweisen ist immerhin zu entnehmen, dass die Romanhandlung einen zeitlich und örtlich weitgespannten Charakter annehmen sollte, vermutlich sollte sie zum Teil über eine einzelne Figur (General Strelzow) laufen, während in einem der abgeschlossenen Texte die Begegnung der Brüder Strelzow in ihrem Kosakendorf, in einem anderen eine kämpfende Einheit der Sowjetarmee mit drei Hauptfiguren (Andrej Strelzow, Swjaginzew, Lopachin) gezeigt wurde.

Alles dies ergibt noch kein Bild von der epischen Anlage des Ganzen. Der Autor selber sprach im April 1965 davon, dass er den Roman „von der Mitte her", also mit dem „Rumpf" des Ganzen begonnen habe: „Ich betätige mich gerade als Schneider – ich nähe an den Rumpf einen Kopf an." Damit meinte er, dass er beim Schreiben der Vorkriegskapitel sei,[198] und das sei schwieriger als die Darstellung des Krieges. (Ss 7, 349)

Mit den Schwierigkeiten, die Vorkriegszeit betreffend, könnte Scholochow zwei Dinge gemeint haben. Erstens begab er sich, wenn er seinem Romanhelden in den Spanischen Bürgerkrieg folgen wollte, auf ein Terrain, wo ihm der persönliche Erfahrungshintergrund fehlte. Zum zweiten handelte es sich um den Umgang mit bestimmten Fakten und Vorgängen in der sowjetischen Gesellschaft, die seit den Enthüllungen der Chruschtschow-Rede auf dem 20.Parteitag der KPdSU (1956) zwar im Gespräch, aber immer noch ein umkämpfter Gegenstand zwischen Reformern und stalinistischen Kräften waren. Scholochow hatte sich seit seiner Bekanntschaft mit General Lukin und seinem Schicksal deutlicher als zuvor für eine Einbeziehung der Problematik stalinistischer Willkür und des GULag in sein Werk ausgesprochen und dies im Romantext auch bereits bei der Schilderung des Wiedersehens zwischen den Brüdern Strelzow realisiert. Eben dies rief ja die restriktiven Manöver der Machthaber auf den Plan. Daraus ergibt sich für unsere Untersuchung die Frage, ob Scholochow in seinem Kriegsroman von seiner einst (1933) verkündeten und im zweiten Teil von *Neuland unterm Pflug* auch realisierten Schreibstrategie, die auf den *Ausschluss* gravierender innerer Probleme der realsozialistischen Gesellschaft hinauslief, abgewichen war.

* * *

Die beiden Textstücke, die der Autor der Nachwelt hinterließ, unterscheiden sich in ihrer Thematik und Machart erheblich voneinander. Außer dem Krieg mit Nazideutschland als allgemeinem Bezugspunkt sowie dem Auftritt von Nikolai Strelzow, dem jüngeren der Strelzow-Brüder, in beiden Texten, gibt es vom Sujet her nichts Verbindendes. Doch in dem fragmentarischen Zusammenhang erscheint

---

198 Die Tochter des Schriftstellers, Swetlana M. Scholochowa, hat die Entstehungsgeschichte des Romans ausführlich dokumentiert. Vgl. S. M. Šolochova (1995), S.103-110.

der erste Text wie eine Art Ouvertüre zur Darstellung der Kämpfe gegen die deutschen Eindringlinge. Die Ereignisse des ersten Textabschnitts spielen an einigen Tagen im zeitigen Frühjahr, danach Ende Mai und Anfang Juni 1941. Wir verfolgen sie aus der unfrohen Sicht des Agronomen eines Landwirtschaftsbetriebs in der Don-Region, Nikolai Strelzow, dem die erwachende Natur diesmal kaum Freude zu bereiten vermag, weil sein Eheglück dahin ist: „Nikolai hatte manchmal die rein körperliche Empfindung", heißt es, „er wohne seit geraumer Zeit in einem ungeheizten Zimmer und fühle das ständige Bedürfnis nach Sonne und Wärme." (Sk, 17) Mehr noch: als er eines Tages dem Geliebten seiner Frau Olga auf der Straße begegnet, schlägt sein Hassgefühl gegen den Mann derartig hoch, dass ihm gleich danach schaudernd bewusst wird: „Ich hätte ihn doch töten können..." (Sk, 21). Scholochow-Kenner werden dies wie eine ferne Reminiszenz zur Welt seiner frühen Don-Erzählungen aufnehmen, wo unversöhnliche Feindschaft oft und jäh in Tötung eines Menschen umschlug. Hier unterstreicht es vielleicht die anders gewordene Realität am Vorabend weit größerer Tötungshandlungen...

In die Szenerie kommt Bewegung durch ein Telegramm, das Nikolai Strelzow die Ankunft des älteren Bruders, eines hohen Militärs, ankündigt, der nach fast viereinhalbjähriger Lagerhaft entlassen wurde. Als Nikolai den Direktor der Maschinen-Traktoren-Station, Iwan Stepanowitsch, um ein Auto bittet, damit er den Bruder von der Bahnstation abholen kann, entspinnt sich zwischen den beiden vom Temperament her sehr verschiedenartigen und daher häufig aneinander geratenden Männern ein Disput über große Politik. Im Unterschied zum eher vorsichtig agierenden Strelzow drängt der Direktor darauf, dass er endlich über brennende Fragen wie den Massenterror der jüngsten Vergangenheit und die Rolle Stalins dabei Aufschluss erhält. Er verhehlt nicht, dass dies mit seiner eigenen Person zu tun hat: nach schlimmen Erlebnissen (hier hatte die Zensur eine Textstelle gestrichen, wo es hieß, er sei von den „Unsrigen" verhaftet, geschlagen und zu falschen Aussagen gezwungen worden) (vgl. Ss 7, 356) habe er seine frühere Furchtlosigkeit eingebüßt, er „bebe vor der Obrigkeit... Bin ängstlich geworden." (Sk, 28)

Was hat dies alles mit dem Krieg als Thema des Romans zu tun? Unfrieden in der Familie – Unfrieden im Land: soll allein dies schon auf den Kriegszustand anderer Art (wo es ums Ganze gehen wird) einstimmen? Iwan Stepanowitsch verweist noch auf einen anderen Zusammenhang, indem er fragt: „Ist's möglich, dass wir uns auf einen Krieg mit den Faschisten einlassen, ohne zuerst im eigenen Haus Ordnung geschaffen zu haben?" (Sk, 28) Dies ist unter den gegebenen Verhältnissen natürlich ein illusorischer Gedanke, dagegen lässt sein Eingeständnis, dass die Terror-Erfahrung ihn eingeschüchtert habe, den Schluss zu, dass sich das schwergeprüfte Volk nach solchen Erfahrungen zu seinen Ungunsten verändert hat. Wie wird es im Krieg mit einem starken Gegner bestehen?

Alexander Strelzow führt sich diplomatisch und liebenswürdig in Nikolais Familie ein, erst am abgelegenen Angelplatz am Fluss, vor der Kulisse üppiger Frühsommernatur, offenbart er sich dem Bruder. Auch dann ist es (abgesehen von ein paar Lagerdetails) keine Leidensgeschichte, was dieser zu hören bekommt, sondern – eine Hymne auf seine, Alexanders, Generation, ihre Verdienste im Bürgerkrieg, beim Aufbau der sowjetischen Militärmacht. Und was er zum „Jahr 37" und zur Schuldfrage, im besonderen zur Rolle Stalins („...man hat ihn aufs fürchterlichste getäuscht, einfach betrogen") (Sk, 59) zu sagen hat, verrät, wie tief er noch in Illusionen steckt. So haftet seiner im Ganzen durchaus respektablen Erscheinung doch eine gewisse Ambivalenz an. Und dieser Eindruck verstärkt sich noch, als sich der alte Schafhirte den Brüdern beim abendlichen Mahl im Freien zugesellt und seine trübe Erfahrung mit ungerechten Schuldsprüchen der Herrschenden in die Debatte einbringt: da wird er – worauf Semjonowa aufmerksam macht[199] – auf eine gewisse hochfahrende Art zurechtgewiesen... Am nächsten Tag erscheint der Bote mit der Nachricht aus Moskau, Alexander Strelzow habe sich beim Generalstab einzufinden. Dieser ist zu Tränen gerührt: Er wird also noch gebraucht!

Worauf läuft alles dies hinaus? Es ist – trotz des eng begrenzten Personenaufgebots – eine ziemlich komplex angelegte, mit Widersprüchen gespickte Ouvertüre (dies wiederum – wohlgemerkt – im Rahmen der vorhandenen Texte!) vor der großen Kraftprobe. Hohe, pathetische Töne wechseln mit Banal-Beschämendem ab: dem Ansatz einer Epochenbilanz vor großer Naturkulisse, wie sie der ältere Strelzow versucht, steht die Schilderung des Hirten über das flächendeckende Denunziantentum in der Bevölkerung während des Großen Terrors gegenüber (der Hirte bezeichnet die Denunzianten, die schnell zum *Bleistift*, russ. *karandaš*, greifen, treffend als „*karandašniki*", was in der Übersetzung – „die Schreiber" – nicht rüberkommt) (Sk, 62). Es bleibt jedenfalls offen, welche Rolle und Relation der Autor diesen beiden Komponenten im Gesamttext des Romans zugedacht hatte.

Der zweite Textabschnitt – nennen wir ihn das zweite Kapitel – wird im Kontrast zur üppig grünen Frühlingsnatur des vorangehenden – mit einem Bild gnadenloser Juli-Hitze und „toter" Stille in der endlos weiten, vom Krieg gezeichneten Steppe am Don eröffnet. Damit ist der Grundton vorgegeben, mit dem wir die Reflexionen eines im Verband seines Regiments marschierenden Soldaten aufnehmen – Gedanken bedrückender, trauriger Art, denn das Regiment ist in fünftägigen Abwehrkämpfen stark dezimiert worden und muss sich weiter in Richtung zum Don zurückziehen. Und der da die noch frischen Erinnerungsbilder passieren lässt, ist wiederum Nikolai, der jüngere der Strelzow-Brüder.

Auf diese Art wird dasjenige Kapitel des Romans eingeleitet, in dem die Szenen von der Front wohl einen der Kulminationspunkte erreichen sollten. Der Autor bemühte sich bekanntlich um den Zugang zu den Archivmaterialien über die Sta-

---

199 Vgl. Semenova (2005), S. 284.

lingrader Schlacht – doch was er daraus machen wollte, wissen wir nicht. Womöglich stand das veröffentlichte Kapitel schlechthin dafür, wie die Wende im Krieg erkämpft bzw. vorbereitet wurde. Nehmen wir den vorliegenden Text (die Handlung bewegt sich hier freilich noch im Vorfeld des Stalingrader Feuersturms) ruhig mit dem Gewicht einer solchen Funktion – er ist diesem Anspruch durchaus gewachsen!

Denn was Scholochow mit dem kleinen Prosastück im Rahmen der damaligen sowjetischen Kriegsepik geleistet hat, ist beachtlich – eine Erkenntnis, die in vergangenen Jahren durchaus nicht zum Allgemeingut der Literaturwissenschaft gehörte! Dieses Teilstück aus dem Roman-Fragment lässt sich auch mit den künstlerisch herausragenden Werken ähnlicher Thematik nicht vergleichen – weder mit den Stalingrad-Büchern von Konstantin Simonow (*Tage und Nächte*, 1943/44) und Viktor Nekrassow (*In den Schützengräben von Stalingrad*, 1946), die immerhin ein respektables Stück Kriegswahrheit enthalten, noch mit der späteren Prosa der „neuen Welle" von Autoren wie Juri Bondarew, Grigori Baklanow oder Wassil Bykau, die durch Schilderung schwieriger Brückenkopfsituationen oder fataler Lagen im Partisanenkampf den Krieg in seiner ganzen Härte zu zeigen suchten. Woraus leiten wir diese Einstufung von Scholochows Romanfragment ab?

Im Vergleich mit zwei der Autoren (Grossman, Nekrassow), die zeitweilig am selben Frontabschnitt tätig waren, hebt sich die Eigenart Scholochows deutlich ab. Bei Grossman zeigte sich wie bei Scholochow in den dreißiger Jahren der Trend zur großen Epik, doch er kam dabei über Mittelmaß nicht hinaus. Eine gewisse Rationalität stand einer tieferen Erschließung von Charakteren offenbar vorerst im Wege – während sie ihm bei seinen publizistischen Beiträgen von der Stalingrader Front half, das Chaos der Ereignisse zu sondieren. Um den Schritt zu einem künstlerisch hochrangigen Werk wie *Leben und Schicksal* (postum 1980) zu tun, bedurfte es eines starken *ideellen* Anstoßes. So gewann das mit Vorbedacht angelegte (dem Muster von *Krieg und Frieden* folgende) Figurensystem erst beim zweiten Anlauf (der erste, im Roman *Für die gerechte Sache*, 1952, zeigte nur Ansätze) Profil und konzeptionelle Brisanz – dies sogar über Scholochow hinausgehend. Ganz anders bei Viktor Nekrassow: sein Stalingrad-Buch verrät das Vorgehen des (allerdings genau beobachtenden und von keinerlei offiziellen Mustern beeindruckten) Reporters vor Ort. Indem der Autor mit seinem Helden, Leutnant Kershenzew von einer Pioniereinheit, dem „chaotischen" Gang der Ereignisse folgt und Reaktionen, eine Haltung dazu fixiert, entsteht allmählich ein Charakterbild. Wiederum anders Scholochow: Seine Romanhelden treten an mit der Bürde ihrer Biographie, ihrer jeweiligen konkreten Lebenssituation: der jüngere Strelzow mit seinem Eheproblem, der ältere als entlassener Lagerhäftling. Darin zeigt sich die Parallelität zum zweiten Teil von *Neuland unterm Pflug*, bei dessen Analyse wir vom „Gewicht des gelebten Lebens" sprachen. Die Unterschiede verraten sich übrigens auch in der Titelgebung: Während bei Grossman, Nekrassow und auch Simonow *allge-*

meine, abstrahierende Bezeichnungen gewählt wurden, verweist der scholochow-
sche Titel (*S i e kämpften für die Heimat*) sogleich auf die als Subjekt der Ereignis-
se agierenden Personen. Was in dem Abschnitt vom Juli 1942 geschildert wird, spielt an nur wenigen
Tagen. Zwar geben die dreimalige Rückverlegung der Stellungen des kämpfenden
Regiments und die Attacken des Feindes den beklemmenden Rhythmus des Ganzen vor – doch während der Kämpfe und in den Atempausen dazwischen: welche
Fülle von Begebenheiten, eindrucksvollen Momenten, welch bunter Wechsel der
Episoden, welch sprudelndes Leben! Und dies, ohne dass die lastende Situation der
„Katastrophe" (wie es einer der Protagonisten unumwunden nennt) abgeschwächt,
die todbringende Gewalt der feindlichen Panzer-, Infanterie- und Fliegerangriffe
(bei der Verteidigung der zweiten Stellung kurz vor dem Don-Übergang zählt man
deren sechs!) im mindesten heruntergespielt wird. Es ist ohne Frage eine erzählerische Glanzleistung, die uns mit diesem Prosastück geboten wird!

Die Botschaft dieses Textes verdanken wir in besonderem Maße (scholochow-
gemäß!) den großartigen *Charakteren* - in erster Linie den drei Hauptfiguren: Nikolai Strelzow (auf den wir schon eingingen), Iwan Swjaginzew und Pjotr Lopachin –
Agronom, Mähdrescherfahrer und Bergmann. Dieses Dreigestirn erinnert natürlich
an die Konstellation der drei Kommunisten (Dawydow, Nagulnow, Rasmjotnow) in
beiden Teilen des Romans „Neuland unterm Pflug". Von Männerfreundschaft
mochte man dort vielleicht erst im Rückblick, nach dem tragischen Tod Dawydows
und Nagulnows, sprechen. Hier jedoch, unter den tödlichen Bedrohungen des
Frontalltags, wird sie als Lebenshilfe erfahrbar. So bleibt die von schweren Gedanken an die allgemeine Kriegslage und an sein privates Unglück (die gescheiterte
Ehe) belastete psychische Verfassung Strelzows nicht unbemerkt. Swjaginzew
forscht ihn vorsichtig aus und gibt zur Aufmunterung sogleich eine drastische und
sehr komische Geschichte aus seinem eigenen Eheleben zum Besten. Später wird
Strelzow von Lopachin zu einem erfrischenden Bad im nahen Flüsschen eingela-
den. Zu ihren grundverschiedenen Charakteren meint ein Vorgesetzter, man müsse
aus dem „Teig" der beiden einen Menschen formen, dann würde vielleicht „aus den
beiden ein richtiger Mensch werden..." (dt. 33) Doch der gleiche Vorgesetzte meldet sogleich Zweifel am Ergebnis an – und in der Tat erstrebte Scholochow mit
seiner Kriegsprosa im Unterschied zu anderen Autoren keineswegs die Schaffung
von heroischen Idealfiguren. Vielleicht war es gewollt, dass der russische Originaltext, wo für „richtiger Mensch" der Ausdruck *„nastojaščij čelovek"* (Ss 7, 62) gebraucht wird, an dieser Stelle an Boris Polewois *Povest' o nastojaščem čeloveke*,
1946 (dt. *Der wahre Mensch*) erinnerte, die einer gewissen Art heldischer Profilie-
rung den Namen gab. Scholochow hingegen pflegte und kultivierte auch in seinem
Kriegsroman, wie wir es von anderen seiner Werke kennen, das Unorthodoxe, die
Verschiedenheit und damit die Reibung der Charaktere, denn eben dies bringt die
fröhlich-freche Provokation, den Widerspruch, den Streit hervor, wie sie in dieser

Beziehungszone des Romans andauernd passieren. Mag Swjaginzew auch anfangs über Lopachin den Kopf schütteln, ihn „Schwatzmaul" und „Hanswurst" (Sk, 132) nennen, er lernt ihn bald als kühnen Panzerschützen und aufrichtigen Menschen schätzen. Die drei suchen einander auch während der heißen Kampfphase im Auge zu behalten, sie sorgen sich, wie das für den einzelnen ausgeht. Lopachin ist beglückt über das Wiedersehen mit dem schon verloren geglaubten Swjaginzew. Überhaupt schildert Scholochow das Verhalten der Soldaten im Gefecht fast ausnahmslos aus der Sicht einer Figur. So sind wir stets Zeuge, wie das Geschehen verinnerlicht wird, die Beziehungen der Kämpfenden dadurch beeinflusst werden. Die Heldentat des Gefreiten Kotschetygow, der, schon tödlich verwundet, noch den angreifenden feindlichen Panzer in Brand setzte, wird sowohl von Lopachin als auch vom zögerlich handelnden Kopytowski genau beobachtet, und sie ist am Abend danach Gegenstand eines hitzigen Streits.

Die enge Verbundenheit der drei Männer gibt ihnen ein gutes Gefühl im Kampf – doch dieses schützt sie nicht vor dem, was jeder Soldat im Angesicht akuter Todesgefahr ganz allein durchzustehen hat. Dies ist ein innerer Zustand – so sucht es Lopachin seinem Freund Strelzow auf *volkspoetische* Art zu erklären – wie beim Rendezvous mit der Geliebten: „und selbst unter Zeugen fühlt man sich nur zu zweit auf der weiten Welt – du und der Tod..." (Sk, 118) Bei zwei seiner Hauptfiguren, Nikolai Strelzow und Swjaginzew, spielt Scholochow den ganzen Vorgang bis zu einem Punkt durch, wo der eine nach erlittener Kontusion und bei schwindenden Sinnen meint, das Ende sei gekommen, und der andere im Inferno des feindlichen Artilleriefeuers die Fassung zu verlieren droht und – zu seiner eigenen Überraschung – im *Gebet* moralischen Halt sucht. Daran erkennen wir den Autor des *Stillen Don*: wie er die ihm wichtigen Gestalten schwersten Prüfungen aussetzt, so dass wir in die Tiefe ihres Wesens schauen können. Und wo es um grundlegende Dinge geht, setzt er sich mit ähnlicher Konsequenz wie bei Grigori Melechow über ideologisierendes Schubladendenken hinweg. Swjaginzew ist zunächst wegen seiner Zuflucht zum *Gebet* verwirrt, er weiß nicht, ob er Lopachin davon erzählen soll, doch als Parteiloser glaubt er einen gewissen Bonus in Sachen Religion zu haben. Schließlich ermannt er sich zu dem trotzigen Gedanken: „Der Tod ist keine leibliche Tante, ein Luder ist er und für jeden, ob er in der Partei ist oder nicht, gleich schrecklich...." (Sk, 187). Das ist gewissermaßen die unter den gegebenen Verhältnissen mögliche Maximalformel. Und Swjaginzew wird später, als man ihm nach schwerer Verwundung im Lazarett zahlreiche Granatsplitter aus dem Rückenfleisch entfernt, in saftigen *Flüchen* statt Wehklagen seine widerständige Natur beweisen!

Damit sind wir beim zweiten Grund, weshalb Scholochows Roman aus der Reihe vergleichbarer Werke der Kriegsprosa herausragte: seine Tabubrüche. War es nicht unerhört, dass im Schützengraben, im Gespräch zwischen feindlichen Attacken, nicht nur ernste Dinge, sondern auch drastische Episoden aus dem Eheleben dargeboten wurden, ja dass der Zwischenaufenthalt im dörflichen Quartier im allseits mit höchstem Interesse verfolgten erotischen Eroberungsversuch Lopachins gipfelte –?! Die zeitgenössische Kritik – selbst da, wo sie sich lobend äußerte – wagte kaum, diese Seite der Romanpoetik anzusprechen, sie griff sich nur dasjenige heraus, was der Zeit genehm war. Doch gerade in jenen als Tabubruch wirkenden Passagen des Romans zeigte sich wiederum die poetologische Nähe zu *Neuland unterm Pflug II*. Denn mit der gleichen provozierenden Unbekümmertheit, mit der der Autor in dem einen Falle das erotische Abenteuer eines Lopachin schildert, lässt er dort einen Schtschukar sich auf der Öffentlichen Parteiversammlung produzieren. Die mit einer genügenden Portion naiver Unbefangenheit und Selbstdarstellungslust (und –talent!) ausgestattete Volksfigur erhält hier wie dort ihre Chance, bekommt ihre große Bühne. Und ein dankbares Publikum verfolgt ihren Auftritt mit Spannung und Vergnügen. Der Tabubruch ist ein doppelter: einmal im Kontext der jeweiligen Situation in der Romanhandlung, die eher zu „würdigem" Ernst anhält – sei es in der auf „geheiligte" Rituale festgelegten Parteiversammlung, oder im todernsten, Disziplin erfordernden militärischen Desaster. Zum anderen geschieht der Tabubruch durch die Adressierung des Ganzen an eine seit langem dogmatisch bevormundete und von Zensoren vor „Schaden" behütete Leserschaft (wovon gerade Scholochow ein Lied singen konnte).

Die Figur des Pjotr Lopachin gehört zu den besten literarischen Schöpfungen Scholochows. Er ist unvergleichlich in der Vitalität und Spannweite seiner charakterlichen Äußerungen: Bald als wütender Eiferer wider den allzu selbstgewiss vordringenden Aggressor, bald mit gesammelter Energie als zielgenau handelnder Panzerschütze, unübertroffen beim Fluchen, dann wieder ausgelassener Prahlhans und daherstolzierender Weiberheld – und doch wiederum beschämbar durch eine großzügige Geste aus der Bevölkerung gegenüber den unter dem Makel der Niederlagen stehenden Soldaten... Die Rolle dieser Gestalt bei der Verfilmung des Romans hatte der unvergleichliche Schukschin übernommen. Sie verband sich für ihn mit dem tiefen Erlebnis der Begegnung mit dem Autor, und dieses wiederum resultierte (wie bereits dargelegt) in dem Vorsatz höchster künstlerischer Maßstäbe...

Obgleich der behandelte Romanausschnitt vom Wüten der Kriegsgewalten handelt, ist es nicht dahinkümmerndes Elend, was der Autor schildert, sondern auch da, wo unser Blick auf die in der bedrohten Frontzone wahrnehmbaren Restbestände des Vorkriegsdaseins fällt, die ruhige Würde von Menschen, die auch im Angesicht der Gefahr nicht die Fassung verlieren. Wie jene alte Frau, Mutter von vier Soldatensöhnen (einer bereits gefallen), die Lopachin als Rückzügler zwar zuerst beschimpft, als er ihr Haus betritt, ihm dann aber doch das Erbetene – Salz für die Zubereitung von Krebsen – großzügig gibt. Wir begegnen auch wiederum einer Frauengestalt von umwerfender Vitalität (der monumental gebauten Köchin in *Neuland unterm Pflug II* ähnlich, nur von feinerer Wesensart) – gemeint ist jene Kolchosbäuerin, deren Liebesgunst Lopachin vergeblich zu gewinnen sucht, und die dennoch der ganzen verblüfften Truppe ein großzügiges Frühstücksmahl spendiert. Die so lebensprall besetzte Welt in diesem Kriegsroman verrät also auch hier ihre poetologische Nähe zu dem mehr oder weniger parallel oder nur wenig zeitversetzt entstandenen zweiten Teil von *Neuland unterm Pflug*. Hier wie dort wird der hohe Wert, das wahrhaft Schützenswerte der geschilderten neuen Lebenswelt betont. Und in beiden Fällen mündet dies in einer Art Schlussapotheose – dort die Erinnerung an den Gräbern der toten Kommunisten, hier der Appell der Reste des Regiments mit der Ansprache des Divisionskommandeurs.

Literaturverzeichnis

Šolochov, Michail: Sobranie sočinenij v devjati tomach. Sost., primeč. V. Vasil'eva. Moskau: TERRA – Knižnyj klub, 2001/2002.

Šolochov, M.A.: Pis'ma. Pod obščej redakciej A. A. Kozlovskogo, F. F. Kuznecova, A. M. Ušakova, A. M. Šolochova. Moskau: IMLI RAN, 2003. 480 S.

Michail Aleksandrovič Šolochov. Biobibliografičeskij ukazatel' proizvedenij pisatelja i literatury o žizni i tvorčestve. Sost.: V. P. Zarajskaja, G. I. Mat'eva, E. D. Lebedeva. Moskau: IMLI RAN, 2005. 959 S.

Slovar' jazyka Michaila Šolochova. Hauptred.: E. I. Dibrova. Moskau: Azbukovnik, 2005. 964 S.

Scholochow, Michail: Der stille Don. Bd.1-4. Überarb.Übersetzung von Olga Halpern. Nachdichtung der Verse von Heinz Kahlau. Mit einem Nachwort von Alfred Kurella. 9. Aufl., Berlin: Volk und Welt. 1975.

Scholochow, Michail: Neuland unterm Pflug. Neubearbeitung der dt. Übersetzung von Nelly Held. Berlin: Volk und Welt, 1952.

Scholochow, Michail: Neuland unterm Pflug. Erster Teil. Berlin: Kultur und Fortschritt, 1961; Neuland unterm Pflug. Zweiter Teil. Berlin: Kultur und Fortschritt, 1961.

Scholochow, Michail: Sie kämpften für die Heimat. Roman. – Schule des Hasses. Ein Menschenschicksal. Erzählungen. Berlin: Volk und Welt 1980

Scholochow, Michail: Erzählungen und Publizistik. Berlin: Kultur und Fortschritt, 1967.

Tjutčev, F. I.: Polnoe sobranie stichotvorenij. (Biblioteka poėta. Bol'šaja serija. Vtoroe izdanie). Vstupitel'naja stat'ja B. Ja. Buchštaba. Leningrad: Sovetskij pisatel', 1957. 422 S.

Tjutčev, Fëdor Ivanovič: Im Meeresrauschen klingt nein Lied. Ausgewählte Gedichte, Russisch und Deutsch. Hg. und übersetzt von Ludolf Müller. (Kleine slavische Bibliothek. 2) Dresden: Thelem-Verlag, 2003. 340 S.

Tolstoi, Lew: Krieg und Frieden. Erster Band. Berlin: Rütten und Loening, 1973.

Tolstoj, L. N.: Sobranie sočinenij v dvadcati tomach. Bd. 4. Moskau: Terra, 1997. 334 S.

Agursky, Michail: Nietzschean roots of Stalinist culture. In: Rosenthal, B. G.: Nietzsche and Soviet Culture. Ally and adversary. Cambridge: University Press, 1994, S. 256-286.

Aksionova, Ljubov'/ Vertel', Evgenij: Zur Autorschaft des *Stillen Don.* In: „Zeitschrift für Slawistik". 1992. 4, S. 552-572.

Beitz, Willi: Michail Scholochow und das Problem der „originellen" Persönlichkeit in der sozialistischen Literatur. In: Michail Scholochow. Werk und Wirkung. Materialien des Internationalen Symposiums „Scholochow und wir". Leipzig 18.-19.März 1965. Redigiert von Erhard Hexelschneider u. Nikolai Sillat. Leipzig: Karl-Marx-Universität, 1966, S. 27-34.

Beitz, Willi: Nietzsche und Platonow oder vom langen Weg eines „Zarathustra"-Motivs. In: Hans-Martin Gerlach/Volker Caysa (Hg.): Nietzsche und die Linke. Leipzig: Rosa-Luxemburg-Stiftung Sachsen., 2006, S. 74-85. (Diskurs. Streitschriften zu Geschichte und Politik des Sozialismus. Heft 19).

Belaja, Galina: Zakonomernosti stilevogo razvitija sovetskoj prozy dvadcatych godov. Moskau: Nauka, 254 S.

Berger-Bügel Pia-Susan: Andrej Platonov. Der Roman "Sčastlivaja Moskva" im Kontext seines Schaffens und seiner Philosophie. (Arbeiten und Texte zur Slavistik. 65. Hg. von Wolfgang Kasack). München: Sagner, 1999. 243 S. Zugl.: Köln, Univ., Diss., 1998.

Bohrer, Karl Heinz: Die Ästhetik des Schreckens. Die pessimistische Romantik und Ernst Jüngers Frühwerk. München/Wien: Ullstein, 1978. 634 S.

Britikov, Anatolij: Sud'by narodnye, sud'by čelovečeskie. In: "Russkaja literatura". 1959. No 1, S. 55-73.

Bulgakowa, Jelena: Margarita und der Meister. Tagebücher. Erinnerungen. Aus dem Russischen von Antje Leetz u. Ottokar Nürnberg. München: btb Verlag, 2006. 592 S.

Ch'etso, Geir [Geir Kjetsaa]: Plagiator li Šolochov? Otvet opponentam. In: „Scando-Slavica" 41 (1995). S. 168-182.

Čudakova, Mariètta: Žizneopisanie Michaila Bulgakova. Moskau: Kniga, 1988. 496 S.

D* [Tomaševskaja, Irina]: Stremja "Tichogo Dona". (Zagadki romana). Paris: YMKA-Press, 1974. 193 S.

Deutscher, Isaak: Stalin. Eine politische Biographie. Augsburg: Bechtermünz Verlag, 1997. 860 S.

Dir: Razgovor s Šolochovym. In: Viktor Petelin (Hg.): Michail Šolochov v vospominanijach, dnevnikach, pis'mach i stat'jach sovremennikov. Kniga pervaja: 1905-1941. Moskau: Šolochovskij centr MGOPU im. M. A. Šolochova, 2005, S. 506-511.

Diskussija o „Tichom Done" v rostovskom žurnale „Na pod-eme". In: Novoe o Michaile Šolochove. Issledovanija i materialy. Moskau: IMLI RAN, 2003, S. 394-477.

Dobrenko, Jewgeni: Das fundamentale Lexikon. Zur Literatur des späten Stalinismus. In: Dagmar Kassek/Peter Rollberg (Hg.): Das Ende der Abstraktionen. Provokationen zur „Sowjetliteratur". Leipzig: Reclam, S. 266-301.

Dudek, Gerhard: Kapitel: Fjodor Tjutschew. In: Düwel, W./Grasshoff, H.u.a. (Hg.): Geschichte der russischen Literatur von den Anfängen bis 1917. Bd. 1: Von den Anfängen bis zur Mitte des 19.Jahrhunderts. Berlin/Weimar: Aufbau-Verlag, 1986, S.395-403.

Dudek, Gerhard: Lew Tolstoi – künstlerische Entdeckung und ästhetische Herausforderung. In: Sitzungsberichte der Sächsischen Akademie der Wissenschaften zu Leipzig. Philologisch-historische Klasse. Bd. 122 (1981). H. 2. 20 S.

Ehrenburg, Ilja: Über Literatur. Essays, Reden, Aufsätze.- „Tauwetter". Roman. Hg, mit einem Nachwort und Anmerkungen versehen von Ralf Schröder. Berlin:Volk und Welt, 1986. 569 S.

Ermolaev, German: „Tichij Don" i političeskaja cenzura. 1928-1991. Moskau: IMLI RAN, 2005. 255 S.

Ermolaev, Herman: Mikhail Sholokhov and His Art. Princeton, N. Y.: University Press, 1982. XVI, 375 S.

Flaker, Aleksandar: Kondrat Majdannikov i Moskva. (K strukture odnoj iz glav „Podnjatoj celiny"). In: Michail Šolochov: Stat'i i issledovanija. Izdanie vtoroe, dopolnennoe. Moskau: Chudožestvennaja literatura, 1980, S. 383-393.

Geschichte der UdSSR. Von den Anfängen bis zur Gegenwart. Von einem Autorenkollektiv unter Leitung von Günter Rosenfeld. Berlin: VEB Deutscher Verlag der Wissenschaften, 1977. 681 S.

Günther, Hans: Der sozialistische Übermensch. M. Gor'kij und der sowjetische Heldenmythos. Stuttgart/Weimar: Metzler, 1993. 239 S.

Guski, Andreas: [Abschnitt: Der Roman]. In: Klaus Städte (Hg.): Russische Literaturgeschichte, unter Mitarb. v. Christine Engel, Andreas Guski u. Wolf-Heinrich Schmidt sowie Dirk Uffelmann (Redaktion). Stuttgart/Weimar: Metzler, 2002, S. 325-332.

Hedeler, Wladislaw/Rosenblum, Nadja: 1940 – Stalins glückliches Jahr. Berlin: Basisdr., 2001. 240 S.

Hegel, Georg Wilhelm Friedrich: Ästhetik. Mit einem einführenden Essay von Georg Lukács. Berlin: Aufbau, 1955. 1174 S.

Hobsbawm, Eric: Das Zeitalter der Extreme. Weltgeschichte des 20. Jahrhunderts. Aus dem Englischen von Yvonne Badal. Darmstadt: Wissenschaftliche Buchgesellschaft, 1997. 783 S.

Istorija russkogo sovetskogo romana. Red. kollegija: L.F. Eršov, V. A. Kovalev (otv. redaktor), V. V. Timofeeva: Kniga 1. Moskau/Leningrad : Nauka,1963. 715 S.

Jakimenko, Lev: Tvorčestvo M. A. Šolochova. Monografija. Moskau: Sovetskij pisatel', 1977. 678 S.

Jünger, Harri (Leitung), Beitz, Willi/Hiller, Barbara/ Schaumann, Gerhard (Hg.): Geschichte der russischen Sowjetliteratur. Bd. 1: 1917-1941. Berlin: Akademie-Verlag, 1973. 674 S.

Klotz, Volker: Geschlossene und offene Form im Drama. 5. Aufl. München: Hanser, 1970. 262 S.

Kornienko, N. V.: „Skazano russkim jazykom…" Andrej Platonov i Michail Šolochov: Vstreči v russkoj literature. Moskau: IMLI RAN, 2003. 536 S.

Kuznecov, Feliks: „Tichij Don": Sud'ba i pravda velikogo romana. Moskau: IMLI RAN, 2005. 864 S.

Lakšin, Vladimir: „Novyj mir" vo vremena Chruščeva. In: „Znamja". 1990. H. 7, S. 90-137.

Lauer, Reinhard: Geschichte der russischen Literatur. Von 1700 bis zur Gegenwart. München: C. H. Beck, 2000. 1072 S.

Lugovoj, Petr: S krov'ju i potom. Iz zapisok sekretarja rajkoma partii. In: Viktor Petelin (Hg.): Michail Šolochov v vospominanijach, dnevnikach, pis'mach i stat'jach sovremennikov. Kniga pervaja: 1905-1941. Moskau: Šolochovskij centr MGOPU im. M. A. Šolochova, 2005, S. 585-649.

Lukács, Georg: Der russische Realismus in der Weltliteratur. Berlin: Aufbau-Verlag, 1952. 3.Aufl. 594 S.

Mecklenburg, Norbert: Erzählte Provinz: Regionalismus und Moderne im Roman. Königstein/Ts.: Athenäum, 1982. 309 S.

D* [Medvedeva-Tomaševskaja, Irina:] Stremja „Tichogo Dona". (Zagadki romana). Paris: YMKA-PRESS 1974. 195 S.

Merl, Stephan: Bauern unter Stalin. Die Formierung des sowjetischen Kolchossystems 1930-1941. Berlin: Duncker & Humblot, 1990. 512 S.

Meyer, Theo: Nietzsche und die Kunst. Tübingen/Basel: Francke, 1993. 487 S. (UTB für Wissenschaft: Uni-Taschenbücher. 1414)

Montefiore, Simon Sebag: Stalin. Am Hof des Roten Zaren. Aus dem Englischen von Hans Günter Holl. Frankfurt/M.: Fischer Taschenbuch Verlag, 2006. 874 S.

Nietzsche, Friedrich: Werke in drei Bänden. Hg. von Karl Schlechta. Darmstadt: Wissenschaftl. Buchgesellschaft, 1997. 1279, 1275, 1476 S.

Osipov, Valentin: Tajnaja žizn' Michaila Šolochova... Dokumental'naja chronika bez legend. Moskau: Libereja, Raritet, 1995. 416 S.

Palievskij, Petr: Puti realizma. Literatura i teorija. Moskau: Sovremennik, 1974. 222 S.

Pankov, Viktor: Na strežne žizni. In: „Znamja". 1960. No 3, S. 177-188.

Paškov, A.: Molodoj Šolochov. Po novym materialam 1964 g. In: Petelin, Viktor (Hg.): Michail Šolochov v vospominanijach, dnevnikach, pis'mach i stat'jach sovremennikov. Kniga pervaja: 1905-1941. Moskau: Šolochovskij centr MGOPU im. M. A. Šolochova, 2005, S. 91-110.

Petelin, Viktor: Michail Šolochov. Stranicy žizni i tvorčestva. Moskau: Sovetskij pisatel', 1986. 399 S.

Petelin, Viktor (Hg.): Michail Šolochov v vospominanijach, dnevnikach, pis'mach i stat'jach sovremennikov. Kniga pervaja: 1905-1941. Moskau: Šolochovskij centr MGOPU im. M. A. Šolochova, 2005. 813 S. - Kniga vtoraja: 1941-1984. 972 S.

Pis'ma i telegrammy M. A. Šolochova. In: V. V. Petelin (Hg.): Šolochov na izlome vremeni. Stat'i i issledovanija. Materialy k biografii pisatelja. Istoričeskie istočniki „Tichogo Dona". Pis'ma i telegrammy. Moskau: Nasledie, 1995, S. 206-231.

Pogorelow, Iwan: [Wie Michail Scholochow als "Konterrevolutionär" überführt werden sollte]. Übersetzt von W. Beitz u. von ihm eingeleitet mit dem Aufsatz „Michail Scholochow und Stalin – Aspekte einer Beziehung". In: „Kultursoziologie. Aspekte. Analysen. Argumente". 2/2006, S. 57-78.

Poslednjaja volja pisatelja. Dokladnye zapiski K. I. Prijmy M. A. Šolochovu. In: V. V. Petelin (Hg.): Šolochov na izlome vremeni. Stat'i i issledovanija. Materialy k biografii pisatelja. Istoričeskie istočniki „Tichogo Dona". Pis'ma i telegrammy. Moskau: Nasledie, 1995, S. 192-205.

Prijma, Konstantin: "Tichij Don" sražaetsja. Izdanie vtoroe, ispravlennoe i dopolnennoe. Moskau: Sovetskaja Rossija, 1975. 542 S.

Rosenthal, Bernice Glatzer: New Myth, new world. From Nietzsche to Stalinism. University Park, Pennsylvania: The Pennsylvania State University Press, 2002. XV, 464 S.

Rosenthal, Bernice Glatzer (Hg.): Nietzsche and Soviet Culture. Ally and adversary. Cambridge: University Press, 1994. XVI, 421 S.

Ryčnev, Grigorij: Jasenovka. Iz knigi "Rasskazy o Šolochove". In: Petelin, Viktor (Hg.): Michail Šolochov v vospominanijach, dnevnikach, pis'mach i stat'jach sovremennikov. Kniga pervaja: 1905-1941. Moskau: Šolochovskij centr MGOPU im. M. A. Šolochova, 2005, S.110-148.

Šachmagonov, Fedor: Bremja "Tichogo Dona". (Glavy iz knigi). In: Petelin, Viktor (Hg.):

146

Michail Šolochov v vospominanijach, dnevnikach, pis'mach i stat'jach sovremennikov. Kniga vtoraja: 1941-1984. Moskau: Šolochovskij centr MGOPU im. M. A. Šolochova, 2005, S. 146-206.

Sapow, Vadim V.: [Stichwort] "Sobornost'". In: Norbert Franz (Hg.)unter Mitarb. von Sergej A. Gončarov u. Aleksandra Wieczorek: Lexikon der russischen Kultur. Darmstadt: Wissenschaftliche Buchgesellschaft, 2002. 534 S.

Schmitt, Hans-Jürgen/Schramm, Godehard (Hg.): Sozialistische Realismuskonzeptionen. Dokumente zum 1. Allunionskongreß der Sowjetschriftsteller. Frankfurt/M.: Suhrkamp Verlag, 1974. 441 S.

Schröder, Winfried (Hg.): Ralf Schröders Leben und Werk. Bd. 2: Vom Reifen der Alternativen in der Tiefe. Ralf Schröders Lesarten der russischen und sowjetischen Literatur. Dokumente und Texte. Leipzig: Rosa-Luxemburg-Stiftung Sachsen e.V., 2003. 223 S.

Semenova, Svetlana: Mir prozy Michaila Šolochova. Ot poètiki k miroponimaniju. Moskau: IMLI RAN, 2005. 352 S.

Serebrovskaja, E. P.: Devjatnadcataja glava. In: Petelin, Viktor (Hg.): Michail Šolochov v vospominanijach, dnevnikach, pis'mach i stat'jach sovremennikov. Kniga vtoraja: 1941-1984. Moskau: Šolochovskij centr MGOPU im. M. A. Šolochova, 2005, S.315-327.

Sivolovov. Georgij: Michail Šolochov. Stranicy biografii. Glavy iz knigi. In: Petelin, Viktor (Hg.): Michail Šolochov v vospominanijach, dnevnikach, pis'mach i stat'jach sovremennikov. Kniga pervaja: 1905-1941. Moskau: Šolochovskij centr MGOPU im. M. A. Šolochova, 2005, S. 148-222.

M. A. Šolochov v dokumentach Komiteta po Stalinskim premijam 1940-1941 gg. In: Novoe o Michaile Šolochove. Issledovanija i materialy. Vstupitel'naja stat'ja, naučnaja podgotovka teksta, publikacija i primečanija V. A. Aleksandrova. Moskau: IMLI RAN, 2003, S. 486-551.

Šolochov, Michail Mich.: Ob otce. Očerki-vospominanija raznych let. Moskau: Sovetskij pisatel', 2004. 232 S.

Šolochova, S. M.: K istorii nenapisannogo romana. In: V. V. Petelin (Hg.): Šolochov na izlome vremeni. Stat'i i issledovanija. Materialy k biografii pisatelja. Istoričeskie istočniki „Tichogo Dona". Pis'ma i telegrammy. Moskau: Nasledie, 1995, S. 103-110.

Solženicyn, Aleksandr: Nevyrvannaja tajna. Predisslovie k publikacii. In: D* [Tomaševskaja, Irina]: Stremja "Tichogo Dona". (Zagadki romana). Paris: YMKA-Press, 1974, S. 5-13.

Stalin, J. W.: Antwort an Bill-Belozerkowski. In: Ders.: Werke. Bd. 11: 1928-März 1929. Berlin: Dietz-Verlag, 1954, S. 292-294.

Stalin, J. W.: An Genossen Felix Kon. Kopie an den Sekretär des Gebietsbüros des ZK des I-wanowo-Wosnessensker Gebiets, Genossen Kolotilow. In: Ders.: Werke. Bd. 12: April 1929-Juni 1930. Berlin: Dietz-Verlag, 1954, S. 100-102.

Studenčeskie Šolochovskie čtenija. Sb. naučnych trudov. Pod obščej red. Ju. G. Kruglova. Rostow/Don 2003.

Šukšin, Vasilij: Voprosy samomu sebe. Moskau: „Molodaja gvardija", 1981. 256 S.

Tolstoj, Lev N.: Perepiska s russkimi pisateljami. Izd. vtoroe, dop. Bd. 2. Moskau : Chudožestvennaja literatura, 1978. 494 S.

Vajl', Petr/Genis, Aleksandr: 60-e. Mir sovetskogo čeloveka. Moskau: Novoe literaturnoe obozrenie, 1996. 368 S.

Vasil'ev, Vladimir.: Dostoinstvo slova. Moskau: Sovremennik, 1988. 267 S.

Voronskij, Aleksandr: Izbrannye stat'i o literature. Moskau: Chudozestvennaja literatura, 1982. 526 S.

Vtoroj Vsesojuznyj s-ezd sovetskich pisatelej. 15-26 dekabrja 1954 goda. Stenografičeskij otčet. Moskau: Sovetskij pisatel', 1956. 607 S.

Vučetič, Evgenij: Chudožnik i žizn'. In: Petelin, Viktor (Hg.): Michail Šolochov v vospominanijach, dnevnikach, pis'mach i stat'jach sovremennikov. Kniga vtoraja: 1941-1984. Moskau: Šolochovskij centr MGOPU im. M. A. Šolochova, 2005, S. 457-464.

Wefers, Hans: Erzählerische Strukturen und Weltbild in Šolochovs Dongeschichten. Mit einem Vergleich zwischen dem Weltbild im „Tichij Don" und in den Dongeschichten (unter besonderer Berücksichtigung des Problems der Autorschaft des „Tichij Don"). Diss. Bochum 1975. 265 S.

Wertheim, Johannes: Scholochow: "Der stille Don". In: „Internationale Presse-Korrespondenz". 1931. 18. S. 487.

Bremer Beiträge zur Literatur- und Ideengeschichte

Herausgegeben von Thomas Metscher und Wolfgang Beutin.
Mitbegründet von Dieter Herms

Band 1 Horst Rößler: Literatur und Arbeiterbewegung. Studien zur Literaturkritik und frühen Prosa des Chartismus. 1985.

Band 2 Priscilla Metscher: Republicanism and Socialism in Ireland. A Study in the Relationship of Politics and Ideology from the United Irishmen to James Connolly. 1986.

Band 3 Hagal Mengel: Sam Thompson and Modern Drama in Ulster. 1986.

Band 4 Gudrun Kauhl: Joseph Conrad: *The Secret Agent.* Text und zeitgeschichtlicher Kontext. 1986.

Band 5 Ingrid Kerkhoff: Poetiken und lyrischer Diskurs im Kontext gesellschaftlicher Dynamik. USA:» *The Sixties* «. 1989.

Band 6 Jennifer Farrell: "Keats - The Progress of the Odes. Unity and Utopia." 1989.

Band 7 Eckhardt Rüdebusch: Irland im Zeitalter der Revolution, Politik und Publizistik der United Irishmen 1791 - 98. 1989.

Band 8 Rudolf Fritsch: Absurd oder grotesk. Über literarische Darstellung von Entfremdung bei Beckett und Heller. 1990.

Band 9 Dieter Herms (ed.): Upton Sinclair. Literature and Social Reform. 1990.

Band 10 Karin Brenner: Theorie der Literaturgeschichte und Ästhetik bei Georg Lukács. 1990.

Band 11 Thomas Sorge: Gespielte Geschichte. Die ausgestellte Fiktion in Morus' Utopia und in Shakespeares englischen Historienspielen. 1992.

Band 12 Wolfgang Beutin / Klaus Lüders (Hrsg.): Freiheit durch Aufklärung: Johann Heinrich Voß (1751-1826). Materialien einer Tagung der Stiftung Mecklenburg (Ratzeburg) und des Verbandes Deutscher Schriftsteller (Landesbezirk Nord) in Lauenburg/Elbe am 23.-25. April 1993. 1995.

Band 13 Wolfgang Beutin / Thomas Bütow (Hrsg.): Gottfried August Bürger (1747-1794). Beiträge der Tagung zu seinem 200. Todestag vom 7. bis 9. Juni 1994 in Bad Segeberg. 1994.

Band 14 Günter Hartung: Außenseiter der Aufklärung. Internationales Kolloquium Halle a. d. Saale 26.-28. Juni 1992. 1995.

Band 15 Raimund Kemper: *Il était un petit navire ...* Zur Archäologie der *Narrenschiff*-Phantasien Michel Foucaults. 1996.

Band 16 Armin Bernhard: Der Bildungsprozeß in einer Epoche der Ambivalenz. Studien zur Bildungsgeschichte in der *Ästhetik des Widerstands*. 1996.

Band 17 Alfred Raucheisen: Orient und Abendland. Ethisch-moralische Aspekte in Wolframs Epen *Parzival* und *Willehalm*. 1997.

Band 18 Susanne Dähn: Rede als Text. Rhetorik und Stilistik in Luthers Sakramentssermonen von 1519. 1997.

Band 19 Wolfgang Beutin: ANIMA. Untersuchungen zur Frauenmystik des Mittelalters. Teil 1: Probleme der Mystikforschung – Mystikforschung als Problem. 1997.

Band 20 Wolfgang Beutin / Wilfried Hoppe (Hrsg.): Franz Mehring (1846-1919). Beiträge der Tagung vom 8. bis 9. November 1996 in Hamburg anläßlich seines 150. Geburtstags. 1997.

www.peterlang.de

Olga Sazontchik

Zur Problematik des Moskauer Textes der russischen Literatur

**Versuch einer Bestimmung anhand von Werken
Boris Pasternaks, Michail Bulgakovs, Venedikt Erofeevs,
Jurij Trifonovs und Vasilij Aksenovs**

Frankfurt am Main, Berlin, Bern, Bruxelles, New York, Oxford, Wien, 2008.
427 S.
Slavische Literaturen, Texte und Abhandlungen.
Herausgegeben von Wolf Schmid. Bd. 39
ISBN 978-3-631-57277-1 · br. € 68.50*

Vor etwa 40 Jahren riefen die Vertreter der Tartuer und Moskauer semiotischen Schule den Begriff des ‚Petersburger Textes der russischen Literatur' ins Leben. Die Diskussion über die Existenz und die möglichen Charakteristika eines analog aufgebauten Moskauer Textes erregt seither die Gemüter. In dieser Arbeit wird ein Versuch unternommen, einen solchen Text zu etablieren, und zwar unter der Berücksichtigung des zeitlichen Rahmens seiner Existenz und der Abgrenzung von den allgemeinen Klischees bei der Darstellung Moskaus. Als Grundlage der primären Analyse dient die Darstellung Moskaus in Romanen B. Pasternaks und M. Bulgakovs; die daraus gewonnenen Merkmale des Moskauer Textes werden im Folgenden bei der Untersuchung einiger Texte von V. Erofeev, Ju. Trifonov und V. Aksenov eingesetzt.

Aus dem Inhalt: Moskauer Text der russischen Literatur · Extensive und intensive Aspekte einer Stadtdarstellung (nach Toporov) · Boris Pasternak *Doktor Živago* · Michail Bulgakov *Master i Margarita* · Vasilij Aksenov *Ostrov Krym* · Jurij Trifonov *Dom na naberežnoj* · Venedikt Erofeev *Moskva-Petuški*

Frankfurt am Main · Berlin · Bern · Bruxelles · New York · Oxford · Wien
Auslieferung: Verlag Peter Lang AG
Moosstr. 1, CH-2542 Pieterlen
Telefax 00 41 (0) 32 / 376 17 27

*inklusive der in Deutschland gültigen Mehrwertsteuer
Preisänderungen vorbehalten
Homepage http://www.peterlang.de